Good Samarian Recipes

Good Samarian Recipes

굿사마리안레시피

김혜진 + 서은영

postpaper

서문: 먹고 기도하고 사랑하라		9

1 ❋ 내 아들은 어린 양 — 김혜진

주님의 초대	14
아들의 병, 버킷림프종	20
영화 <로렌조 오일>	24
행복한 플레이팅	28
마음까지 따뜻하게, 스타우브	33
신생아보다 못한 면역력을 가진 아들을 위한 그릇 소독하기	36
착한 성분 표시	38
63일의 금식	40
금식해야 하는 아들과 밥을 많이 먹어야 하는 엄마	44
Don't Worry Be Happy	48
사라지는 아이들	50
굿사마리안레시피의 탄생	54
새벽 교회 친구	59
두려워하지 말아라!	62
개고기와 마카롱	64
크리스마스 선물	67
천사들이 사는 남쪽 병원	72
라자로의 부활	77
집으로	83
3년 만에, 다시 학교로 가다	85
싱가포르에서 만난 굿사마리아인	88

2 ※ 굿사마리안레시피 재료 이야기 — 김혜진

파란색 노트: 자연이 준 선물에 대한 이야기	98
올리브 오일의 기적	99
아픈 아들도 똑똑하게 만들어 주는 견과류	103
슈퍼 채소 1: 태양처럼 정열적인 붉은 채소와 과일들	106
슈퍼 채소 2: 황금빛과 노란빛을 내는 채소와 과일	109
슈퍼 채소 3: 찬란한 초록빛 채소	113
슈퍼 채소 4: 검은빛을 내는 보라색 채소와 과일	118
슈퍼 채소 5: 천사같은 하얀 채소와 과일	121
Under The Sea	125
기적의 차	129
면역력 암살자 백색 밀가루	133
암세포의 밥, 설탕	136

3 ※ 내 아들을 살리는 굿사마리안레시피 — 김혜진

작은 식탁에서 세계 여행하기	144
약과 같은 수제 베이스	147
사마리안 닭	
집에서 만드는 강황 듬뿍 탄두리 치킨	156
쌀가루 닭봉 튀김	158
멸치 육수 한 그릇 삼계탕	160
마늘과 허브로 마리네이드한 로스트치킨	162

바다의 정원에서 나는 식물, 해조류

잔멸치 감태 주먹밥	166
모시 조개 미역국	168
매생이 굴 들깨 떡국	170
흑미 톳밥	172
미역귀 로열제리 꿀 경단	174

바다의 복음과도 같은 생선과 소금

파슬리 버터 가리비 구이	178
아귀지리죽	180
강황 맛간장 장어구이	182
메밀가루 대구전	184
호두아몬드 고추장 멸치볶음	186
한국식 발효장 얼큰 꽃게찜	188
해산물 쌀국수	190
페스카토레 옹심이	192

하루 한 끼는 무조건 연어

시소 강황 연어 밥	196
연어 솥밥과 달래 대파 간장	198
레몬 대신 한라봉 소스를 넣은 마늘 연어 파피요트	200
연어, 참치, 아보카도 층층이 까망쌀 케이크밥	202

밥이 보약이다

무 솥밥 은달래 양념간장	206
케일 쌈밥	208
취나물과 울금을 넣은 표고버섯 솥밥	210

국수와 파스타

메밀 소바 — 216

홍게살 토마토 퀴노아 펜네 파스타 — 218

명란 대파 두부면 파스타 — 220

미션 임파서블한 건강 디저트와 주스 만들기

강황 감자칩 — 224

채소 즙으로 색을 낸 밤앙금 오색떡 — 226

건강 주스 3총사 — 228

4 ※ 브랜드 스토리, 그 이야기들 — 서은영

정원의 탄생 — 232

레인보우 프로젝트 — 247

카페 세인트루크마리의 탄생 — 251

Amazing Local Project — 254

굿사마리안클럽 1919 — 257

가든스마켓플레이스 1919 — 260

모스가든 1919 — 264

사람에게도 자연에게도 좋은 경영 철학 — 270

사람의 마음을 움직이는 브랜드 네이밍 — 282

아름다운 패키지의 위대한 역할 — 286

용기있는 마케팅 전략 — 294

욕심쟁이 대표님 — 298

우리들의 블루스: 우리에게는 꿈이 있어요 — 305

서문: 먹고 기도하고 사랑하라

어느 날 예고 없이 마주하게 된 주님의 시간 속에 평범했던 모든 일상이 멈췄다. 맹장염이라 생각하고 찾아간 병원에서 아들은 이름도 무거운 혈액암 선고를 받았다. 엄마는 암에 대해 아는 것이 없었고, 아들은 겨우 13살이었다. 반팔만 입은 채 금방 퇴원할 거라며 입원했던 아들은 병원에서 가을과 겨울, 봄, 여름을 수없이 넘기고 보내며 죽을 고비를 넘겼다.

그저 일이 좋아 '워킹맘'으로 열심히 살아 온 엄마의 시계는 멈추고 말았다. 그리고 주님의 시간 속으로 빠져버린 아들을 구하기 위해 매달리기 시작했다. 억울하고, 두렵고, 슬프고, 괴로웠지만 엄마는 아들을 고치겠다는 일념으로 희망을 잃지 않고 간호하기 시작했다.

장루 주머니를 수도 없이 갈기 위해 밤을 지새워도 새벽 시장에 가 좋은 식자재를 샀다. 항암 치료에 좋은 재료로 정성스레 음식을 만들었고, 병원에서 지내는 아들을 위해 레스토랑에 간 것처럼 간이 테이블에 예쁜 상을 차렸다. 그 모습을 지켜보니 이대로 있을 수는 없었다. "음식 사진을 찍어 보면 어떨까요? 암으로 힘들어하는 이들에게 레시피를 공유하면 좋겠는데…."

엄마는 힘들어도 힘들다는 말을 하지 않고 시작했다. 그렇게 해서라도 아들의 병을 고칠 수만 있다면 뭐든 하고 싶었기 때문이다. 엄마는 계속해서 아들과 같은 고통을 가진 사람들을 위해 사진을 찍기 시작했다.

병을 예방할 수도 있고, 물리칠 수 있는 좋은 음식은 모든 대지와 자연에서 얻어진 것이다. 자연은 신이 주신 축복이다. 병으로 힘들고 지친 사람들에게 아들에게 주었던 좋은 식재료와 레시피를 알리고 싶었다. 모든 레시피를 기록하고 그것을 웹사이트로 만들어 공유하고자 준비하는 과정에서 아들의 병은 기적처럼 나아졌다. 아빠와 엄마는 그 기적을 잊지 않고 나누기 위해 사람들이 같이 즐기고 경험할 수 있는 식당을 만들기로 결심했다.

그렇게 해서 '굿사마리안레시피' 레스토랑이 탄생했다.

'좋은 음식'은 신의 축복이다. 그리고 좋은 음식을 보고 상대방에게 기쁨을 주는 것은 '플레이팅(Plating)'이다. 무채색 병원에서 간이 테이블에 밥을 먹는 아들이 안타까워 모든 식기를 살균 소독하여 예쁜 그릇에 플레이팅하고 테이블 매트 위에 올려 병실에서도 아름답게 먹게 하였다.

잘 먹으면 행복하다. 행복하면 기분이 좋아지고 사랑할 힘이 생기고, 서로 아껴 주고 싶다. 정성이 들어간 음식을 먹으면 세상을 향해 맞설 용기와 힘이 생긴다. 선한 사마리아인처럼 이타적인 마음으로 만든 '굿사마리안레시피' 레스토랑은 한국의 로컬 식재료와 건강한 마음으로 만든 음식이다. '엄마들의 레시피'는 사랑이다. 가족을 위한 간절한 마음을 담아 만든 '기도'와 같다.

아들의 기적을 잊지 않고 싶었던 엄마는 아름다운 플레이팅에 사용했던 제품들을 기반으로 한 라이프 스타일 브랜드 '모스가든 1919(MOSS GARDEN 1919)'를 만들었다. 모든 것을 플라스틱 용기와 자극적인 맛으로 삭막해지는 현대 사회에 생명의 소중함을 알리고 싶었다.

점차 건조하고 무심해지는 사람들에게 대지에서 얻은 면과 마로 만든 테이블 매트 위에서, 자연에서 얻은 좋은 음식을 '먹는 즐거움과 기쁨'이 얼마나 위대한지 맛보고 깨닫게 하고 싶었다. 그리고 전 세계 엄마들의 이야기와 그들의 레시피를 담은 영상과 제품을 만들고 싶어 '굿사마리안클럽 1919(Good Samarian Club 1919)'를 만들어 굿사마리안 소금, 커리, 수프를 개발하게 되었다.

     아들의 병을 치료하는 과정에서 엄마는 깨달았다. '좋은 먹거리'와 '아름답게 차려진 식탁'은 신의 축복이고 사랑이라는 것을. 새가 지저귀고 사계의 색이 모두 다르게 피어나는 대지의 축소판인 '정원'이 있는 공간에서, 엄마와 아빠는 사람들이 소중한 인연을 만들고 기뻐하고, 나누며 기적을 경험하게 하고 싶었다. 이것이 바로 '가든스 구루메 마켓 & 레스토랑'인 '굿사마리안레시피'의 시작이 되었다. 먹고, 기도하고, 사랑하라! 그것은 '굿사마리안레시피'의 틀이 되었다.

크리에이티브 프로듀서 서은영

1

내 아들은 어린 양

주님의
초대

2016년 외국에서 공부하는 아들을 보기 위해 상하이에 갔어요. 시간이 지나고 한국으로 귀국하기 위해 집을 나서는데 아들이 갑작스럽게 배가 아프다고 했어요. 맹장염을 앓아 본 적이 있는 저는 비슷한 통증을 호소하는 아들을 데리고, 한국 의료진이 좋겠다 싶어 같이 돌아왔어요. 그리고 서울에 도착 후 응급실로 바로 갔고, 일은 그렇게 시작되었어요. 한 번도 생각해 본 적도, 상상도 하지 못했던 엄청난 시간으로 우리 가족은 그렇게 초대되었어요.

그저 맹장염인 줄 알았던 저의 예측과는 달리 아들의 통증은 장중첩증 때문이었어요. '설마'하는 마음으로 서둘러 다른 병원으로 가보니 이번에는 더 기막힌 이야기를 듣게 되었죠.

온몸이 떨릴 정도로 두려운 악성 종양! 아들의 병은 맹장염이 아니라 암이었어요. 놀랄 틈도 없이 병원에서는 수술을 서둘러 진행해야 한다고 했어요. 더 이상 지체할 시간이 없다는 아들을 속수무책으로 바라보며 수술대 위로 보냈어요.

사실 저는 암에 대해 무지하고 준비되지 않은 엄마였어요. 이렇게 엄청난 일이 제 인생의 문 앞까지 다가와 초를 세며 기다리고 있을 줄은 꿈에도 예상할 수 없었죠. 아무 생각 없이 게임에 참가했다 규칙을 어기면 속절없이 죽어간 <오징어 게임> 영화 속 사람들처럼 저희 부부는 아비규환 속으로 빠져들었어요. 아들은 여러 번의 수술로 점차 쇠꼬챙이처럼 말라 갔고, 초침은 그런 아들과 당황하여 어쩔 줄 모르는 저희 부부를 시계추 양쪽에 매달고서는 조롱하듯 무심하게 흘렀어요.

  처음 응급실을 찾았던 병원에서의 오진으로 충격에 휩싸인 저는 주변 말만 듣기 시작했어요. 계속해서 제 의지대로 계획을 바꾸며 의사 선생님의 명성을 좇아 정신없이 이 병원, 저 병원으로 옮겨 다녔죠. 최선을 다해 아들을 병간호한다고 인터넷이나 책에서 정보를 수집하기 시작했고, 사람들의 말에만 귀를 기울이며 할 수 있는 방법을 찾아내려고 했어요. 그렇게 이리저리 헤매며 시간을 버리고 있는 사이 아들은 속절없이 말라가고, 병은 별 진전 없이 더 깊어져만 갔어요. 그러던 어느 날 문득 이런 생각이 머리를 스쳐 갔어요. '아들의 병을 더욱 악화시키는 것은 바로 나 자신이 아닐까?'라는. 그리고 알게 되었죠. 이제는 내가 세상 속에서 눈과 귀를 닫고 주님의 시간 속으로 걸어 들어가야 한다는 사실을!

  주님의 시간과 인간의 시간이 다르다는 사실을, 언제나 주님은 저를 기다리고 계신다는 사실을 아들의 병세가 깊은 심해 속 나락으로 떨어질 때쯤 깨닫게 되었어요.

  고백하지만 아들이 아프기 전에는 일주일에 한 번 착실하게 예배를 드리러 교회에 갔어요. '착실하다'는 말을 이제 와 생각해 보니 참 '부질없는 것'이었어요. 주변에서 보기에 모범적이고, 가족에게 충실한 사회와 가족의 일원으로 그저 제 할 일만 하고 살았던 사람일 뿐 주님의 사람은 아니었어요. 그저 성실하게 일하며 한 주를 보내고 주일에는 교회도 빠지지 않는 성실한 삶이 '질 좋은 삶'이라고 생각했을 뿐 저는 진짜 세상에 대해서는 전혀 알지 못했던 거예요. 그러다 보니 '착실하게' 교회는 나갔어도 주님을 제대로 만난 적도, 아니 주님의 실체를 알고 기도한 적도 없다는 것을

깨달았어요. 무엇보다 기도의 위대함과 소중함을 전혀 깨닫지
못한 삶이었죠. 아들이 암에 걸렸다는 말을 들었을 때도 그저
'아들에게 무슨 일이 생기면 어떡하지….' 라며 불안에 떨고
두려워했어요. 무시무시한 병만 고칠 수 있다면 무엇이건
하겠다고 다짐하며 이 악물고 최선을 다했지만, 점차 깊어져
가는 아들의 병세에 저는 무기력하게 길을 잃고 말았어요.
그야말로 폭풍이 몰아치는 광야 속에 덩그렇게 혼자 던져진
느낌이었죠. 그리고 깨달았어요.

**주님께서 우리를 당신의 시간 속으로
초대하고 계신다는 사실을….**

저는 태어나서 처음으로 온 마음과 진심을 다해 주님을
향해 기도하기 시작했어요. 그냥 지금까지 그랬던 것처럼
'착실하게 습관적인' 기도가 아닌 '주님과 진짜 대화'를
시작했어요. 평소 일을 끝내고 잠드는 시간인 새벽 5:30분에
교회로 향했어요. 비가 오나 눈이 오나 새벽마다 예배를 드리며
주님을 만나러 갔어요. 초심으로 돌아가 주님의 목소리에 귀
기울여 듣자 결심했기 때문이에요. 처음은 그저 매달리고
또 매달렸어요. 완쾌해 주실 거라는 믿음으로 아들을 낫게
해달라고 뜨겁게 기도했죠. 그 다음은 '이게 아닌가?' 싶어
무조건 믿고 따르겠다고 매달렸어요. 또 그러다 깨달았어요.
주님께서 내게 원하는 것은 무조건적인 믿음을 원하는 것이
아니라는 사실을! 그분이 원하는 것은 나 자신을 온전하게
내려두고 담담히 주님을 받아들여 그분의 뜻을 이해하고
실천하는 과정 속에 나와 내 가족을 구원하길 원한다는
사실을! 제가 더 이상 희망이 보이지 않아 숨죽여 울기를

반복하며 '이제 더 이상 아무것도 할 수 있는 것이 없구나' 느꼈을 때, 그렇게 주님은 환한 빛으로 다가오셨어요. 아니 제 눈의 껍데기가 벗겨지며 바울처럼 제 곁에 서 계신 주님이 보이기 시작했어요. 아들의 병세가 나아지거나 희망으로 가득 차 있을 때가 아닌, 모든 것을 내려놓자 비로소 철부지에게 모습을 드러내신 거죠. 그 신비로운 경험을 어떻게 설명할 수 있을까요.

어떠한 상황이 오더라도 주님의 뜻에 따르기로 마음 먹자 지금까지의 기도가 얼마나 일방적이고, 영혼 없는 외침인지 알게 되었어요. 내가 하고 싶은 말만 하는 것이 기도가 아니라 주님께서 내게 무엇을 원하는지 알기 위해 눈과 귀를 열어야 했어요. 그저 아들을 완쾌해 달라는 기도를 멈추고 주님께서 제게 그리고 우리 가족에게 원하시는 그 뜻과 계획이 무엇인지 알기 위해 기도했어요. 그러나 그것은 절대로 쉬운 일이 아니었어요. 아들이 아닌 주님이 먼저인 기도만이 아들을 살릴 수 있는 열쇠라는 것을 깨닫게 되자 아브라함의 마음으로 저는 아들을 주님께 맡기기로 했어요. 포기가 아니라 주님의 시간 속에서 온전히 저와 아들을 맡기기로 했어요.

그리고 보려고도 들으려고도 하지 않았기에 볼 수 없었던 주님은 사실 언제나 제 곁에 계셨다는 사실을 알게 되었어요.

사랑하는 딸아. 나는 너를 한 번도 포기한 적이 없다.
나의 손을 잡거라.

그때야 비로소 벼랑 끝에서 지푸라기같은 나약한 것을 움켜쥐고 있는 저 자신이 눈에 보였어요. 어둠이 제 몸을 감싸고 내려앉아도 주님의 시간 속에서 그분의 음성을 들으려 노력했고, 손을 내밀었고, 도움을 청하기 시작했어요.

　　아들이 아프기 전까지 저는 20여 년도 훨씬 넘게 회사를 운영하며 성실히 살아왔어요. 최고의 결과를 얻기 위해 최선을 다했고, 강한 의지와 결단력으로 수많은 일들을 처리했고, 모든 일에 한 치의 오차가 나는 것조차 허용하지 않았어요. 그러다 보니 상대방의 마음은 보이지 않았어요. 언제나 제 일이 중요했고, 먼저여야 했고, 일이 미뤄지는 것은 어떠한 상황에도 용납하지 않았어요. 주변 사람들과 발맞춰 나아가기보다 혼자 성큼성큼 걸어갔어요. 그렇게 밀어붙인 결과로 회사는 날로 성장했고, 명성은 얻었지만 정작 회사는 차가운 겨울 왕국이 되어가고 있다는 것을 몰랐어요. 저 또한 한 번도 바란 적도, 원한 적도 없는 겨울 왕국의 여왕이 되어 버렸죠.

　　그래서 결심했어요. 사람들의 이야기에 귀 기울이며 살자고. 결과보다는 과정을! 주인이 아닌 하인으로서! 사랑을 실천하며 살자고 결심했어요. 그러나 제가 생각했던 것 보다 '사랑'은 훨씬 어렵더라고요. 타인의 것을 바라지도 않았고, 법에 어긋나는 일을 하지 않고 그저 제가 해야 할 일만 열심히 하며 살았으니 저는 올바른 인간이라 생각했어요. '착한 것'이 '선한 것'은 아니라는 사실을 이제서야 알게 되었어요. 그렇게 일방적이고, 성급하고, 무례하고, 독단적으로 진행했던 행동대신 '사랑'을 어떻게 해야 하는지, 어떻게 다가서고, 나누고, 손을 내밀어야 하는지 고민하며 행동에 옮겼어요. 그저 이익만을 추구하는 회사가 아닌 '왜 이익을 내고', '어떻게 이익을 내고', '무슨 목표'를 가지고 수익을 내는 회사여야 하는지 모든 것을 바꾸기로 마음먹었어요. 그런데 참으로 어려웠던 것은 그런 저의 모습을 주변에서 낯설어하고,

받아들이지 못했어요. 심지어 가족조차도. 주님을 따르니 회사의 매출 또한 주춤하기 시작했고, 시간도 오래 걸렸어요.

> 새 포도주를 낡은 가죽 부대에 넣는 자가 없나니
> 만일 그렇게 하면 새 포도주가 부대를 터뜨려 포도주와 부대를
> 버리게 되리라 오직 새 포도주는 새 부대에 넣느니라 하시니라
> 마가복음 2:22

　　성경 속 말씀처럼 새 포도주를 낡은 가죽 부대에 넣을 수는 없기에 그동안 익숙했던 모든 것을 버리자 담담하게 폭풍 같은 시간 속을 걸을 수 있게 되었어요. 그리고 하루하루 전쟁 같은 이 모든 순간이 저를 '축복의 시간'으로 주님께서 초대하고 계신다는 사실 또한 깨닫게 되었어요.

　　지금 고통 속에 울고 계신 여러분! 세상을 살다 보면 누구에게나 견디기 힘든 시간이 닥쳐와요. 그 시간은 그냥 운이 나빠서 생긴 일이 아니라는 것을 꼭 알아주셨으면 해요. 나의 고통은 신이 준 '벌'이 아닌 '축복'이라는 사실을 알기 위해선 주님의 지혜와 시선으로 일어난 문제에 초점을 맞추어야 해요. 고통의 초대에 응하세요. 그 초대 뒤엔 주님께서 각자에게 주실 '축복의 선물'이 기다리고 있으니까요.

아들의 병, 버킷림프종

2016년 10월, 맹장염과 비슷한 증상으로 시작된 아들의 병은 버킷림프종이라는 혈액암이었어요. 맹장염과 비슷한 부위에 복통을 동반했기 때문에 저는 무조건 맹장염이라 생각했어요. 상하이에서 공부하고 있던 아들을 서울로 데리고 와서 아산병원이나 강남성모병원 응급실을 알아보고 있던 그때, 우리 가족을 자기 일처럼 도와주던 지인이 바로 알아보시고 적극적으로 Z 대학병원을 추천해 주셨어요.

'X 교수님께서 수술해 주실 수 있대요.'라는 말에 아무 의심도 없이 Z 대학병원으로 맹장염 수술을 받기 위해 갔어요. 비교적 간단할 거로 생각했던 수술은 두 시간을 넘겼어요. 그리고 수술 중에 어두운 표정으로 나온 교수님은 아이가 '장중첩증' 같다는 말씀을 남기고 다시 수술실로 들어갔어요. 그 이후에도 4시간 가까이 진행된 수술이 아무런 의학 상식이 없다고는 해도 이상하다고 생각되었어요. 이 병원으로 추천해 주었던 지인은 바로 여기저기 전화해 보더니 C 대학병원에 상담 의뢰를 하고서는 병원을 옮기자고 했어요. 사실 저는 불안한 마음에 아산병원으로 가고 싶어 외래를 통해 소아과 과장님을 만나게 되었어요. 그때 아산병원에서는 상황을 듣자마자 "바로 데리고 오세요. 장중첩증이라고 누가 그래요?"라며 다그치고는 일주일간 입원해서 검사하는 것이 좋을 것 같다고 말했어요. 그런데 그때 지인은 다시 자기를 믿어 보라며 이번에는 우리나라 최고의 소아과 전문의가 있다는 C 대학병원을 적극 추천했어요.

급하게 C 대학병원으로 갔더니 이번에는 더 엄청난 이야기를 듣게 되었어요. X-레이를 찍고 나서 아무래도 아들이 악성종양 같다고 했어요. 저를 돕던 지인은 당황해서 어쩔 줄 모르는 우리 가족 대신 나서서 선생님께서 수술을 해주시면 좋겠다라고 부탁했어요. 지금 생각을 돌이켜 보면… 아니! 지금 그때 일을 다시 생각해 보고 또다시 해봐도 어떻게 그렇게 남의 말만 들었는지 통탄할 일이었어요. 기도도 하지 않은 채 사람의 말만 듣고 계속해서 움직였는지…. 일이 이상하게 꼬이려고 작정했는지 큰 대학 병원이던 C 병원에서는 조직 검사도 하지 않은 채 덜컥 종양 제거 수술을 해버렸어요. 배를 열어 보니 소장과 대장을 연결하는 부위에 10cm가 넘는 종양이 자리하고 있어 어쩔 수 없이 소장과 대장의 일부분도 같이 잘라 내었다고 했어요.

아들은 어려서부터 바쁘고 일 욕심이 많은 엄마를 둔 덕에 친정어머니가 감기 한 번 안 걸리게 키울 정도로 건강하게 자랐지만 단 한 가지, 지독한 변비로 오랫동안 고생했어요. 1주일은 기본이고 심할 땐 보름에 한 번 화장실을 갈 정도로 극심한 변비에 여러 병원도 가보고 마사지 치료도 해봤지만 별 차도가 없었어요. 무엇보다 일중독으로 바빴던 저는 아들의 상태를 잊어버리곤 했었어요. 그렇게 오랫동안 아들을 괴롭혔던 변비가 소장과 대장 연결 부위에 뱀처럼 똬리를 틀고서 암 덩어리가 되게 만들었다는 사실에 온몸이 녹아내리는 듯 죄책감으로 휩싸여 버렸어요.

조직 검사 결과를 기다리며 지옥 같은 일주일이 지나고서 나온 결과는 '버킷림포마, 림프종이라는 혈액암'이었어요. C 대학병원에서는 도저히 항암 치료가 원활하지 않을 것 같다는 지인의 말에 아들을 수술해

주신 교수님의 모교인 '서울대학교병원'을 추천받아
급하게 다시 옮겼어요. 항암 치료를 위해 아들을 데리고
서울대학교병원으로 갈 때조차도 저와 남편은 앞으로 더 큰
난관이 기다리고 있을 줄도 모르고 정신없이 C 대학병원을
떠났어요.

     서울대학교병원 소아과 병동에 항암 치료를 하러
들어갔지만, 지속되는 고열과 높은 염증 수치 반응으로
치료가 미루어졌어요. 아들의 고열과 높은 염증 수치의 이유를
찾던 중 C 대학병원에서 했던 수술이 잘못되었다는 사실을
발견했어요. 그런 사실도 모른 채 항암을 위해 체력을 준비해야
한다며 몸에 좋다는 음식을 무조건 많이 먹이다 보니 처음
수술한 곳이 아물지 않은 채 소장과 대장을 연결한 부위가
무게를 견디지 못해 터져 버려 고열과 염증 수치가 높았던
거예요. 아들은 복막염에 걸린 거였어요. 병원에서는 항암
치료보다 먼저 수술을 다시 하자고 했어요. 그제서야 저는
정신을 차려 '장중첩증', '버킷림프종'과 같이 살면서 들어 본
적도 없던 단어를 인터넷으로 검색하기 시작했어요. 읽는다고
알 수도 없었지만, 아들이 얼마나 위험한 상황에 놓이게
되었는지 정도는 알게 되었어요.

     "최선은 다하겠지만 두 번이나 수술한 부위가 아물지
않은 채 암 덩어리가 섞여 꽤 어려운 수술이 되겠어요. 최악의
경우 장루를 아드님 배 밖으로 빼야 할 수도 있다는 사실을
말씀드립니다. 어머니."

     마치 드라마 <스카이캐슬>의 김주영 선생님처럼
깐깐하게 보이던 의사 선생님은 상황을 말해주고 수술을
시작했고, 저는 피가 마르고 입이 마르고 숨을 쉴 수 없는
상태로 아들을 기다렸어요. 복막염 수술은 6시간이나 걸려

끝났고, 아들은 중환자실로 옮겨졌어요. 결국 변을 내보내기 위한 우회로를 만들어 장루를 배 밖으로 꺼내 피부와 함께 봉합하는 수술까지 했어요. 마취로 정신이 없는 아들은 입에 호스를 끼고서 힘없이 그러나 힘을 다해 제 손바닥에 글을 썼어요.

'엄마… 내 옆에 있어….'

제 가슴은 가뭄에 논바닥 갈라지듯 갈라졌어요. 그러나 중환자실에 오래 있을 수 없어 마취에서 제대로 깨어나지 않은 채 두려움에 떨고 있는 아들을 뒤로한 채 고개를 떨구며 방을 나왔어요. 이 모든 일은 맹장염이라 생각하고 상하이에서 돌아와 수술한 날부터 불과 한 달도 안 된 시간에 일어난 일이었어요.

영화
<로렌조 오일>

아들의 투병이 시작된 지 얼마 안 된 어느 날 회사 일을 도와주던 서은영 대표로부터 한 편의 영화를 추천받았어요. "정말로 너무 힘드시겠지만, 이 영화를 보세요. 꼭 보셔야 해요."라는 그녀의 간곡한 청에 영화 <로렌조 오일>을 보게 되었어요.

ALD라는 너무도 생소한 이름의 희귀병에 걸린 아들을 위해 부부가 의학 공부를 하며 결국 치료제까지 개발한다는 눈물겨운 실화였어요. 치료받는 시간 외에는 달리 할 일이 없는 아들과 저는 아무 생각 없이 영화를 보다 깨달았어요. 주님께서 제게 이 영화를 보내주셨다는 사실을. 당시 아들이 병에 걸리고 나서 저는 모든 사고가 정지된 듯했어요. 언제나 자로 잰 듯이 거침없이 일을 기획하고, 계획하고, 완벽을 추구하며 살아왔지만 아들의 문제에 봉착하자 아무것도 모르는 바보가 된 듯했어요. 사실 암이나 죽음에 대해서는 크게 생각하지 않은 채 안락한 생활을 유지하며 살아왔어요. 비록 아버지가 간암으로 돌아가셨지만 저는 어렸고, 남편과 아들은 건강했고, 저도 남편의 일도 성공 가도를 달리는 듯했어요.

그런데 목숨과도 같은 아들에게 일어난 일에 대해 저는 무엇이 필요한지, 무엇을 해야 하는지조차 모른 채 갈팡질팡 길을 잃고 말았어요. 가느다란 빛처럼 아들이 생사를 오가고 있을 때도 저는 아무것도 할 수 없었죠. 기도를 한다고는 해도 들려오는 세상의 이야기에 더 마음이 쏠렸어요. "과연 기도가 이루어질 수 있을까?" 도마처럼 의심하던 저에게 주님께서 첫 번째 손을 내밀었던 거예요. 바로 <로렌조 오일>이라는 영화를 통해.

영적인 세상에 눈을 뜨니 세상이 달라 보였어요. 사람들은 언제나 기도하고, 성경을 읽고 공부하고, 교회를 나가지만 정작 힘든 일이 닥치면 성경도, 교회도 모두 사라지고 세상 것에만 집중한다는 사실을 깨달았어요. 기도는 기도만 열심히 한다고 되는 것이 아니라는 것도 알았죠. 기도는 상대적이에요. 사랑하는 사이는 서로의 이야기를 듣고 이해하며 깊은 관계를 맺어가는 것처럼 기도도 마찬가지였어요. 내가 원하는 것을 말하기만 한다고 기도가 되지 않아요. 그분의 목소리를 들어야만 하고, 보내는 사인을 알아듣고 두려워도 따라야만 해요. 아들의 병 앞에서 벌벌 떨며 무엇을 해야 할지 모르는 제게 더 이상 두려워하지만 말고 병을 받아들이고, 이해해야만 담담하게 대처할 수 있다는 사실을 영화를 통해 알려 주셨던 거예요.

영화 속의 부모 또한 처음에는 허둥지둥 제 모습처럼 난감해하지만 병에 대해 파헤치고, 이해하고, 문제를 찾아내며 치료제를 개발하게 되죠. 그러나 부부는 로렌조 오일이 다른 아이들의 병을 막을 수는 있었지만 이미 병이 많이 진행된 아들에겐 소용이 없다는 것을 알게 되었어요. 정작 아들은 치료도 받지 못하고 생명 연장만 시킬 수 있었지만, 치료법도 모른 채 ALD 병에 쓰러져 가던 아이들은 로렌조 오일 덕에 완쾌되었어요. 그리고 영화 마지막에 건강하게 회복한 전 세계의 실제 아이들을 보는데 눈물이 멈추지 않았어요.

"제가 아들을 위해 우선 무엇을 하면 되나요?"라는 저의 질문에 주님께서는 영화를 통해 답을 주셨어요. 저는 그때부터 암에 대해 공부하기 시작했어요. 모든 부모가 자식이 병에 걸렸다고 치료제를 개발할 수는 없겠지만 저는 뭐든지 해야만 했어요.

경기하는 선수가 상대방에게 지레 겁을 먹고 경기장 주변만 배회하면 승리할 수 없겠죠. 저는 경기장에 들어가기로 마음먹었어요. 더 이상 주변 이야기에 귀동냥으로 알아가는 것이 아니라 공부하고 깨우쳐야 의사 선생님의 지시를 현명하게 받아들일 수 있었기 때문이에요. 그렇게 공부를 하니 병 치료에 좋은 음식과 피해야 하는 음식도 알게 되었고, 그것이 왜 필요한지도 알아갔어요. 외국어 같던 의사 선생님의 말씀도 알아듣기 시작했고, 점차 병원 생활에도 익숙해지기 시작했어요.

항암에 관련된 책을 읽으며, 각 음식의 성분과 효능에 대해 공부하기 시작했어요. 그리고 자연에서 얻은 식재료와 정성 들여 만든 음식이 얼마나 좋은지 알게 되었어요. 어린 시절부터 변비가 심했던 아들은 라면을 매우 좋아했는데, 라면이나 밀가루 음식이 얼마나 몸에 독이었는지 알게 되니 미안함을 금할 수 없었어요. 좋은 식재료를 찾아내고 아들에게 해가 되는 것을 구분해 가며 노트하고 메모하기 시작했어요. 그리고 자연의 위대함을 알게 되었어요.

농부들이 뿌린 대지의 씨앗들, 더운 여름을 견디며 단단하게 결실을 맺는 열매와 곡물들, 추운 겨울을 지나 눈이 녹으면 다시 움트는 새싹들. 푸른 심해에서 나고 자란 바다의 보물들. 신은 자연을 창조하셨고 자연은 곧 신의 축복이라는 사실을 알게 되자, 모든 식자재들이 가지고 있는 색의 효능에 대해서도 알게 되었어요.

그렇게 공부하며 얻은 자료로 음식을 만들어 아들에게 먹여도 되는지 병원에 물었어요. 의사 선생님으로부터 여러 가지 주의사항을 듣고 허락된 범위 내에서 감사하게도 아들의 음식을 매끼 직접 준비할 수 있게 되었어요.

    아들을 위해 할 수 있는 것은 자연에서 얻은 좋은 식재료로 정성 들여 만든 한 끼 식사라는 사실을 알게 되자 저는 최고의 식사를 준비하기 시작했고, 그러다 보니 레시피가 쌓이게 되었어요. 물론 부족한 것은 많지만 여러 가지로 고민해서 만든 레시피를 <로렌조 오일> 부모처럼 고통받는 많은 이들과 함께 정보를 나누고 싶다는 생각이 들었어요. 그리고 주님께서 만드신 자연의 위대함을 알리고 싶었어요. 그렇게 저는 '굿사마리안레시피'를 준비하게 되었어요.

영화 '로렌조오일' 포스터

행복한 플레이팅

같은 음식이라도 매번 기분이 다르게 식사할 수 있는 방법이 있어요. '플레이팅'에 따라 음식은 정말 맛과 분위기, 그리고 기분까지 달라질 수 있기 때문이에요. 음식은 잘 만들기만 하면 되는 것이 아니라 먹는 사람을 행복하게 만드는 일도 중요하다고 생각해요. 정성 들여 만든 음식을 아름답게 '상차림' 하는 것은 우리나라만이 아니라 전 세계 고유의 전통이죠. 사실 모든 나라가 그렇듯이 전통 식사법에는 아름다운 상차림과 거기에 맞는 식사 예법이 있어요. 영화 <프리티우먼>에서 여주인공이 첫 데이트에 실수하지 않으려고 식사 예절까지 배우잖아요. 음식은 그저 배를 채우기 위함이 아닌 사람과 사람을 이어주는 중요한 매개체라고 생각해요. 먹는 사람의 마음을 생각하고, 또 먹는 사람은 정성 들여 만들어 준 사람의 마음을 생각하며 인간관계가 형성되고 정을 느끼게 되죠. 음식을 편하게 먹는 것도 중요하지만 그 맛과 풍미를 느끼며 먹는 행위도 중요해요. 그러나 각박해진 요즘은 삶에 지쳐, 혹은 바쁜 일상에 밀키트와 배달 음식으로 식탁을 채워 나가고 있죠. 사실 저라고 다르지는 않았어요. 아들이 라면을 먹고 싶다면 라면을 먹게 했으니까요.

병원 생활이 시작되면서 반복되는 약물 치료로 식욕이 점차 사라지는 아들을 위해 제가 할 수 있는 가장 큰 응원은 항암 치료에 좋은 레시피로 요리하는 것이었어요. 아픈 용왕님을 위해 토끼의 간을 구하러 육지에 간 <별주부전>의 간절한 거북이의 마음으로 지친 아들을 위해 매끼를 준비했어요. 그때 문득 생각했어요. '매일 똑같은 일상과 끊임없이 이어지는 치료와 수술, 그리고 회색 병동이 얼마나 지루할까.'라고.

그래서 요리 레시피만큼 중요하게 생각한 다른 한 가지가 바로 '플레이팅'이었어요. 칙칙한 병원에서 아들에게 필요한 영양소가 들어있는 식사를 '좀 더 맛있게! 좀 더 행복하게!' 만들고 싶었어요. '빛깔 좋은 떡이 먹기도 좋다'는 말도 있잖아요. 그러다 보니 음식을 담을 수 있는 접시와 커트러리, 그리고 모든 것을 돋보이게 만들 수 있는 테이블 매트까지 신중하게 골랐어요. 테이블 매트는 천연 소재인 린넨이나 면을 고집했고 모든 식기와 커트러리는 면역력이 낮은 아들을 위해 살균 소독 후 사용했어요. 그저 작은 병상의 접이식 간이 테이블이라고 해도 테이블 매트를 깔고 아름다운 식기를 올리면 어느 정도 레스토랑 분위기가 날 것 같아 매일같이 다른 플레이팅을 해주었어요.

냄비

약물 치료를 앞두고 조금이라도 힘을 북돋아 주기 위하여 자주 해 먹였던 것이 바로 삼계탕이에요. 닭에는 필수 아미노산과 비타민이 많아 원기 회복에 정말 좋아요. 껍질과 불순물을 제거하여 물 대신 멸치 육수로만 넣어 끓인 맑고 영양가 좋은 삼계탕을 낼 때는 터키 블루 컬러의 르쿠르제 솥에 담거나, 우윳빛 솥에, 또 어떤 날은 밈 뚝배기에 담아 주기도 했어요.

채반

케일 쌈밥 플레이팅은 아름답게 보여 주는 것도

중요하지만 어떨 땐 감춰 줘야 할 때도 있어요. 아들의 쓴
입맛에는 맞지 않기 때문에 독립군 숨기듯이 꼭꼭 숨겼어요.
찐 케일을 접시에 한 장씩 펴고 강황, 흑미같이 자주 먹어
질려하는 식재료를 쌈장과 함께 사정없이 쌈 안에 가득
넣었어요. 꼼꼼하고 정성 들여 보자기를 싸듯 말아 대나무 채반
위에 접시를 올리고 케일 쌈밥을 단아하게 올려 주면 정갈한
담양 한정식집 같은 분위기를 느끼게 할 수 있었어요.

테이블 매트

병실 침대 위에 있는 간이 식탁에서 식사를 어떻게 하면
조금이라도 레스토랑처럼 분위기를 바꿀 수 있을까 고민했을
때, 단연코 '테이블 매트'가 최고의 역할을 해주었어요. 레드
린넨, 꽃무늬 패턴, 깅엄 체크, 타탄체크, 스트라이프 패턴 등
매일매일 그릇과 매치가 잘되게 바꿔주었어요.

컵

건강한 티와 프레시 주스를 많이 갈아 주었는데 마치
매일 다른 카페에 간 것처럼 머그와 유리컵을 바꿔 주었어요.
앤트로폴리지Anthropologie의 예쁜 일러스트가 들어간 컵,
헤이Hay의 모던한 유리컵, 이케아Ikea 컵 등 그릇장에 들어간
모든 컵이 요일별로 호출당했어요. 또한 독일의 웩Weck 컵은
튼튼하면서 디자인도 예뻐 지금은 카페 세인트루크마리에서도
사용하고 있어요.

트레이

소파 위에서 식사할 때는 테이블 매트보다 트레이가
어울릴 때가 있어요. 특히 아들이 불안정한 자세에서 식사해야

할 때도 있어서 논슬립 트레이를 사용하기도 했죠. 지금 '인디고가든'에서 사용하는 논슬립 트레이가 크기도 좋고 색상도 좋아 선호하는 편이에요.

예쁜 소금

기본적으로 건강에 좋은 천일염 소금을 사용하지만, 아들의 눈을 조금이라도 기쁘게 만들어 줄 생각으로 디자인이 예쁜 라벨의 자연에서 만들진 고운 색의 복분자 소금 등을 사용했어요. 그러다 결국 '굿사마리안 소금'을 고창 염전의 천일염으로 만들기까지 했어요.

사실 원래부터 이렇게 생활했던 것은 아니에요. 그저 병원 침대에 누워 고군분투하는 아들을 조금이라도 행복하게 만들어 줄 수 있는 것이 무엇인지 고민하게 된 거예요. 뭐든 처음부터 잘할 수는 없었어요. 그저 사소한 한 가지를 챙기면서 조금이라도 레스토랑 분위기를 낸다면 아들의 기분과 건강이 조금이라도 나아질까 해서, 오늘 사용한 그릇은 며칠 뒤에 다른 컬러나 모양 그릇과 바꿔가며 기억해 두었어요.

그저 한 숟갈만이라도 어떻게해서건 더 먹이고 싶었던 제 애달픈 마음의 표현이 바로 '플레이팅'이였던 것 같아요. 그렇기 때문에 아들이 퇴원하고 '굿사마리안레시피' 레스토랑을 운영하면서 더 좋은 식재를 찾는 것만큼 중요하게 생각한 것이 바로 식기와 커트러리였어요. 아들을 통해 얼마나 플레이팅이 중요한지 깨달았기 때문이에요.

아들은 금식할 때마다 먹방을 보며 위로받았어요. 그러다 보니 저도 자연스럽게 옆에서 먹방을 보게 되었는데, 다들 플라스틱 용기에 담은 음식을 마구잡이로 입에 넣는 모습을 보면서 안타깝다고 생각했어요. 힘든 세상 속에 배달 음식과 플라스틱 용기에 익숙해지고 먹방이라는 이름으로 식사 예절이 점차 사라지고 있는 현실에, 조금이라도 '자신을 소중하게!'라는 마음으로 라이프 스타일 플랫폼을 론칭하게 되었어요. 바로 '모스가든 1919'에요.

굿사마리안레시피에서 사용하는 식재와 식기를 주변 사람들의 도움으로 회사 내부에서 몇 번 장터를 열었는데 꽤 큰 호응을 얻었어요. 시중에서 보기 어려운 것들로 구성하다 보니 사는 사람도, 판매하는 셀러도 모두 좋아했어요. 처음보다 두 번째, 세 번째 회를 거듭할 때마다 규모도 커졌어요. 무엇보다 자신들이 만들거나 재배한 좋은 것들을 유통할 수 있는 기회가 적다 보니 좋은 장터를 찾곤 했는데, 저희 마켓 판매율이 다른 곳보다 높다며 찾아오는 분들이 많았어요.

'모스가든 1919'에서는 병원에서 아들에게 플레이팅할 때 사용했던 접시, 커트러리, 테이블 매트를 기본으로 한 테이블웨어를 구성하기로 했어요. 라이프 스타일 브랜드 '모스가든 1919'는 그렇게 시작 되었어요.

마음까지 따뜻하게, 스타우브

우리 선조들이, 그리고 우리의 어머니들이 무쇠솥에 밥을 따끈하게 지어준 것처럼 주물 냄비에 솥밥을 하면 맛있어요. 저도 맛있는 솥밥을 지으려고 찾아보다 스타우브와 만나게 되었어요. 알록달록한 캔디 컬러같은 르크루제도 나름의 매력이 있겠지만 제 취향은 마치 마틴 마르지엘라 Martin Margiela같은 무채색 매력의 스타우브였어요. 클래식하면서도 세련된 반 무광의 블랙 스타우브를 맨 처음 구입한 후 솥밥을 지어 냄비 채 테이블에 올려 놓으니 간이 식탁이 근사하게 플레이팅 되었어요. 돌덩이 같이 엄청난 무게를 지닌 치명적 단점에도 그 매력은 압도적이에요. 질끈 눈을 감고 '하나도 안 무겁다' 하며 지은 밥은 식사하는 동안 내내 따뜻해서 더욱 좋았어요. 그렇게 해서 저의 맹목적인 스타우브 사랑이 시작되었어요.

아들이 아프기 전부터 밥을 짓겠다고 구입한 작은 블랙 꼬꼬떼를 시작으로 스모그 그레이빛의 반질거리는 큰 꼬꼬떼, 생선을 좋아하는 우리 집에 꼭 필요한 오벌 생선 그릴 팬, 닭도리탕이나 파에야를 만들기에 딱 좋은 전골 냄비, 브런치를 만들기 위한 작은 주물 팬 등이 제가 구입한 리스트예요.

일에 골몰하여 요리할 기회가 없다 보니 한눈에 반해 구입한 스타우브 냄비들을 자주 사용하진 못했어요. 그렇게 다소곳이 주방의 서랍 속에 있던 스타우브가 빛을 발하기 시작한 건 마음 아프게도 병상에 누워 있는 아들을 위한 식사를 만들기 시작하면서 부터에요.

제철 재료들을 넣은 솥밥을 지어 식탁에 올린 후, 조금씩 먹을 만큼만 덜어 먹고서 마지막엔 바로 끓인 메밀차를 부어 누룽지를 먹게 했어요. 때때로 각양각색의 죽이나 꽃게찌개, 모시조개찜을 솥 채 내어 주기도 하고, 해물 김치 메밀전도 쁘띠 팬 그대로 병상의 작은 식탁에 올려 따뜻하게 먹였어요.

그렇게 자주 사용하고 사랑하던 브랜드라 '굿사마리안레시피' 레스토랑을 오픈할 때 메인 요리인 그릴 치킨만큼은 꼭 스타우브를 사용하고 싶었어요. 사실 레스토랑을 위해 대량으로 구매하자니 금액이 만만치 않아 잠깐 망설이기도 했어요.

**그러나 아픈 아들에게 음식을 차려줬을 때처럼
고객들에게도 정성껏 만든 음식을 아름다운 스타우브에 담아
따뜻하게 식사를 즐기게 하고 싶었어요.**

그런데 문제는 금액만이 아니었어요. 무엇보다 셰프들과 홀 서비스 직원들이 달가워하지를 않았어요. 사실 어떻게 스타우브를 선뜻 좋아할 수 있겠어요. 돌덩이같이 무거운 냄비에 조리하는 것도 모자라 그걸 들고 손님들 사이를 다니며 테이블에 놓아야 하니 위험하다는 이유로 모두 꺼렸어요. 그러나 다른 일반 냄비에 비해 스타우브는 오랫동안 사용이 가능하다는 장점을 나열하며 진심을 다해 직원들을 설득할 수 있었어요. '굿사마리안레시피'에서 지금까지 사용하고 있는 스타우브는 가끔씩 오일을 뿌려 시즈닝만 해주면 세상 이렇게 내구성이 좋은 팬이 또 있을까 싶을 정도의 장점을 가지고 있어요. 무엇보다도 근사하고 프리미엄한 플레이팅을 연출할 수 있어서 갤러리아 백화점의

'인디고가든'과 롯데 월드몰에 위치한 '로얄테라스가든' 레스토랑에서도 사용하고 있죠.

      미식 문화로 유명한 프랑스에서 탄생하다 보니 디자인과 색상이 참으로 근사해요. 특히 무채색과는 달리 새, 물고기와 같은 사랑스러운 손잡이나 돼지 모양의 주물 등은 독특하기까지 해서 웃음이 나올 때도 있어요. 무엇보다 특수 코팅 처리된 뚜껑으로 셀프 베이스팅 시스템이 냄비 속의 식재료에 지속적으로 수분을 수준급으로 유지하기 때문에 맛과 식감이 탁월해요. 무슨 홍보 마케터처럼 얘기하지만, 저희는 레스토랑 오픈할 때도 '내돈 내산'으로 매장에서 직접 대량 구매를 했고, 점원이 약간의 디스카운트해 준 것밖에는 없어요. 사실 스타우브를 좋아하는 것은 저만은 아닌 듯해요. 요즘 인기 있는 라이프 스타일 파워 인플루언서이자 요리가인 '꽁블 선생'부터 천재 소녀까지 그들의 영상을 보면 정말로 스타우브를 사랑하는 것을 알 수 있어요. 사실 요즘엔 손목이 아파 무거운 짐을 드는 것도 주저할 때도 있지만 요리할 때만큼은 가벼운 스테인리스 냄비를 제쳐두고 사용할 만큼 진정한 머스트해브 냄비이니까요.

신생아보다 못한 면역력을 가진 아들을 위한
그릇 소독하기

―――――――――

우리 집 인덕션에는 대용량 잼 팟이 항상 올라가 있었어요. 잼을 끓이는 커다란 냄비를 '잼 팟'이라고 하는데, 잼을 끓이는 용도가 아니라 아들이 사용할 그릇을 소독하는 용도로 딱 맞았어요. 치료받는 동안에는 면역력이 '제로'가 되는데 이때 아들은 엄마의 면역력을 받고 태어나는 신생아보다도 못하죠. 부활의 희망 균만 허용될 뿐 그 어떤 균도 허용할 수 없는 면역력 제로의 기간엔 특히 세균 감염에 조심해야 했어요. 그런 이유로 '잼 팟'은 아들의 식사에 필요한 식재료 만큼이나 없어서는 안될 필수품이었어요. 음식을 담는 그릇뿐만이 아니라 주방의 모든 도구들은 끓는 물에 목욕재개를 깨끗하게 시켜야만 요리가 시작되었어요.

잼 팟에 안 들어가는 큰 캄포 도마는 예열된 오븐에 넣었다 빼주었고, 가장 중요한 식기와 커트러리는 보글보글 끓는 잼 팟에 풍덩 넣은 후 물기를 말려 안전하고 깨끗하게 음식을 담았어요. 이틀치 분량의 채소나 과일 주스를 담기 전에도 보르미올리 Bormioli 유리병을 풍덩, 매콤한 멸치볶음을 한 번 먹을 분량으로 소분해서 보관할 볼메이슨자 Ball Mason Jar도 잼 팟에 풍덩 넣었죠!

처음 팔팔 끓는 물에서 그릇을 건질 때 화상도 많이 입었어요. 스테인리스 집게로 건져 낼 때 식기가 미끄러져 '풍덩'하고 물속으로 들어가면서 물이 튀기 때문이에요. 그러나 하면 할수록 노하우가 생겨 왼손엔 집게, 오른손엔 면장갑과 고무장갑을 이중으로 끼워 그릇을 잡아주며 소독을 했어요.

    그렇게 갓 조리된 음식을 소독한 병에 바로 담고, 아들에게 먹이기 위해 병원에서 뚜껑을 열면 마치 샴페인을 터트리는 듯 '뻥'하는 소리가 병실 전체에 울려 퍼져요. 그 소리가 더 크고 청량하게 울릴수록 '어머니! 이 병에는 세균이 없으니 어서 안심하고 먹이세요~요~용 펑!'하고 제게 말하는 것 같아 기분이 좋아졌어요.

    '굿사마리안레시피' 레스토랑의 처음 치프 셰프였던 배은영 이사님은 언제나 말했어요.

유기농도 좋고 친환경 재료도 다 좋지만,
모든 채소와 과일은 깨끗이 세척하는 것이 정말로 중요하다고.

    그런 이유로 '굿사마리안레시피'에서는 과일과 채소를 정말로 신경 써서 세척했어요. 특히 코로나가 한창일 때는 굿사마리안 레스토랑의 모든 접시와 식기들을 끓는 물에 자주 소독하게 했어요. 제아무리 좋은 식기 세척기가 있다고 해도 역시 끓는 물에 '풍덩!' 깊숙하게 담가 소독하는 것이 최고인 것 같아요. '풍덩 풍덩 풍덩~!'하고.

착한 성분 표시

제품에 있는 성분표를 유심히 보게 된 계기가 있어요. 요리에 사용하기에 적당하고 향이 강하지 않은 아카시아꿀을 찾다 보니 어느 날 문득 뒷면에 있는 제품 성분표를 보게 되었어요. 그런데 눈앞이 깜깜해졌어요.

사향 꿀 90%, 아카시아꿀 10%의 성분표를 보는 순간 저는 눈앞이 하얗게 될 정도로 아찔했어요. 설탕물을 먹고 자란 사향 꿀은 설탕과 다름없기 때문이에요.

그 뒤로는 어떤 식재료건, 구입할 때 깨알 같은 글씨 전부를 체크하기 시작했어요. 아이에게 안 좋은 팜유나 쇼트닝이 들어갔는지, 유전자 콩과 옥수수가 들어 있지 않은지, 유기농이나 무항생제인지, 우리나라에서 재배한 로컬 식재료를 사용했는지, 설탕이 없는지, 밀가루가 들어 있는지, 밀가루라고 해도 우리나라 밀가루인지 아닌지를 꼼꼼하게 살펴보게 되었어요. 성분을 계속 보다 보니 얼마만큼 정성 들여 그 제품을 만들었는지 생산자나 식품 회사의 오너 마음을 알 수 있게 돼요.

시중에 판매하는 간장만 보더라도 많은 첨가물이 들어있어요. 지금은 우리 회사 파트너사 중 한 곳인 '부엉이 곳간' 사장님은 "애들 먹을 것을 찾다 보니 그냥 제가 만들게 되었어요."라며 자신의 아이들을 위해 이럴 거면 아예 만들자 해서 브랜드를 론칭하게 되었다고 해요. 라벨도 세련되고 사랑스러워 거래하게 되었는데, 지금은 간장으로 만든 카라멜까지 만들어서 저희 매장 인기 아이템이 되었죠.

그렇게 제품 뒷면을 계속 보다 보면 많은 것을 알게

되는데, 특히 성분 표시는 짧을수록 좋은 거 같아요. 짧을수록 합성 첨가물이 적게 들어갔다는 뜻이기 때문이죠.

63일의 금식

손에 살짝 묻어 난 피도 무서워하던 13살 어린 아들은 배 밖에 장루를 달게 되었어요. 복막염 수술 후 염증 후유증으로 항암 치료도 받지 못한 채 뱃속에 축구공 크기의 암 덩어리까지 자라게 되었죠. 지금까지 살아 온 소소한 일상들이 기적 같은 날이었다는 것을 생각하며 눈 앞에 펼쳐진 현실에 눈물조차 흐르지 않았어요. 의사들마저도 당장은 아무것도 할 수 없다며 난색을 보였어요. 저희 부부는 깊은, 그저 깊고 깊은 블랙홀 속으로 빠져들어 가는 듯했어요.

지금이라면 주님께 매달리며 기도했겠지만, 그때는 아무 생각도 할 수 없었어요. 마치 오르페우스처럼 앞만 보며 걸어야 하는 상황이 두려웠어요. 그리스 신화에서 뱀에게 물려 죽은 아내를 찾아 지옥에 간 오르페우스는 지옥의 신 하데스를 리라 연주로 감동시켜 아내와 함께 지상으로 올라가게 되었어요. 단 지상의 문이 보일 때까지 뒤를 돌아보면 안 된다는 경고를 받고서 말이죠. 그러나 아내가 걱정되었던 오르페우스는 지상을 얼마 두지 않고 뒤를 돌아보게 되었고, 그 순간 어둠 속을 내내 같이 걸어왔던 아내가 다시 지옥으로 빨려 들어가 버렸죠. 어둠 속을 걸어야 하는 막막한 그의 마음이 너무도 이해되었어요. 그러나 저는 오르페우스처럼 제 아들을 잃을 수 없었어요. 절대로 멈춰서 뒤돌아볼 수 없었어요.

염증 수치가 올라 항암 치료를 받을 수 없게 되자 병원에서는 다른 방법으로 방사선 치료를 제안했어요. 생사의 기로에 서 있어도 투정 한번 부리지 않는 아들을 보며 가슴이 미어질 틈도 없이 배 밖에 있는 장루 주머니에서 변이 세지 않도록 저희 부부는 정신이 없었어요. 장루가 새면 수술 부위가 감염될 수 있어 아들은 결국 물 한 모금 마시지 못하는 긴 금식을 시작하게 되었어요.

　　병원에서는 아이들이 가장 견디기 힘들고, 어려워하는 것이 항암 치료보다 스테로이드를 맞으며 '금식'할 때라고 했어요. 그런데 아들의 금식은 심지어 63일 동안이나 지속되었죠. 저는 일할 때도 '밥심으로 일한다'라는 주의로 한 끼만 굶어도 손이 떨리는 사람이었어요. 그런데 아들은 온몸에 주렁주렁 달린 링거를 생명줄 삼아 그저 먹고 싶은 음식을 버킷리스트에 올리고, '먹방' 방송을 보며 견뎠어요. 금식하는 아들이 마치 광야에서 40일을 보내는 예수님처럼 보였어요. 병원에 있으면서 아이들이 치료받을 때면 고통스러워 소리 지르고 물건을 집어 던지기도 하는데 아들은 그저 조용히 견뎌 주었으니 말이죠.

　　더 이상 할 수 있는 항암 치료가 없어 위험하게 된 아들에게 첫 표적 항암제가 투여 되었어요. 표적 항암제란 정상 세포와 차이 나는 암세포의 특정 부분을 '표적' 삼아 암세포만을 선택적으로 공격하는 약물이에요. 검사를 통해 특정 표적이 확인된 환자들만 표적 항암제를 투여할 수 있어요.

　　'버킷림프종'은 암 덩어리가 급격하게 큰 크기로 자라지만 항암제가 제대로 역할을 다하면 크기가 바로 줄어드는 혈액암의 일종이에요. 그리고 무엇보다 치료할 수 있는 항암제도 다양하게 많아요. 혈액암은 항암 치료가 시작되고부터 보통 6개월 정도면 비교적 치료가 바로 끝난다고 하는데, 아들의 경우는 처음부터 모든 단추가 잘못 꿰매어졌어요. 기적을 믿지 않고 주변 사람들의 말만 들었던 엄마와 병원의 의료 과실까지 더해져 아들의 치료는 진도조차 제대로 나아가지 못했던 거죠.

더군다나 엎친 데 덮친 격으로 장 천공이 생겨 상황은 극으로 달려갔어요. 검사를 수없이 반복했고, 항암 치료 중에 췌장염이 생겨 다시 중환자실에 내려갈 위기에 놓이기도 했어요. 모든 것에 무지했던 저는 췌장염이 어느 정도로 위험한 것인지 몰라 선생님에게 물어봤어요.

"음… 췌장염이 생기면 대부분 통증이 심해 중환자실로 내려가게 돼요. 항암 소아병동에서 췌장염에 걸려 중환자실에 온 두 명의 아이가 있었는데 한 명은 일반 병동으로 다시 갔고요. 다른 한 명은… 하늘나라로 갔어요."

아들의 상황이 얼마나 위험한지 설명해 주는 의사의 말도 저는 마치 외국어처럼 들릴 정도로 현실감이 없었어요. 아들도 통증이 심해질 경우 중환자실로 갈 수도 있다고 했지만, 불행 중 다행으로 통증은 일어나지 않았어요. 그래도 각기 다른 종류의 합병증이 생길 때마다 아들의 항암 치료는 멈춰야만 했어요.

그렇게 많은 일들이 지나 드디어 '63일의 금식'이 끝나고 아들은 물부터 마실 수 있게 되었어요.

우리 가족은 첫 항암 치료를 받을 수 있는 날에는 "항암을 할 수 있게 해주셔서 감사합니다."라고 기도했어요. 그리고 금식이 끝난 후에는 "물을 마실 수 있게 되어 감사합니다."라고. 미음을 먹던 날에는 "일용할 양식을 주셔서 감사합니다."라며 절로 손을 잡고 감사 기도를 하게 되었어요. 이제껏 우리 가족에게 아무것도 아니었던 일상이 얼마나 감사한 날이었는지 목숨만큼 소중한 아들의 병으로 알게 된 기적의 시간이었어요.

　　　기도는! 기도가 이루어 내는 결과의 엄청난 위력을 경험하게 되는 것도 있지만 '기도하는 과정'에서 깨닫게 되는 생각, 마음, 행동, 그리고 세상을 바라보는 시선을 바꾸게 할 만큼 위대한 것 같아요. 우리 가족은 그렇게 서로를 의지하고, 기대고, 사랑하며 지금까지와 다르게 바뀌어 가고 있었어요.

금식해야 하는 아들과
밥을 많이 먹어야 하는 엄마

항암 치료를 위해 서울대학교병원으로 옮긴 아들의 몸에 열과 염증 수치가 높아져 또다시 항암 치료를 한동안 받을 수 없게 되었어요. 최고의 명의를 찾아갔던 다른 병원에서 행한 잘못된 처방은 서울대학교병원에서조차 매우 의아해했을 정도로 수술 결과가 좋지 않았어요. 아들을 위한 최상의 선택이라 결정한 모든 일들이 결국 항암 치료조차 받기 어려운 몸 상태로 만들어 버렸다는 죄책감에 괴로웠어요. 아무리 좋아도 모든 일에는 '자신에게 맞는 시기와 때'가 있는데 저는 어리석게도 주변의 말과 눈에 보이는 것만 믿었던 거예요.

살얼음을 걷는 날들이 연속으로 이어졌어요. 그러다 지금까지 보다 더 큰 일이 터지고 말았어요. 이번에는 복막염이 생긴 거예요. 한시가 급하게 항암 치료를 받아야 하는데 치료는 고사하고, 이전 대학 병원에서 암 덩어리를 제거하면서 소장과 대장을 연결한 부위가 터져 버린 거예요. 말 그대로 아들의 배 속은 음식물 쓰레기통 마냥 모든 장기에 음식물이 흘러들어 세균 감염으로 염증이 가득하게 되었지요. 그 일을 기억하면 지금도 심장이 멈춰지는 듯해요.

병원에서는 세균에 감염되면 항암 치료는 물론 그 어떤 치료도 받을 수 없다며 급하게 복막염 수술을 진행해야 한다고 했어요. 그런데 문제는 아들의 대장과 소장 주위에 암세포가 많아 장루 수술까지 하지 않으면 다시 복막염을 일으킬 위험이 있다는 말을 했어요. 그래서 이번에는 장루 수술까지 할 수밖에 없었어요. 장루 수술이란 변을 외부로 내보내기 위한 우회로를 만들어 몸 밖으로 변을 보게 하는 거예요.

인간의 몸은 소장 다음에 대장이 있고 항문으로 변을 보는데 장루 수술을 하면 대장과 소장이 모두 신체 외부로 나와 보통은 한두 시간에 한 번 배변 주머니를 비워 주어야 해요. 사실 한두 시간마다 한 번씩 갈아 주는 것은 장 상태가 매우 좋을 때 이야기로, 가스가 찰 경우에는 30분마다 한 번씩 갈아 주어야 하는 까다로운 일이에요. 만약 배변 주머니가 터져버리면 상처 주위가 세균으로 감염될 수 있기 때문에 우리 부부는 2년 가까이 장루를 관리하며 교대로 쪽잠을 자야만 했어요. 장루 수술을 한 아들도 고생이 심했어요. 항암 치료를 받기 위해 염증이 없는 안전한 몸 상태로 만들기 위해 아들은 물 한 모금 못 마시는 금식을 시작해야 했어요. 처음에는 한 달 정도 예상했던 것과는 달리 금식은 두 달이 넘어가게 되었고 결국 63일간 아무것도 먹지 못하며 병원 기록까지 남게 되었어요.

그때 알았어요. 사람이 두 달 이상 밥을 안 먹어도 살 수 있다는 것을. 스테로이드제, 수액, 영양제 등을 혹부리 영감의 혹처럼 폴대에 주렁주렁 매달고 살아가는 아들을 보며 저는 도저히 밥을 먹을 수 없었어요. 아들은 제가 걱정되었는지 '엄마는 왜 밥을 안 먹어?' 하고 그 큰 눈을 더 크게 뜨며 묻곤 했어요. 사실 제가 어떻게 음식이 넘어가겠어요.

오래되어 그런지 아니면 너무 많은 환자가 사용해서인지 소아병동의 화장실 문은 녹슬어 곰팡이가 필 정도로 환경이 좋지 않았지만, 배선실만큼은 널찍하고 해도 잘 들었어요. 아이들을 간호하기 위해 준비된 두 대의 전자레인지로 엄마들은 요리사가 되어 자기의 아이들이 먹을 음식이나 자신이 먹을 식사를 만들어 서로 나눠 먹곤 했어요. 창가엔 기증받은 냉장고가 있어 그 안에는 칸마다 각자의 집에서 가져온 반찬들이 입원한 아이 이름을 적은 포스트잇이 붙은 채 일렬로 늘어서 있었어요.
　　서울대학교병원에 입원하게 된 지 얼마 지나지 않은 어느 날 괴로움과 두려움에 밥을 앞에 두고도 먹지 못한 채 힘없이 앉아 있는 저에게 한 보호자가 말을 건네 왔어요. 딸을 20여 년 동안 돌보며 입퇴원을 반복했던 환우 어머니는 햇살처럼 환하게 웃으시며 제게 말씀하셨어요.

**"엄마가 밥을 많이 먹어야 해.
그래야 아이 간호를 할 수 있지!"라고.**

　　그 말씀이 어찌나 따뜻하고 소중한지 저는 밥을 넘기기 힘들어도 훌쩍이며 억지로라도 눈물과 함께 숟가락을 입에 넣었어요. "그럼 그렇지. 하루아침에 낫는 병도 아닐 테고, 기약할 수 없이 오랜 시간 동안 투병해야 한다면 먹어야지요." 딸을 오랫동안 간호해 온 어머니는 자기 경험을 통해 너무나도 잘 알고 있었기에 제게 따뜻하게 말을 건네주셨던 거예요.
　　아들이 병원에 입원하고 시간이 한참 흐른 어느 날, 배선실 창가에서 식판을 앞에 두고 눈물을 흘리는 젊고 앳된 환우 어머니를 만나게 되었어요. 어느 정도 시간이 지나면서부터 보호자들의 얼굴을 전부 기억하고 있어 보자마자 새로 들어 온 보호자라는 것을 바로 알 수 있었어요. 얼마나 괴로울지 알고 있기에 이번에는 제가 밝은 목소리로 말을 건넸어요.
　　"엄마가 밥을 억지로라도 먹어야 병간호를 할 수 있죠. 어서 한술 뜨세요."
　　제가 받았던 친절과 사랑을 그 분에게도 나누어 주고 싶었어요. 제가 변하기 시작했어요.

Don't Worry Be Happy

아들의 투병이 시작되고 병원 생활하는 어느 날이었어요. 이 모든 일이 모두 제 잘못 같아 하루하루가 눈물과 비통함으로 얼룩진 채 두려움 속에서 병간호를 했어요. 우중충한 제 마음과는 달리 하늘은 맑고 화창한 어느 오후였어요. 병원으로 찾아온 서은영 대표가 밥을 먹이겠다고 저를 차에 태우고 병원을 나서던 길이었어요.

괴로움에 눈물을 흘리며 창밖을 보고 앉아 있는데 그때 운전하던 그녀가 라디오를 켰어요. 세상의 모든 긍정적인 마음을 담은 나른한 바비 맥페린의 목소리가 휘파람 소리와 함께 들려왔어요. '우우우우우후-우우우후우~ Don't Worry Be Happy~!' 저의 참담한 마음과는 상관없이 밝게 들려오는 노래가 참 아이러니하다 생각하는 그때 서은영 대표가 말했어요. "대표님… 걱정하지 말라고 주님께서 위로하시잖아요. 행복해질 거예요." 제 어깨가 축 처져 안쓰러워 보였는지 그녀는 말을 이었어요. "주님께서 지금 대표님을 위로하시는 것 같아요. 제가 라디오를 켜자마자 이 노래가 나오잖아요. 세상의 모든 것에는 우연이 없어요."

제게는 절대로 영원히 오지 않을 거 같은 '행복해져!'라는 그 가사는 가끔씩 저를 생각하고 돌아보게 했어요. 오랜 병원 생활이 이어지자, 처음엔 어둡기만 했던 우리 가족은 병원 침상에 앉아 웃을 수 있게도 되었고, 주님께 감사 기도를 하는 날도 많이 생기게 되었어요. 그러면서 생각했죠. '아! 병원 안에서도 이렇게 행복할 수 있구나.'라고. 투병이 길어져 1년이 흐르고, 또 2년의 세월이 병원에서

흘러갔지만 우리는 하나가 되어 서로를 사랑하고 주님을
찬양하는 날을 맞이하게 되었어요. 너무도 힘든 날들이지만
마음 한편에서 고요한 움직임이 일어났고 진심 어린 감사
기도를 하게 되었어요. '오늘도 우리 아들은 이렇게 살아
있습니다. 참으로 행복하고 감사합니다… 아버지.'

그날 차 안에서 들은 노래는 주님께서 저를
사랑하신다는 증표로 보낸 주님의 선물이었어요. 힘들 때마다
저는 바비 멕페린의 'Don't Worry Be Happy'의 노랫말을
생각하게 되었답니다.

> 모든 삶에는 문제가 조금씩 다 있어
> In every life we have some trouble
> 그런데 걱정하게 되면 문제는 두 배가 되어버리지
> But when you worry you make it double
> 걱정하지 말고 행복해지자
> Don't worry be happy

사라지는 아이들

　서울대학교 소아병동 맨 위층 끝 방에는 일인실 병동이 있어요. 처음 병원에 입원했을 때는 낯선 환경에서 투병해야 하는 아들을 위한답시고 일인실을 고집했어요. 그전까지 그렇게 이기적으로 살아 본 적도 없음에도 불구하고 최대한 주변의 인맥까지 동원하며 무조건 일인실에 입원하려고 했죠. 사실 돈이 많다고 해서 일인실에 갈 수가 없는데 그 때는 그 사실을 몰랐기 때문이에요. 서울대학교병원은 병실과 병상이 턱없이 모자라는 데다 병원비가 저렴하다 보니 전국의 수많은 아픈 아이들이 몰려와요. 검사를 받은 아이들은 순차적으로 각자의 병세에 따라 입원할 수 있었어요. 처음에는 몰라도 너무 몰랐고, 제 아들만 보였고, 소중했던 거예요.

　가을에 입원하여 첫 번째 퇴원하던 입춘까지 넉 달 가량 병원에서 지내는 동안, 가려졌던 수많은 것들이 서서히 눈앞에 드러났어요. 모르고 살았고, 모른 채 살고 싶었던 것들이 보이기 시작한 거죠. 울며불며 주변 사람들에게 부탁했던 서울대학교병원 '일인실의 실체'는 VIP 병실이 아니라, 세상의 마지막 시간을 조금이라도 편하게 머물다 갈 수 있도록 마련된 간이역 같은 곳이라는 사실을 알게 된 거에요. 소아암 병동에 단 한 개만 있는 일인실은 돈이나 인맥으로 해결될 수 없는 곳으로, 세균에 감염되어 격리 조치가 필요한 아이보다도 세상에서 사라지는 아이에게 먼저 주어지는 공간이었어요. 이 사실을 알게 된 후 얼마나 부끄러운지 눈물이 앞을 가렸어요.

　소아암 병동엔 26개 정도의 침상이 있어요. 항암 병동에 오래 입원하게 되면 수많은 환아가 계속 바뀌는 것을 보게

돼요. 처음 들어오는 아이, 입퇴원을 반복하는 아이, 치료받기
위해 잠깐 입원하는 아이들이 제각기 다른 사연을 가지고,
턱없이 부족한 병상에 대기를 걸어요. 그리고 언제 끝날지 모를
치료를 받기 시작하죠. 그러다 보니 대부분 아이들의 병명과
소식들을 알게 되었어요.

　　어느 날 새로 입원해서 병실에 들어 온 어린 여자아이는
눈을 동그랗게 뜨고 무서워하며 엄마에게 물었어요.

　　"엄마 여기 아프리카야?"

　　여자아이 눈에는 항암 치료받는 아이들의 모습이 마치
아프리카에서 온 또래 아이들로 보였나 봐요. 항암 치료로
얼굴이 새까맣게 변하고, 머리카락 하나 없어진 민머리에
앙상하게 마른 아이들의 모습이 그렇게 보였겠죠. 요즘
표현대로 웃픈, 가슴 아픈 이야기죠.

　　제게 '밥을 많이 먹어야 한다'라고 친절하게 다독이며
말씀하셨던… 그 어머니의 사연은 지금 생각해도 가슴이
시려요. 태어나면서부터 선천적 지병을 가지고 태어났던 딸은
결국 성인이 되어서는 암까지 걸리게 되었어요. 소아 병동을
20여 년 동안 이 층에서 저층으로 옮겨 다니며 오랜 시간
입퇴원을 반복하다 보니 '이제는 집보다도 병원 생활이 더
익숙하다' 며 웃던 그 어머니가 더 이상 병원에 올 필요가 없게
되었다는 소식을 듣게 되었어요. 그렇게 사랑하던 딸이 결국
하늘나라로 떠났기 때문이에요.

　　어느 날에는 소아암 병동 복도 끝에서 우연히 남편의 옛
동료를 만나게 되어 반가운 마음에 인사했지만, 반가울 수 없는
이야기를 듣게 되었죠. 다른 사람의 병문안을 온 것이 아니라

자신의 어린 딸이 뇌종양에 걸려 소아 병동에 입원했다고….

회진을 도는 선생님들이 아이의 이름을 애틋하게 부를 때가 있어요. 커튼 막을 통해 부드럽게 이름을 부르는 목소리가 들려오면 병실에 있는 모든 사람들이 직감하죠. '아! 저 작은 아이에게 이제 시간이 얼마 남지 않았구나….'라고. 어렸을 때 걸렸던 암이 재발하여 자신의 항암 치료비를 위해 맥도날드에서 아르바이트로 한 푼 두 푼 돈을 모아 입원한 청년과 오랜 시간 같은 병실에 있던 적이 있었어요. 그 청년의 어머니는 병간호가 힘들었는지 아픈 아들에게 그렇게도 모진 소리를 자주 했어요. 웃을 일도 없는 병실에서 그 어머니의 모진 소리를 들으면 얼마나 마음이 아프던지 청년을 위해 기도를 했어요. 그때 다른 사람을 위해 기도를 하기 시작하는 저 자신에 놀랐어요. 어느 날 청년이 말했어요. "이제껏 사는 게 외롭고 괴로웠는데 주님을 알고 세례를 받은 후 마음이 평안해졌어요." 청년의 말에 어찌나 눈물이 흐르던지. 모진 소리를 해도 자식이 세포 이식을 받을 수 있게 되었다며 희망에 차 기뻐하시던 어머니를 뒤로하고 며칠 후 청년도 사라졌어요.

제 아들 또래의 피부암에 걸린 딸을 정성껏 돌보면서도 주변 사람들에게 많은 음식을 베풀어 주던 어느 어머니, 할머니만 찾아 CT 촬영을 갈때에도 같은 침대에 누워 할머니 손을 잡은 두 살 배기 손자 아기, 소시지 빵을 유난히 좋아하던 땡강쟁이 어린아이, 제주도에서 올라와 3년 내내 투병하면서 숨쉬기도 힘겨워 엄마 품에 비스듬히 앉아 제가 챙겨온 간식을 나눠 먹던 어여쁜 여자아이… 모두 다 세상 속에서 사라졌어요.

퇴원했는데 다시 돌아오거나 어제 봤는데 오늘 볼 수 없는 아이들의 안부를 모두 입 밖에 꺼내기를 조심스러워했어요. 소아병동에는 '사라지는 아이들'의 가슴 아픈 이야기들이 그렇게 눈물처럼 고여 있어요.
너무나 안타까운 이야기들을 실제로 눈앞에서 목격하고 경험하며 저는 결심했어요.

내게 일어난 일들을 원망하거나 억울해하지 말자고!

아들의 투병 생활은 가슴이 미어지도록 아프지만 제게 일어나는 모든 일들은 하나도 우연이 아니라는 것을 알게 되었어요. 또한 서울대학교병원 한켠에서 보게 된 아이들과 청소년들의 병을 바라보면서 건강한 삶을 살았다면 얼마나 밝게 웃고 자신의 재능을 펼치며 살았을지 생각하며, 제가 그저 아들의 병을 고치는 것만이 아니라 이제부터는 소명을 가지고 세상을 살아야겠다고 다짐했어요. 병실이 없거나 병원비가 너무 비싸 제대로 치료도 받지 못하고 세상을 떠나가는 아이들, 자신의 재능조차 알지도 못하고 떠나는 아이들을 떠올리며 고통을 축복으로 받아들이게 되었어요.

사라진 아이들의 빈 자리를 보면서 깨달았죠. 아들이 완쾌된다고 하더라도 더 이상 제가 아무 일도 없던 것처럼 세상을 살 수는 없다는 사실을! 사랑하는 아들을 통해 이 거룩하고 감사한 기적을 일으켜 주신 주님께서 제게 원하는 것은 무엇인지 스스로 그리고 정성껏 그 답을 찾아야 했어요.

굿사마리안레시피의 탄생

그렇게 슬픈 사연들로 제 가슴이 적셔져 갈 때도 아들을 위해 최선을 다했어요. 제가 할 수 있는 일은 모두 하고 싶어 아들을 위해 매끼 식사를 끊임없이 요리했어요. 식사를 준비할 때마다 서은영 대표가 그 모습을 말없이 지켜보곤 했어요. 스타일리스트로 저와 오랫동안 일을 했던 그녀는 당시 저를 위해 회사 일을 도와주고 있었어요. 사실 그녀와의 첫 만남도 아들의 출산 바로 며칠 전 영화 <봄날의 곰을 좋아하세요> 촬영 현장이었어요. 그렇기에 남다르게 아들에 대한 애정이 깊었던 그녀는 업무 보고도 할 겸 저를 만나러 병원에 자주 들렀어요. 그러던 어느 날 그녀가 제게 어렵게 말을 건넸어요.

**"대표님. 이런 때 이런 말씀 드리기는 뭐하지만,
아드님에게 요리한 사진을 전부 찍어 두면 어때요?"**

아무 생각 없이 듣던 제가 의아해하니 그녀가 말을 이었어요.

"너무 어려운 일이지만 주님께서는 우리를 구원하기 위해 시련을 주시는데 언제나 그걸 깨닫지 못하고서 원망만 해요. 생각해 봤는데 맛있고 건강한 요리를 병으로 고생하는 사람들에게 알리면 어떨까요. 이렇게 정성 들여 아름답게 차린 건강한 음식을 알리는 일이 대표님의 소명이 아닐까 싶어서요."

저는 요리사도 아니고 그저 아픈 아들에게 끼니를 챙겨주는 엄마란 생각에 엄두도 못냈지만 무엇보다도 너무나도 자신이 없었어요. 그러자 손사래를 치며 그녀가 말했어요. "아니에요. 그렇게 훌륭하고 찬란한 음식을 누가 매일같이 만들어요. 의약과 음식은 근원이 같다는 '약식동원'이라는 말이 있어요. 대표님의 레시피는 아들의 병을 위해 만든 거잖아요." 반신반의하며 들으면서도 서 대표의 말에 또 한 가지가 걱정되어 조심스럽게 말했어요. "제가 만드는 음식은 무엇보다도 식재료가 다 비싼 것들이에요." 그러자 그녀가 확신에 차서 말했어요. "대표님. 이번 일로 삶에 있어 음식이 얼마나 중요한지 확실하게 깨달았잖아요. 아픈 사람들만이 아니라 많은 사람들이 자연에서 나온 식재료로 만든 음식이 얼마나 중요한지 알았으면 해요. 아픈 분들만이 아니라 모든 사람들이 그 사실을 알았으면 해요. 꼭 레시피를 알리는 것이 중요한 것이 아니라 병실 간이 테이블도 그렇게 예쁘게 플레이팅하는데 보는 즐거움을 주면 되죠."라고 고개를 끄덕이며 말하는 그녀의 제안에 용기를 내어 핸드폰으로 찍기 시작했어요. 사실 건강한 음식도 중요하지만, 차가운 병실에서 오랜 시간을 보내야 하는 아들이 안쓰러웠어요. 그래서 레스토랑 분위기를 내기 위해 테이블 매트를 깔고 예쁜 접시에 플레이팅까지 했어요. 물론 깨끗하게 살균처리한 접시에 여러 종류의 커트러리를 매치해서 매일 다르게 준비했어요. 그런 제가 신기했던 모양이에요.

"식사하기 전에 사진만 찍어 주시면 제가 사이트로 정리해 볼게요."라고 말하는 그녀의 말도 있었지만 인생을 살다 보니 오늘 당장이라도 무슨 일이 어떻게 일어날지 몰라 일단 자료로 남겨두는 것도 나쁘지 않다고 생각했어요. 사실 매일 같이 새벽에 노량진 수산시장을 가고, 식기를 소독하고,

음식을 만들다 보니 어느 새 꽤 많은 자료가 모여졌어요. 그사이 아들은 계속해서 수술을 반복하고 항암 치료를 받았어요. 물론 저희 부부도 틈틈이 장루가 새지 않도록 쪽잠을 자며 배변 주머니를 갈아야 했죠. 그래도 아들의 식사 준비를 멈추지 않고 사진으로 계속 남겼어요. 그러던 어느 날 그 모습을 지켜보던 남편이 말했어요.

"사이트로만 만들지 말고 작은 식당을 내서 사람들이 먹어 보면 좋겠네."라고.

부창부수라고 저의 남편은 일반 남자들과 달리 의미 있고, 재미있는 일에 언제나 적극 지원해 주고 추진하는 스타일이라 아들이 아픈 와중에도 저의 일을 응원해 주었어요.

지금이야 이렇게 간단하게 말할 수 있지만 처음에는 많이 망설였어요. 아들의 병이 언제 나을지도 모르는데 어떻게 시작할 수 있을지. 과연 이 일을 하는 것이 지금 상황에 맞는 것인지 정말로 엄두도 안 났어요. 그러나 수많은 프로젝트를 진행해 왔던 남편의 저돌적인 성격과 무슨 일이건 결정되면 순식간에 일을 진행시키는 제 스타일이 합쳐져 남편 사무실 일층에 있는 사내 카페를 리노베이션하게 되었어요. 사실 저는 알고 있었어요. 제게 식당을 제안했던 남편의 마음을….

평생 그래픽 디자인 일만 하던 아내가 새벽부터 밤까지 간호와 요리, 기도만 하며 지내는 모습이 남편에겐 위태롭게 보였던 것 같아요. 워낙 일을 좋아하는 저에게 남편은 숨 쉴 수 있게 돌파구를 찾아 주고 싶었을 거예요. 그러나 지금 생각해 보니 그 일은 남편을 세워 주님께서 당신의 사업을 시작하게 했다는 사실을 알 수 있었어요. 기껏해야 구내식당만 하던 제가 언감생심 레스토랑이 웬 말인가요. 더군다나 아들을 병실에 두고 회사에 있는 카페를 리노베이션하자는 남편이나, 식당을 만들어 음식을 만들고 사람들과 공유한다고 나서는 저나… 그런 부분에서 남편과 저는 참 마음이 잘 맞았어요.

      처음 계획은 단순했어요. 아픈 사람들에게 건강에 좋은 음식 몇 가지를 팔아보자고 시작한 카페 리노베이션이었으니까요. 제 경험을 토대로 항암 치료를 받는 서울대학교병원 아이들을 떠올리며 안타까운 마음으로 만든 식단이기도 했고요. 지방에서 올라 온 엄마들은 독한 치료로 아이들 입맛이 떨어지면 어쩔 수 없이 빵이나 컵라면이라도 먹게 해요. 먹지 못하는 것보다는 에너지 보충을 위해선 그래도 낫다고 병원에서도 말하니까요. 여건이 허락된 저는 새벽에 시장에 가고 음식을 만들어 아침을 보내고, 병원과 집을 오가며 점심, 저녁을 만들었어요. 그리고 매번 집에서 먹는 것처럼 접시와 커트러리와 테이블 매트를 챙겨 가지고 갔어요. 주치의 선생님은 챙겨 간 아들의 식사를 보시고는 "우와! 이렇게만 먹으면 병이 금방 좋아지겠다!" 하시며 응원하셨어요. 그러나 얇은 가림막 사이로 다른 보호자들이 듣고 있겠다 생각할 때마다 '얼마나 자신의 아이들에게도 식사를 잘 차려 주고 싶을까…'하는 죄스러운 마음이 들었어요. 그런 이유로 항암 치료받는 아이들도 안심하고 먹을 수 있는 음식을 어서 만들어 쉽게 구할 수 있게 하고 싶다는 사명감이 생겨난 거예요.

      기도와 함께 여름에 시작한 공사가 가을을 지나자 계획과 방향이 보이기 시작했어요. 그리고 처음 예상과는 달리 남편은 돈이 들더라도 사람들이 와서 쉴 수 있는 아름다운 인테리어와 정원이 있는 레스토랑으로 만들자며 자재 하나하나까지도 신경 쓰기 시작했어요.

그러던 어느 날 미국에 출장 간 서은영 대표에게 전화가 왔어요. "L.A.에서 길을 걷는데 '굿 사마리탄 호스피털 Good Samaritan Hospital'이 딱 눈에 보이는데 잘 몰라도 뭔가 신뢰가 가고 굉장히 따뜻하게 느껴져요. 그런데 재미있는 것은 병원 옆 작은 레스토랑 간판에 '멕시칸 레시피 Mexican Recipes'라고 적혀 있어요. 어때요. 대표님 우리 레스토랑 이름을 '굿사마리안레시피'라고 지으면? 선한 사마리안의 마음으로 음식을 만든다. 기가 막히지 않을까요."라고 예의 활기찬 목소리로 말했어요.

15년이 넘도록 기획자와 스타일리스트로 일했던 서은영 대표는 저에게 많은 용기와 정보를 주었어요. 그녀는 마치 마리아에게 용기를 북돋아 준 세례자 요한의 어머니 엘리사벳과 같았죠. 사실 서은영 대표의 세례명은 엘리사벳으로, 제게 주님의 조력자로 보냈다는 것을 저는 알 수 있었어요.

그리고 무엇보다 절대적으로 남편의 도움 없이는 이 모든 일은 불가능했을 거에요. 남편은 언제나 제게 많은 영감을 주고, 든든한 버팀목이 되고, 서로 의지하며 인생의 파도를 헤쳐 나가는 친구이자 주님의 조력자이자 사랑하는 사람이에요. 남편 없이는 이 모든 일을 할 수 없다는 사실을 마음속 깊숙이 깨닫고 있죠. 엘리사벳의 집에 석 달을 묵으며 예수님을 잉태할 준비를 했던 마리아처럼 저는 사랑하는 사람들과 함께 '굿사마리안레시피' 레스토랑을 만들게 되었어요.

새벽 교회 친구

교회에 나가기 시작한 것은 꽤 오래 전부터였어요. 대학교에서 만나 결혼하게 된 남편 덕에 신앙심 깊은 집안의 며느리가 되었어요. 저는 주일마다 출석부 찍으러 가는 학생처럼 학교 가듯이 교회를 나갔어요. 성실하지만 가야 하니까 간다는 그런 보여주기식 믿음으로. 지금 생각해 보면 굳이 혼내는 사람도 없는데도 불구하고 꼬박꼬박 주일에 교회에 갔어요. 그것은 그저 마음이 편치 않아서였어요.

가을에 입원했지만 정작 여러 가지 합병증으로 인해 제대로 항암 치료조차 받지 못한 채 병이 깊어져 가던 어느 날 새벽 예배를 나가게 되었어요. 아들과 잠시라도 떨어져 있고 싶지 않았지만, 위험한 상황에 놓인 아들을 위해 기도하고 싶었어요.

마침 병원 안에는 '병원 교회'라고 하는 작은 교회가 있었어요. 근처에 사시며 가끔 오시는 나이 든 노부부를 제외하곤 매일 같이 새벽 예배를 보러 오는 분들이 몇 명 있었어요. 그렇게 오시는 분들이 어느 정도 낯이 익다 싶어지면 다시 새로운 얼굴로 바뀌곤 했는데, 나중에 알고 보니 모두 병원에 입원해 있는 가족을 위해 오는 교회였어요.

매일 새벽이 되면 저는 작은 예배당에 들어가 맨 왼쪽 줄 중간 자리에 앉았어요. 겨울 무렵이라 깜깜한 새벽길에 눈이 많이 내려 험해진 길을 걸어오면서도 '오늘 혹시 새벽 예배에 나만 앉아 있게 되면 어쩌지…'라는 쓸데없는 걱정을 하면서 말이죠. 그러나 교회에 들어서면 멀뚱히 혼자 예배를 드릴까 걱정했던 저의 생각이 정말로 쓸데없었다는 것을 알게 됐어요.

그저 사랑하는 사람을 잃지 않게 해달라는 애달픈 마음으로
각자의 자리에서 열심히 기도하는 분들밖에 없었어요.
그중에서도 저와 반대쪽에 앉아 계신 분이 언제부터인가 눈에
들어오기 시작했어요. 예배가 끝나고 한참 기도를 하고 나와도
저보다 더 오랫동안 기도하는 그분이 궁금했어요. 어떻게
저렇게 오랫동안 기도를 할 수 있을까 하고. 나중에 알고 보니
암이 재발해 소아병동 같은 층에 입원한 강록이라는 아들을
간호하는 어머니였어요.

    사실 '기도한다'는 것에 어떤 법이 있는 건 아니겠지만
처음 새벽 예배를 다니면서 어떻게 기도를 해야하는지
몰랐어요. 그저 매일 주기도문만 외울 수도 없고. 감히 '아들을
살려달라'는 기도도 너무 두려워 못 하고 있던 때라 새벽
예배에 빠지지 않고 오랫동안 기도하던 강록 어머니에게
물었어요. "기도를 정말 열심히 하시던데 어떻게 그렇게 오랜
시간 기도를 하세요?" 강록 어머니는 수줍게 말했어요.

> "아… 병동에 있는 모든 아이들 한 명 한 명을 위해
> 기도를 하다 보면 그렇게 되네요."

    놀라웠어요. 저도 남을 위해 기도를 해야겠구나 싶어
그렇게 기도하다 보니 기도할 제목과 이유가 정말 많아졌어요.
처음에는 아들을 위해 기도했지만 병원 생활에 익숙해지니
진심으로 다른 병상 위의 아이들이 떠올라 기꺼이 그들을 위해
기도하게 되었어요.

    밤새도록 엄마를 찾는 슬픈 목소리의 아이에게 어서
빨리 엄마를 만나게 해달라고, 항암제가 잘 듣지 않아 신약을
쓰는 아이에게 이번 치료는 제발 효과가 있게 해달라고,

뇌종양이 머리만큼 자라나 얼굴이 변한 아이가 세상을
떠났을 때는 천국에서는 가장 예쁜 모습으로 주님을 만나게
해달라고…. 그렇게 다른 이들과 죽은 아이들을 위한 기도를
시작했어요. 비가 오고 눈이 오고 또 봄이 올 때까지 강록
어머니와 하루도 빠짐없이 새벽마다 만났어요. 새벽 교회에서
각자의 자리에 앉아 대화를 나누지 않아도 언제나 남을 위해
기도를 하던 강록 어머니의 뒷모습이 저에겐 큰 위로가
되었어요. 저는 알았죠. 제가 홀로 슬퍼할 때 같이 시련을
견뎌낼 수 있도록 주님께서 보내주신 저의 새벽 교회 친구라는
사실을!

작고 특별한 병원교회

두려워하지 말아라!

　　아들의 병이 무엇인지 알기 위해 수술 후 조직 검사를 기다리던 어느 날 교회 목사님께서 전해주셨던 말씀이에요.

　　서울대학교병원에 입원했을 때는 1인실 병동에 들어갈 수 없었기 때문에 병원 근처에 숙소를 정하고 남편과 교대로 아들을 간호했어요. 짧게 끝날 일이면 좋았겠지만, 긴 여정이 될 것 같다 생각에 서로 지쳐 쓰러지지 않도록 여러 조치를 취하기 시작했어요. 그래서 병원 근처에 숙소를 정하고 교대로 들어가 짧게라도 쉬거나 잠을 잘 수 있게 했어요.

　　그렇게 밤늦게까지 병간호를 한 후 남편과 교대하고 숙소로 돌아갈 때도, 수술이 끝나길 기다리던 복도 의자에서도, PET-CT를 찍으러 들어간 문 앞에서도, 수 없이 죽음의 문턱까지 다가갔던 순간에도 주문처럼 계속해서 중얼거리며 외웠던, 나를 위로해 주던 말씀! 수백 아니 수천 번을 마음속에 새기고, 비슷한 고통을 받는 주변 사람들을 위해 기도할 때도 가장 큰 위로가 되었던 말씀!

두려워하지 말라! 내가 너와 함께함이라!
이사야 41:10

　　듣는 순간, 이 모든 것에 지지 않겠다는 의지를 불태우게 만들어주었던 큰 위로의 말씀이었어요. 그리고 어떠한 일에도 저를 커다란 느티나무처럼 지탱해 줘요. 저는 '두려워하지 말라!'는 그 말씀으로 지금까지 모든 시간 속을 견디며 걸어왔고, 다시 새롭게 시작할 수 있었고, 무엇보다 앞으로 남은 인생을 선한 사마리안처럼 나누며 살고 싶어졌어요.

개고기와 마카롱

사람이 살다 보면 독이 되는 도움을 받을 때가 있어요. 마음이야 감사한 일이지만 누군가에게 조언을 할 때도 언제나 신중해야 한다는 것을 힘든 상황에 놓이고 보니 알게 되었어요.

오래전 미국에서 일어났던 일이래요. 한겨울에 아기를 업은 여인이 기차를 탔대요. 처음 가는 곳이라 어디서 내려야 할지 잘 몰라 두리번거리던 아기엄마는 마침 다음 역에서 내리려고 하는 신사에게 물었어요. 깊이 생각지 않고 신사는 대충 대답했어요.

"아마 세 정거장 정도 후에 내리면 될 거예요."

그리고 신사는 자신이 내려야 할 곳에 내렸죠. 그때는 너무 추운 겨울날이라 기차에 사람도 없었어요. 여인은 신사의 말대로 세 정거장 후에 기차역에서 내렸어요. 다음 날 신문에는 아기를 업은 여인이 밤새 내린 폭설로 인해 작은 기차역 벤치에서 아기를 껴안은 채 동사를 했다는 기사가 실렸죠. 역원조차 없는 작은 역에 내린 여인은 거세진 폭설 속에서 오도가도 못하고 그대로 얼어 죽은 거예요. 신사는 자신이 누군가에게 도움을 주었다고 생각했겠지만 정확하지 않은 정보로 인해 소중한 두 생명을 사라지게 만든 거예요.

지인 중에 한 분이 저와 아들을 위한다는 마음으로 엄청난 양의 정보를 주기 시작했어요. 평소 의학 지식이 남다르게 많은 그녀는 당시 암에 대해 어쩔 줄 몰라 우왕좌왕하던 저희 부부에게 유용한 정보를 정말로 많이 알려 주었어요. 심지어 여러 병원과 의사도 소개해 주었어요. 그건 진심으로 걱정되어 해주었던 조언과 도움이었어요.

그러나 결국 명의가 있다는 병원에서 한 잘못된 수술과 후속 처치로 아들은 오랫동안 고통스러워해야 했어요. 변명처럼 들리겠지만 처음 그녀의 말은 모두 한 줄기 빛과 같았고, 아들을 살릴 수 있는 동아줄 같았어요. 무조건 믿었던 저희 부부에게도 잘못은 있지만 확인되지도 않은 그녀의 확신에 찬 정보는 당시에는 유일한 희망 같았어요. 그러던 어느 날 그녀가 또다시 말했어요. 항암 치료를 시작하기 전에 체력을 키워야 하니 마카롱은 정말 좋은 먹거리라고 추천해 주었어요. 암에 대한 정보가 전혀 없는 저는 그녀 말만 듣고 좋아 보이는 온갖 종류의 마카롱을 아들에게 계속 사다 먹였어요. 어떤 분은 항암 전에 개고기를 먹이면 기력 보충에 좋을 거라 알려줬어요. 그것도 좋은 마음에 알려 준 정보였을 거예요. 대부분은 그렇게들 많이 했었나 봐요. 하지만 지금 생각해 보니 아들에겐 그 음식들은 모두 독이었어요.

설탕 덩어리로 만들어진 마카롱은 아무리 달걀흰자로 만들었다고 해도 아들에게는 최악의 음식이었어요. 설탕은 암에게 최고의 먹거리인데 저는 무조건 마카롱을 먹였어요.

또한 아무리 힘들어도 개고기는 절대로 먹일 수 없었어요. 어린이 서너 살 정도의 지능을 가진 강아지는 사람의 감정도 읽을 수 있어요. 사랑스러운 나의 외동딸인 시바견 모찌를 생각해도 이건 아니다 싶었어요. 얌전하지만 고집쟁이에 뚱한 성격의 소유자인 우리 모찌는 주님께서 제게 보낸 선물과도 같은 존재예요. 아무리 건강에 좋다고 해도 도저히 견딜 수가 없었어요. 성경에도 예수님이 특별할 때 소고기를 드시는 장면이 나와요. 물론 인간이기 때문에 기본적으로 섭취해야 하는 필수 영양소를 위해 육류를 먹어야 하지만, 아들이 아프고 난 후부터 저는 즐겨 먹던 족발 등 특수 부위부터 특별한 육류는 자제하게 되었어요. 생명의 소중함을 알게 되었기 때문이에요. 그 이유로 아들에게도 개고기를 먹게 할 수는 없었어요. 아들을 고치려는 간절함이 없어서가 아니에요. 아들이 완쾌될 수 있다면 주님은 그 방법을 알려 주실 것이고, 그 방법이 아니면 언제나 길을 막으실 분이라는 것을 알게 되었기 때문이에요.

그리고 무엇보다도 내 아들 살리자고 주님께서 인간을 위로하기 위해 보낸 강아지를 먹게 할 수는 없었으니까요.

크리스마스 선물

항암을 위해 가을에 입원한 서울대학교병원에서 전쟁 같은 시간이 흘러 겨울이 다가왔어요. 아들은 본인이 생사를 넘나드는 줄도 모르는데 바쁜 아빠와 엄마가 항상 곁에 있어 좋다고 했어요. 이렇게나 함께 있다고 좋아하는 아들을 보며 미안함에 가슴이 미어졌어요.

가족이 똘똘 뭉쳐 작은 병실에서 함께 불편한 생활을 하는데도 우리는 그 어느 때보다 서로를 의지하며 사랑했어요. 평소 조용한 성격의 아들은 병원 생활에 안정감을 보이며 익숙해져 갔어요. 치료가 없는 무료하고 긴 시간엔 병상에 가족이 모여 앉아 영화를 보며 지냈어요. 영화의 장르는 자연스럽게 성경이나 기적에 관련된 영화였어요. 특히 '출애굽기'를 바탕으로 한 모세 이야기인 <엑소더스>를 보며 서울대학교병원이 마치 광야처럼 느껴졌고, 그 어느 때보다 모세를 이해하게 되고 모세의 심정으로 고통의 시간을 견딜 수 있었어요.

어느 날은 저희에게 가끔 주님의 음성을 전해주시는 프란체스코회 수사님께서 <미라클 프롬 헤븐>이라는 영화를 꼭 보라고 추천해 주셨어요. 이 영화의 내용은 불치병에 걸린 소녀와 그 가족에게 일어난 기적을 실화를 바탕으로 만든 영화였어요. 가난하지만 남편과 함께 세 딸을 키우며 행복하게 살던 크리스티는 어느 날 둘째 딸 '애나'가 원인 모를 불치병에 걸린 것을 알게 되었어요. 아이의 배는 점점 불러오고 먹은 것은 모조리 토해내며 고통 속에 전혀 나아질 기미도 보이지 않자, 울면서 기도를

청했어요. 독실한 기독교 신자였던 크리스티는 믿음을 가지고
예약도 안 되어 진료조차 받을 수 없는 아동의학과 권위자인
박사님을 만나러 무작정 병원으로 향해요. 그런데 기적처럼
우연히(물론 우연이 아닌 주님의 계획이었겠지만) 권위자인
박사님을 만나게 되어 바로 검사를 받고 치료를 시작하죠.
집에서 멀리 떨어진 보스턴 병원에 입원하게 된 애나는
머리숱이 다 빠진 같은 또래의 친구를 사귀게 되었어요. 십자가
목걸이를 한 애나에게 친구는 묻죠.

"왜 십자가 목걸이를 해?"

"그냥. 잊지 않으려고. 예수님이 내 곁에 계신다는
사실을…."

"내 곁에도 예수님이 계실까?"

"물론이지."

그렇게 옆 침대에 있는 친구를 위로하면서도 극심한
통증으로 고통스러워 애나는 엄마에게 말하죠.

"엄마 죽고 싶어요."

결국 병원에서는 더 이상 애나를 치료할 수 없다며
가족의 품으로 돌아가라고 해요. 크리스티는 비참한
마음으로 딸을 데리고 집에 왔는데 어느 날 애나에게 사고가
일어나요. 집 앞에 있는 커다란 고목 나뭇가지에 앉아 있다
바람에 흔들리며 비어있는 고목 속으로 추락하게 되죠. 구조
대원이 아이를 구해내는 동안 가족은 물론 온 마을 사람들이
고목 나무에 모여 같이 기도하며 주님께 매달렸어요. 사실
크리스티는 더 이상의 치료법이 없다는 사실에 주님을
원망하며 교회에 가지 않고 있었어요. 그러나 고목 나무
속으로 빠져버린 애나를 살려달라고 매달릴 곳은 주님밖에
없다는 사실을 깨닫고 온 마음을 다하여 다시 주님 앞에

무릎을 꿇게 되죠. 그리고 기적이 일어나요. 가까스로 구출된 애나는 가벼운 뇌진탕 외에는 골절도 없었는데, 놀라운 사실은 축구공처럼 빵빵하게 부풀어 있던 배는 아무 일도 없던 것처럼 제자리로 돌아갔고 통증 또한 사라져 버렸어요. 그렇게 마을 사람들은 기적을 체험한 것에 기뻐하고 크리스티와 남편 그리고 아이들은 다시 일상으로 돌아오게 돼요. 그리고 어느 날 크리스티는 애나로부터 놀라운 이야기를 듣게 되죠. 자신이 정신을 잃었을 때 천국을 보았다고. 애나는 어린아이같이 순수한 마음으로 예수님을 믿었기에 기적이 일어난 거예요.

　　　　기적을 바탕으로 한 실화를 보며 아들의 병 또한 완쾌될 수 있다는 희망을 꿈꾸게 되었다면 너무 당연한 일인가요. 사실 이 영화를 보며 그냥 아들에게도 같은 기적이 일어났으면 좋겠다고 생각한 것은 아니에요. 지나간 날들의 사소하고 소중한 기적을 깨닫게 되었어요. 우리가 일상에서 기적처럼 매일 같이 살고 있었는데 그때는 몰랐어요. 단순하게 기적이 중요한 것이 아니라 기적이 일어나기까지 우리가 얼마나 아이 같은 마음으로 주님께 매달리며 그 뜻을 알기 위해 살아야 하는지를 깨닫게 되었어요. 기적만이 중요했다면 전지전능한 주님께서 매 순간 기적을 행하지 않았을까요. 인간은 나약한 존재라 '기적'이라는 순간만 기억할 뿐 다시 힘든 날들이 닥쳐오면 잊어버리게 될 거예요. 광야 속에서도 오로지 아이 같은 믿음으로 순종하며 주님께 향하는 과정을 거쳐야만 우리는 진정한 기적의 가치를 알게 될 거예요.

　　　　사실 <미라클 프롬 헤븐>을 추천해 주었던 프란체스코회 수사님은 영화를 추천하시며 한마디를 더 전하셨어요. 곧 다가올 크리스마스에 우리 가족에게 '선물' 주실 거라는 주님의 말씀을 덧붙였어요.

그날은 12월 23일이었어요. 반복되는 복막염과 장루 수술로 인해 아들의 몸 상태가 너무나도 엉망이 되어 있어 제발 항암 치료를 받을 수 있는 몸으로 회복되길 간절히 기도하며 기다리던 때였어요. 병원에선 아들의 복막염 수술이 잘 회복되고 있는지, 항암 치료를 할 수 있는 상태인지 확인하러 CT 촬영을 하자고 했어요. 아들은 소아암 전문의보다 오히려 소아병동 외과 선생님과 감염학과 선생님들을 더 자주 만나야만 했을 정도였죠.

그런데 CT 촬영 후 소아병동 외과 선생님으로부터 다시 청천벽력과 같은 말을 들어야 했어요. "이번에는 장천공이 생긴 거 같습니다." 심각하지만 조심스럽게 말하는 선생님의 말씀이 정말로 아득하게 들렸어요. 그리고 선생님은 "장부분에서 조영제가 새는 게 찍혔습니다. 아무래도 바로 수술을 해야 할 거 같습니다."라고 말했어요.

복막염 수술 후 암 덩어리가 커져도 염증 수치가 줄어야 항암 치료를 할 수 있어 한 달 넘게 애타게 기다렸는데 다시 수술해야 한다니 눈물도 나지 않았어요. "내일 다시 한번 CT를 찍고 정확한 곳을 확인한 후에 수술 날짜를 잡겠습니다." 외과 선생님 말씀에 끝이 없는 어둠 속으로 떨어지는 마음을 어떻게 표현할 수 있을까요. 제 아들이 마치 고목에 떨어진 크리스티의 딸과 같았어요. 더 이상 희망이라는 단어도 사치라고 생각하며 낙담하고 말았죠. 그리고 아들은 또다시 CT 촬영을 했어요.

12월 24일, 저녁이 되자 어제 만난 소아병동 외과 선생님께서 저를 부르셨어요. 저는 더 이상 아무 생각도 할 수 없어 그저 멍하니 결과를 기다렸어요. 선생님은 표정도 없이 장천공 부위를 확대한 두 장의 CT 사진을 보여주시며 말했어요. "이건 어제 장천공 부위를 찍은 사진입니다. 여기

보시면 연기처럼 보이는 이 부분이 조영제가 새서 장천공이
일어났다고 보이는 부위에요." 그리고 잠시 뜸을 들이고서는
입을 열었어요. "이 사진은 오늘 찍은 CT 사진입니다. 그런데
새는 부위가 없어요." 무슨 말인지 몰라 멍하니 듣고 있던 저는
이건 또 무슨 일인가 싶어 힘겹게 물었어요. "왜 이런 거죠?"

　　그러자 선생님은 골똘히 생각하시더니 조심스레
말했어요. "두 가지로 말씀드릴 수 있어요. 하나는 하루 만에
장천공이 완쾌되었거나, 다른 하나는 기적이 일어난 거예요.
뭐… 두 가지 다 기적인 건가요. 하하." 겸연쩍게 말씀하시는
선생님 말씀을 들으며 그저 마음속에는 '기적'이라는 단어만
크게 와서 심장에 박혔어요. 저는 놀라 아무 말도 못 했죠.
그다음 날에도 병원에서는 확인을 위하여 CT 촬영을 다시
했지만 이미 일어난 기적은 사라지지 않았어요. 장천공은
흔적도 없이 사라져 버린 거예요.

　　아들의 사라진 장천공이 주님께서 우리 가족에게 주신
'첫 번째 크리스마스 선물'이라는 것을 알았어요. 너무나도
감사한 주님의 선물에 기쁨과 신비로움, 경이로움과 놀라움을
체험하고서 저희 부부와 아들은 그동안의 서럽고 아픈 마음을
묻어둔 채 병상에서 따뜻하고 소중한 크리스마스 저녁을
보냈어요.

천사들이 사는 남쪽 병원

갑작스럽게 병든 아들을 위해 기도해 주던 많은 분들이 있었어요. 바쁘게 제 일만 하고 살아온 저는 '모르는 사람인데도 이렇게 누군가를 위해 간절하게 기도를 해줄 수가 있구나.'를 깨닫고 저 자신이 부끄러워졌어요. 독실한 기독교 집안인 남편의 가족과 목사님들을 비롯해 가톨릭 신자인 서은영 대표의 어머니와 이모님까지. 그리고 굿사마리안레시피 직원들은 물론 수많은 분이 기도원에 들어가 무릎 꿇고 기도해 주셨어요.

남편의 지인 중에는 파충류에 대한 많은 정보를 가지고 다양한 콘텐츠 비즈니스를 하는 청년이 있어요. 그런데 청년의 집안은 목사님도 많이 배출할 정도로 신실한 기독교 집안이라는 것을 알게 되었어요. 특히 청년의 이모님은 굉장히 신실한 분으로 주님의 음성을 듣는 분이라고 하여 남편은 바로 청년을 통해 기도를 부탁했어요. 그런데 청년의 이모님께서 기도 중에 들은 주님의 말씀이라며 전해주었어요.

"OOO 집사님 자손인 그 아들은
너희의 아들이 아닌 하나님의 아들임을 기억해라.
그리고 주님의 성전을 지어야 한다.
왜냐하면 주님께 약속하였기 때문이다."라고.

주님께 서원 기도를 하신 분은 남편의 외할머니로 집안 대대로 신앙과 믿음을 지탱해 주셨고, 임종하시는 날까지도 기도하다 돌아가신 분이세요. 그런데 저는 정말 놀라 기절할

뻔했어요. 그 청년의 이모님이 전해주신 내용을 저는 이미 또 다른 사람에게서도 들었기 때문이에요. 주님의 음성을 듣는 수사님께서 전달한 내용이라면서, 가톨릭 신자인 서은영 대표가 병원에 찾아와 제 아들에 관해 '너의 아들이 아니다. 내 아들이다'라는 말씀을 이미 전해주었기 때문이에요.

지금도 그때 일을 생각하면 놀라움과 경이로움을 표현할 수가 없어요. 이 글을 읽는 분들도 믿기 어려운 이야기라고 생각하실 거예요. 세상에는 신비스럽고 놀라운 일들이 아주 은밀하고 조용하게 일어나고 있어요. 비슷한 내용을 담고 있는 영화 <브루스 올마이티>를 소개하고 싶어요. 자신의 성공만을 추구하고 진정한 사랑을 잊어버린 남자 주인공, 브루스는 어느 날 교통사고로 의식을 잃어요. 그리고 그때 신을 만나게 되죠. 자신의 신세를 불평하며 신을 욕하는 그에게 하나님은 자신과 같이 전지전능한 능력을 주었어요. 처음에 브루스는 정말로 좋아했어요. 원했던 자동차를 타고 일도 성공하며 무엇이든 다 이룰 수 있는 듯했기 때문이에요. 그런데 문제는 브루스 귀에 전 세계의 수많은 사람이 눈물을 흘리며 청하는 기도 소리도 함께 들려 오기 시작했어요. 잠을 이룰 수 없이 끊임없이 들려오는 기도 소리가 불편하여 모든 소리를 외면했어요. 브루스는 귀찮은 마음에 도망도 쳤지만 점차 불행에 빠진, 슬픈 사람들을 찾아 같이 해결해 나가기 시작하며 진정한 사랑을 깨닫게 되죠. 그때 알았어요. <브루스 올마이티> 같은 일이 우리가 사는 현실에서도 존재한다는 사실을. 그렇게 제게도 브루스와 비슷한 수수께끼 같은 말씀들이 전해져 오기 시작했기 때문이에요.

아들의 병이 위중하게 되어 하루하루가 전쟁터처럼 위급한 상황이던 어느 날 다시 수사님으로부터 듣게 된 말씀이

'천사들이 사는 남쪽 병원으로 옮기거라!'였어요.

　　　　이건 또 무슨 말씀인지 망설이면서도 그곳이 어디인지 알아내야 했어요. '로스앤젤레스인가? 거긴 미국의 남쪽이 아닌데? 암 병원이 어디가 좋은 거지?'라며 저는 길 잃은 미아처럼 갈 곳을 몰라 혼란스러웠어요. 그러는 사이 아들은 항암 치료도 못 할 지경에 이르면서 암 덩어리는 빠르게 커지기 시작했어요. 저는 조심스럽게 의사 선생님께 물었어요. "미국에서 신약을 쓸 수 있는 병원으로 옮겨갈 수 있을까요?" 그러자 단호하게 제 말을 잘랐어요. "아드님은 지금 세상 어느 병원에 가도 해줄 수 있는 게 없으세요…"라는 의사의 말에 깊고 깊은 절망의 시간이 계속 흘렀어요.

　　　　어떻게 해야 할지 모르는 채로 간절히 기도하던 중 제 머릿속에 불현듯이 스치며 지나가는 생각이 있었어요. "남쪽! 지금 있는 병원이 강북이니 강 아래로 가면 남쪽이겠구나."라며 탄성을 질렀어요. 가까운 데서 찾지 않고 머나먼 남쪽만 찾고 있었던 저는 천사들이 사는 남쪽 병원은 '가톨릭대학교 서울강남성모병원'이라는 사실을 깨달았어요. 그렇게 희망을 품고 진료 예약을 위해 병원을 찾았지만, 그곳에서도 같은 대답을 들어야만 했어요.

　　　　"지금 그쪽 병원에 그냥 있으세요. 지금으로선 아드님을 받을 수 없어요."

　　　　그동안의 병원 기록을 보며 어렵다고 말했어요. 강남성모병원을 나오면서 남편과 저의 가슴은 아들을 잃을 수도 있겠다는 두려움과 고통으로 형언할 수 없이 아팠어요.

　　　　그렇게 위험한 고비를 몇 번이고 넘기며 항암 치료를 하는데 차도는 없이 사건사고는 끊이지 않았죠. 치료와 재발하기를 반복하던 몇 달 뒤 저는 '천사들이 사는 남쪽 병원으로 옮기라'는 말씀을 기억하고 두 번째로 성모병원의 문을 두드렸어요. 그때 믿기지 않는 소식이 들렸어요. "언니 요즘 무슨 일이 있으세요? 연락도 없고 해서요." 아들과 같은 학교에서 공부한 적이 있던 친하게 지내던 아이의 어머니로, 주변에 알리지 않은 채 병간호만 하는 제가 걱정되어 연락한 모양이에요.

"언니. 저희 집안이 성모병원에 기부를 많이 하니까 혹시라도 병원에 가야 할 일이 있으면 말씀 주세요." 제 상황에 대해 아무것도 모르는 그녀가 갑자기 성모병원을 얘기하자 가슴이 방망이질 치듯이 떨려 그간의 일을 말했어요. 그리고 그녀의 도움으로 다시 성모병원의 문을 두드렸지만 여전히

"어느 병원이나 비슷해요. 비슷한 항암제를 처방할 거니 옮기지 마세요. 더 위험해질 수도 있지만 우선 병실이 없어요."

어떻게 돈이나 인맥으로 아픈 사람의 순서가 정해지겠는가 싶어 낙담한 채로 병원을 나서는데, 혹시나 하는 마음에 간호사 선생님께 병상이 생기면 꼭 연락을 주십사 부탁드리며 돌아왔어요.

그렇게 또 애간장이 녹는 시간이 한 달쯤 흘렀던 어느 날이에요. 항암 치료 후 집에 있던 아들이 열이 나기 시작했어요. 항암 치료 중에 열이 나는 건 세균에 감염된 것인지도 모르는 위험 신호로 응급실로 바로 가야만 해요. 급하게 짐을 싸서 응급실로 가려는 그때 성모병원 간호사님께 연락이 왔어요.

"어머니. 마침 병상이 하나 비어 입원할 수 있는 자리가 났는데 오실 수 있으세요?"

기적 같은 전화 소리에 놀랐어요. 그러나 과연 지금 병원을 옮겨도 될까 하는 걱정을 하면서도 '천사들이 사는 남쪽

병원'이라 전해 들은 그 말씀을 꼭 붙잡고서 강남성모병원으로 아들을 입원시켰어요. 병원에 입원한 아들은 제가 무색할 정도로 거짓말처럼 열이 내렸어요.

    기적의 순간이 그렇게 저를 다시 희망으로 이끌었고, 우리 가족은 올리브 잎을 물고 온 비둘기를 발견한 노아처럼 천사들이 사는 남쪽 병원에서 무지개를 꿈꾸며 다시 치료를 시작했어요.

라자로의 부활

겨울이 지나 봄이 온 어느 날 장루에 상처가 생겨 항암제 투여를 얼마 앞두고 치료를 또 못 받게 되었어요. 비참한 마음에 절망의 늪으로 빠지는 듯했어요. 깊게 패인 장루 상처가 아무래도 위험하다고 외과 선생님은 조심스레 말씀하셨어요. "수술로 봉합해야 할지도 모르겠습니다. 일단 경과를 지켜보죠."라고.

'자라 보고 놀란 가슴 솥뚜껑 보고 놀란다'고 수술할 때마다 항암 치료가 지연되다 보니 남편과 저는 잠도 안 자고 긴장해서 열린 장루에 물을 부어 말리기를 반복했어요. 그리고 상처에 좋다는 연고를 수소문하여 멀리 독일에서부터 공수해 와 밤낮으로 발라 주었어요. 다행히 상처가 빨리 아물어 수술은 하지 않아도 되었지만, 더 큰 문제가 우리 앞에 생겼어요. 항암 치료 시기를 놓쳐버려 암이 커지고 말았어요. 게다가 설상가상으로 꼬리에 꼬리를 물고 일이 터졌어요. 상처가 생긴 장루를 열어 놓고 치료하는 중에 병상에 누워있어야만 했는데, 어느 날 움직여 보려 했지만 제 자리에 주저앉은 채 걷지도 못하게 되었어요. 다행히 검사 결과 신경 손상은 없었지만 한동안 아들은 한 걸음도 걸을 수 없었어요. 병세는 호전되지 않은 채 시간은 장맛비에 불은 강물처럼 빠르게 흐르는 가운데 기본적인 치료만 계속되었어요. 그 와중에도 인테리어 공사와 굿사마리안레시피 레스토랑 준비는 진행되고 있었어요.

사건 사고가 끊이지 않던 아들은 강남성모병원으로 옮겨 쾌적한 환경에서 집중 치료를 받을 수 있었어요. 더군다나 그곳은 림프종 혈액암에 관련된 의료 시설과 의료인으로 유명하기도 했어요. 그러나 제가 가장 마음이 편안해진 이유는 병원 자체가 천주교 서울 대교구 유지 재단에 의해 설립된 곳(네이버 지식백과 참조)이라 곳곳에 수녀님들이 계시고, 진료실이나 치료실 어디에나 십자가가 있으며 기도할 수 있는 공간이 많다는 것이었어요. 주변의 모든 분과 굿사마리안레시피 직원들의 기도 덕으로 그렇게도 가고 싶어 했던 병원에서 항암 치료를 계속해서 받았고, 여름이 가고 다시 가을이 올 즈음에 아들의 뱃속을 장악하던 암 덩어리가 차츰 줄어들기 시작했어요. 항암제를 투여해도 없어질 기미가 전혀 보이지 않던 암 덩어리에 '자가 조혈모세포이식'이라는 항암 요법을 마지막으로 도전해 보기로 했었는데 효과가 보이기 시작한 거예요.

   '자가 조혈모세포이식'이란 아들의 조혈모세포를 채취하여 기존 항암의 30배에 달하는 독한 항암제를 투여한 뒤 아들의 세포를 다시 넣어주는, 듣기만 해도 무시무시한 치료 요법이에요. 보통 이렇게 하는 것이 치료의 마지막 단계로 암세포가 사멸될 수 있다는 벼랑 끝의 희망이었어요. 자가 조혈모세포이식을 하고 석 달 뒤 다시 검사했을 때 저희 부부는 조마조마한 마음으로 결과를 들었고, 퇴원해도 좋다는 통보를 받았어요. 처음엔 믿기지 않았지만 기쁜 마음으로, 그러나 반신반의하는 조심스러운 마음으로 집에 돌아갔어요. 그리고 아들에게 좋은 음식을 먹이며 체력을 회복하는 시간을 보낼 수 있었어요.

   그렇지만 집으로 돌아가고 석 달 후 어느 겨울날, 일은 다시 일어났어요. 더 이상 내려갈 바닥도 없고, 암흑도 없다고 생각했는데 저희 가족은 더 깊은 수렁에 빠지게 되었어요. 아들의 몸에서 암 덩어리가 끈덕지게 사라지지 않고 다시 퍼져가기 시작한 거예요. 조혈모세포이식 전에 2센티

남짓이던 마지막 암세포 하나가 세 군데로 퍼져버렸어요. 더 이상 할 수 있는 치료는 없었어요. '동종 조혈모세포이식'이 남아있었지만 급격히 빠르게 커져가는 버킷림프종의 특성상 아들에게 맞는 조혈모세포를 구할 시간도 없었어요. 설사 구한다고 해도 아들과 맞지 않을 수 있는 데다 그렇게 위험한 이식을 다시 하기도 어려운 일이었어요. 일 년 넘게 투병하는 아들을 간호하는 동안 주변에서 놀라워 할 정도로 저는 울지 않고 그저 아들을 살릴 방법만 찾으며 기도했어요. 아무리 힘들어도 감사 기도를 잊지 않았던 저는 이때만큼은 처음으로 주님께 원망스럽고 화가 났어요.

"아! 주님 이제껏 제가 한 많은 잘못들을 돌아보았고, 모든 일에 반성하며 열심히 기도했어요. 그런데 이렇게 더 깊은 나락의 순간을 또 보여주시다니 너무하세요!"

절망하고 절망하여 그저 절망밖에 할 수 없는 시간이 한동안 지속되었어요. 일 년을 넘게 잠도 자지 않고 묵묵히 아들을 간호하며 저를 지탱하던 남편마저도 점차 지쳐갔고 우리 가족은 조금씩 무너지는 듯했어요.

더는 할 수 있는 것도 없이 '동종 조혈모세포이식'을 알아보던 어느 날의 일이었어요. 제가 다니던 새벽 교회 친구인 언니에게 이 소식을 전했어요. 그러자 언니의 아들은 동종 조혈모세포이식을 마친 후 온갖 합병증에 고생하지만 회복해 가고 있다는 것이었어요.

"이 이야기가 이상하게 들릴 수도 있지만 우리가 이제 해볼 수 있는 게 없잖아. 병원에선 질색하지만 우리 아들은 한약 치료를 같이했어. 얼마 전에도 이식 후 먹은 약이 안 맞는지 얼굴에 마비가 왔는데 체질에 맞게 암 환자를 치료한다는 한의원에 간 후 바로 안면 마비가 나았어. 한번

기도해 보고 가봐.'라며 언니는 조심스레 말해주었어요.

남편에게 이 이야기를 전하고 밤새도록 기도한 후 선택의 여지가 없었던 저희 부부는 한의원으로 향했어요. 이제껏 치료한 약물과 모든 기록을 가지고 오라고 하셔서 라면상자 한 박스 분량의 자료를 챙겨서 갔더니, 아들이 '소음인'이라고 하며 체질에 맞게 차가버섯을 주원료로 한약을 지어주셨어요. 소금을 많이 먹여야 한다고 하셨고, 짜고, 맵게 음식을 먹이라고 하셨어요. 그리고 운동도 열심히 해야 한다고 하며 연어를 최대한 많이, 하루 한 번 이상 먹이라고 하셨어요. 그런데 연어도 그냥 연어가 아니라 '연어회'였어요. 세균 감염의 위험 때문에 근처에도 안 갔던 회를 말이죠. 물론 의학적으로 증명된 내용은 아니기에 이렇게 글을 쓰기도 조심스럽습니다. 절대적으로 개인적인 경험이고요. 그렇게 한의학 선생님의 말씀대로 음식과 한약을 먹이고 한 달이 지난 후 강남성모병원에 병의 진행 상태를 알기 위해 CT를 찍으러 갔어요.

성모병원에 계신 주치의 교수님은 맑은 소년 같은 인상의 차분하고 존경할 만한 분이세요. 그날도 다른 때와 마찬가지로 항상 담담하고 조용한 목소리로 결과를 말씀하셨어요.

"세 군데 중 두 군데는 없어지고 가장 컸던 6cm 암세포가 반으로 줄었네요."

교수님은 마치 '지금 밖에 비가 내리네요.' 같은 일상의 말처럼 놀라운 결과를 말씀해 주셨어요. 참 이상한 건 그 말씀을 전해 듣는데 기쁘거나 감격스러운 감정은 전혀 들지 않았어요. 그저 '이건 또 무슨 일이지…?'라는 생각밖에 들지 않아 어리둥절해 있었어요.

그렇게 기적과도 같은 검사 결과를 듣고 나서 아들은

크리스마스 때 라자로의 부활처럼 다시 걷게 되었어요. 첫걸음을 뗀 후 하루에 두 번씩 PT 선생님과 함께 운동도 하며 점차 몸을 움직일 수 있게 되자, 다음 진료 때는 걸어서 주치의 선생님을 뵈러 갈 수 있었어요. 병원 진료실 안으로 들어갈 때 남편과 아들의 병간호를 같이 해주던 이은영 선생님, 그리고 휠체어를 타고 들어가는 아들을 위해 항상 주변을 넓게 마련하고 진료를 맡아 주시던 주치의 교수님과 저까지 포함해서 그날은 모두 아들을 죽은 라자로가 살아온 것을 본 것처럼 아무 말도 못 한 채 바라보았어요. 우리는 작은 진료실에서 성경 속 기적을 체험하게 된 거였어요. 요한 복음서에 등장하는 라자로에게 예수님은 말하죠. 병들어 이미 죽어 무덤 속에 있는 라자로에게 걸어 나오라 하셨고, 돌을 치운 후 그는 무덤에서 걸어 나와요.

제 눈에는, 아니 우리 모두의 눈에는
아들이 라자로의 모습을 하고 있었어요.

이후 정기적인 검진을 하며 암세포는 조금씩 작아져 갔어요. 재발하고 나서 한참이 지난 2018년 늦가을, 병원 주치의 교수님과 외과 선생님의 권유로 아들은 장루 복원 수술을 받게 되었어요. 어느새 청소년이 된 아들은 2년 동안이나 장루 주머니를 찬 채 같은 자세로 불편하게 있어야 했어요. 점차 아들이 회복되자 밖에서 일을 하기 시작했던 남편과 저는 장루주머니가 샌다고 전화를 받으면 슈퍼맨과 원더우먼처럼 집으로 달려가야 했지만 이제 그럴 필요가 없어졌어요. 그리고 밤부터 아침까지 우리는 정상적으로 잠을 잘 수 있게 되었어요. 2년 만의 일이었어요. 장루 복원 수술로 인해 축복 같은 날이 다시 온 거죠.

사실 장루 복원 수술은 굉장한 통증을 동반한다고 들었어요. 대장암에 걸렸던 어떤 환우분은 장루 복원 수술에 대해 설명하기를 "애 낳는 줄 알았어. 그만큼 아파."라고 하셨는데 그 말이 사실이었나 봐요. 여러 번의 수술과 항암 치료 등 별의별 것을 다 했어도 별 내색도 없이 잘 견뎠지만 장루 복원 수술 후에는 한 번도 보지 못한 얼굴로 고통을 호소했기 때문이에요. 긴 시간 동안 배 밖으로 나와 있던 통로가 다시 제 길을 찾아 신체 내부로 들어가니 회복하는 데 시간이 걸렸어요. 설사병에 걸린 듯 조절이 안 돼 화장실을 한 시간에 열 번도 넘게 가는 날들이 지나가고도 서너 달은 힘든 시간을 보내야만 했어요. 장루 복원 수술의 후유증은 그렇게 2년쯤 지속되었어요. 암 치료 때도 고통스러웠지만 장루 복원 수술 후 아들은 사실 일상생활이 불가능할 수도 있겠다 싶을 정도로 힘든 시간을 보내야만 했어요.

6개월 정도의 치료 기간이면 완치할 수 있다는 버킷림프종은 저희 아들에겐 장장 3년의 투병 생활을 하게 만들었어요. 잘못된 결정으로 이 병원에서 저 병원으로 옮겨 다니며 주변 사람의 이야기만 듣고 그저 의사 선생님의 명성을 쫓아다녔던 시간들. 아들의 암이 재발했을 때는 '주님에겐 다 계획이 있다고 하시는데 이렇게까지 일을 만드셨던 이유는 무엇이었을까?'를 끝없이 고민하다 깨달았어요. 제가 강인한 믿음보다는 '안정된 믿음'을 가진 양이기에 사랑하는 아들을 통해 연단의 시간을 주셨다는 사실을 깨닫게 되었어요. 그렇게 주님의 초대를 받아들이고 '굿사마리안레시피' 레스토랑을 키워가며 저는 지금까지와 다른 세상을 마주할 수 있게 되었어요.

집으로

정확하게 2년 7개월 하고도 40일 만에 집으로 돌아갈 때 우리는 참으로 기적 같은 일을 경험하고서도 조심스러웠어요. 사실 병원에서는 섣불리 완쾌 판정을 내려 주지 않은 채 한 달 후에 퇴원하자고 신중하게 말했어요. 그렇게도 조심스럽게 말씀하시는 주치의 선생님도 그렇지만 그 엄청난 사실을 마음 편히 제대로 기뻐하지 못했어요.

그때 호수 위에서 바람을 멈추시고 제자들에게 말씀하시는 예수님의 말씀이 들려 오는 듯했어요. 왜 겁을 내느냐고. 결국 강남성모병원에서 귀가해도 좋다는 말을 듣고 오랫동안 묵혀 있던 짐들을 싸서 남편과 저, 아들, 우리 세 가족은 모두 집으로 돌아왔어요. 그것은 마치 바다 위에서 오랫동안 떠돌다 육지를 밟은 노아의 가족과도 같은 기분이었어요. 육지를 발견하고 어느 날 올리브 잎을 입에 물고 온 노아의 방주 속 비둘기가 없었어도 알 수 있었어요. 아름다운 무지개의 약속과 함께 저희 가족은 육지로 보내졌다는 사실을 말이죠.

집에 돌아 온 아들도 그렇지만, 저희는 모두 감사하며 집에 돌아온 사실에 감동했고, 가슴 벅차게 기뻐했어요. 주님께서 노아에게 보여주셨던 무지개를 제게도 보여주셨기에 저는 달라져야 했어요. 아들이 이제 나았다고 모두 괜찮아진 것이 아니라, 모든 것은 이제부터 시작된다 생각했어요. 그러기에 저는 주님과의 약속을 지키며 살겠다고 결심했어요.

주님, 사람이 무엇이기에 이토록 보살피시나이까?
인간이 무엇이기에 이토록 헤아리시나이까?
사람이란 한낱 숨결 같은 것,
그 세월은 지나가는 그림자 같사옵니다.

시편 144:3-4

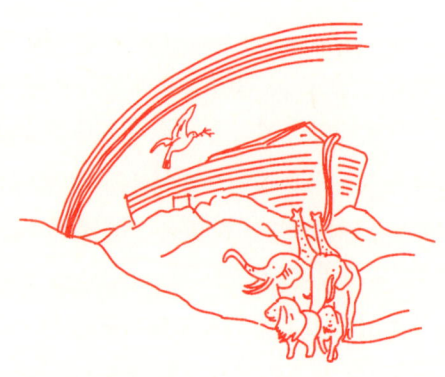

3년 만에, 다시 학교로 가다

그렇게 모든 시간이 지나고 아들의 시간도 원위치로 돌아왔어요. 항암 치료 앞에서는 웬만한 사람들은 소리 지르고 화를 내지만 아들은 병원에서도 놀라워할 정도로 울지 않았어요. 자신의 병 앞에서도 그 어느 누구보다 담담하게 치료받던 아들이 어느 날 닭똥 같은 눈물을 흘리며 말했어요.

"엄마. 나 학교에 다시 돌아갈 수 있을까?"

항상 말이 없고 조용한 아들은 치료받는 내내 학교로 돌아가지 못할 것이 두려웠었나 봐요. 병이 회복되고 나서 시간이 지난 후 강남성모병원에서는 아들의 심리 검사를 하며 퇴원 후의 건강을 체크했어요. 그때 이야기를 들어 보니 아들은 '죽음'에 대해서는 생각하지 못했던 듯해요. 하기야 '죽음의 문' 앞에 서 있다고 해도 어린 나이에 죽음에 대해 어떻게 생각하겠어요. 아들이 두려웠던 것은 그저 '학교에 다시 돌아가서 예전처럼 공부할 수 있을까?'라는 거예요.

아들의 생각지도 못한 고민에 마음이 미어져 아무 말도 할 수 없었어요. 모든 시간이 지나고 학교에 다시 갈 수 있기를 얼마나 소망하고 눈물로 기도했는지. 집에 돌아왔지만 한국의 어느 곳에서도 아들이 다닐 수 있는 마땅한 학교가 없었어요. 3년이나 학교를 쉰 데다 심하게 아팠기에 학교에서는 모두 난색을 보이며 받기를 꺼렸어요. 외국으로 다시 유학을 보내야 할지 고민하고 있을 때 서은영 대표와 싱가포르 출장을 가게 되었어요. "대표님. 싱가포르는 좋은 레스토랑과 인테리어가 발전된 곳이기도 하지만 기온이 좋고, 시스템이 발전된 곳이에요. 가족과 함께 한번 가서 보시면 어떠세요? 마침 친한 친구가 싱가포르에 살고 있어요." 그렇게 싱가포르에서 며칠 지내면서 느꼈어요. '아들에게 더없이 좋은 곳이겠구나!'라고. 따뜻한 기온에 나무가 울창하고, 공기가 깨끗한 데다 다른 아시아 지역과는 달리 치안은 전 세계에서 으뜸인 싱가포르라면 안심하고 아들이 다시 학교생활을 할 수 있겠구나 싶었어요. 공부하고 싶어 하는 아들을 위해 바로 싱가포르에 있는 학교를 알아보는데 대부분의 국제 학교가 입학을 꺼려했어요. 역시 한국과 같은 이유였어요. 여러 곳을 문의하다 바다가 보이는 곳에 위치한 한 학교에서 엄마와 같이 싱가포르에 거주한다는 조건으로 받겠다는 연락이 왔어요.

  아들은 그렇게 3년 만에 학교에 가게 되었어요. 백팩을 메고 스쿨버스를 타기 위해 아파트를 나서는 뒷모습을 보며 눈물이 났어요. 어떻게 표현할 수 있을까요. 그 벅찬 감동을! 아들을 위해 기도해 준 모든 분과 굿사마리안레시피 식구들, 그리고 주님께 진심으로 감사하고 또 감사했어요. '이런 날이 오는구나! 이런 날이 올 수도 있구나!'라고 외치고 싶었어요. 저는 그 뒷모습을 사진 찍어 한국에 있는 굿사마리안레시피와 모스가든 식구들에게 보내주었어요. 사진을 보고서 모두 감동의 눈물을 흘리며 축하 메시지를 보내주었어요.

'기적'이라는 단어를 내 아들을 통해
경험하게 된 사실에 뭉클했어요.

  기다렸다는 듯이 아들은 시키지도 않은 공부를 열심히 했고, 학교에서는 너무 공부를 열심히 해서 걱정이라는 말까지

들을 정도였어요. 살도 부쩍 늘었고, 머리카락도 다시 많이 자라게 되었어요. 재활 치료를 통해 약하지만 자기 힘으로 걸어 다니며 생활하게 되었어요. 늦은 학업에 뒤처지지 않게 공부해서 좋은 대학에 들어가고 싶어 하는 아들에게 저는 공부를 많이 안 할 수 있는 대학에 가면 좋겠다는 '이상한 말을 하는 엄마'가 되었어요. 제게는 그저 평범한 삶을 살 수 있게 된 아들이 대견하고 기쁘기도 했기 때문이에요. 그렇게 저는 '일상의 소소하고 아무렇지 않은 삶'이 얼마나 큰 축복인지 알게 되었어요.

싱가포르에서 만난
굿사마리아인

굿사마리안레시피 레스토랑의 명물, 살치살 스테이크에 곁들여 나오는 소스가 있는데 이름하여 '레이 소스'에요. 메인 셰프인 최규완 부장이 싱가포르에 출장 갔을 때 '레이'가 해준 소스를 먹고 그녀의 레시피를 그대로 오마주하며 만든 소스에요.

'레이'는 제가 아는 엄마들 중 최고의 요리 솜씨를 가진 싱가포르에 사는 대만 여자예요. 현명하고 멋진 싱가포르인 남편 '포'와 결혼하여 아이돌급 외모를 가진 크리에이티브한 딸 '모나'를 키우고 있는 국보급 전업주부이죠.

'미슐랭 집밥' 코너가 있다면 별점을 다섯 개는 받을 수 있을 만큼의 요리 솜씨와 인테리어 디자이너 뺨치는 감각의 라이프 스타일리스트로 자신의 인생을 멋지게 사는 사람이에요. 싱가포르 부촌 아파트, 가장 높은 펜트하우스에 살지만 그녀는 따뜻한 마음으로 아파트 주민들을 주말마다 초대해서 자신의 특제 레시피로 사람들을 행복하게 만들어줘요. 사실 레이는 서은영 대표가 유학 시절 만난 오랜 벗이기도 해요.

서울에서 레스토랑 셰프들을 비롯하여 회사 직원들이 싱가포르에 출장을 갈 때마다 초대하여 '레이 표 최고의 요리'로 감동을 주는데, 셰프들조차도 싱가포르의 어느 유명 식당보다도 맛있고 기억에 남는다고 극찬을 하죠.

극심하게 아팠던 아들은 한국에서 학교에 다닐 수 없어 해외에 나갈 수밖에 없었어요. 학교 사정도 그러하지만,

무엇보다 기후가 좋은 곳을 생각해야 했기 때문에 처음에는 하와이나 미국 서부를 생각하기도 했어요. 그러나 처음 싱가포르를 방문했을 때 놀라움을 금치 못했어요. 대자연과 도시가 어우러져 있고, 무엇보다도 어느 곳이나 깨끗했고 선진화 되어 있었기 때문이에요. 그래서 워렌 버핏이나 유명 CEO들이 몇 달씩 이곳에 머무나 봐요. 경제적으로도 아시아와 세계를 이어주는 허브 역할을 하기도 하고요. 남편도 같이 가서 살펴본 후 아들의 진학을 싱가포르로 정하고 기온이 좋고 깨끗한 그곳에서 학교에 다니기로 결정했어요.

"아버지도 안 됩니다. 단 어머니의 보호만 가능하며 같이 거주한다고 약속하면 아드님을 입학시키겠어요."라는 답이 오자 저는 난감했어요. 굿사마리안레시피 레스토랑과 모스가든을 복합 문화공간으로 만들겠다고 오픈한 지 얼마 되지 않은 때라 걱정이 되었죠. 그렇지 않아도 병원에 있으면서 오랫동안 회사 업무도 제대로 못 했는데 이제는 한국을 떠나야 하니까요. 그때 서은영 대표가 말했어요.

"김 대표님께서 그동안 쉬지 않고 너무 무리도 하셨고, 또 아들과 함께 정상적인 생활을 하며 몸과 마음을 추스르고 즐거운 시간을 보내라는 주님의 뜻인 듯해요." 그렇게 주변 사람들의 도움으로 저는 다시 아들과 함께 싱가포르로 떠날 수 있게 되었어요. 그 모든 일은 몇 달 사이에 일어나 진행되고 결정되었어요. 정말로 언제나 생각하지만 주님의 계획은 놀랍기만 해요.

예상치도 못한 아들과의 싱가포르 생활에 앞서 서은영 대표는 걱정과 애정으로 우리 모자를 자신의 친구에게 부탁했어요. "이 세상 누구보다 믿을 수 있고 가족과도 같은 사랑하는 제 친구예요. 대표님을 위해서 정말로 주님께서 이들을 보내신 듯해요." 무엇보다 놀라운 것은 레이의 남편인 포는 싱가포르에서도 물류 선박 관련해 종사하는 분으로 한국 정부의 초청을 받기도 하는 유능한 분이세요. 그런 분이 아들의 보호자를 자처하며 물심양면으로 저희 모자를 지켜주셨어요.

  일 년 반 후, 날로 성장하는 모스가든에 다시 합류하기 위해 저는 한국에 돌아오기로 결심했어요. 귀국 전 아들은 혼자 장을 보고, 식사를 준비하고, 학교에 다닐 수 있도록 연습하며 만반의 준비를 했어요. 그렇게 제가 한국에 돌아올 채비를 하는데, 어느 날 서은영 대표가 다시 조심스레 말하더군요. 아들을 자신의 친구가 사는 아파트로 이사하게 하면 어떠냐고. "이것도 우연은 아니에요. 그렇게 요리를 잘하는데, 또 그렇게 마음이 따뜻한 사람이 어디 있어요. 더군다나 남편 포는 그 어느 누구보다도 든든하고 훌륭한 조력자 같은 존재예요." 그녀의 권유로 저는 귀국하고 레이가 사는 아파트에서 제일 작은 평수로 아들은 혼자서 이사했어요.

  사실 아들이 다시 학교에 가게 되었지만, 아직 건강을 완전하게 안심하기엔 너무도 위험했어요. 그런 아들을 홀로 두고 오면서 예전과는 달라진 저의 모습에 새삼 놀라워했어요. 소중한 아들을 어떻게 홀로 먼 타국에 두고 오겠어요. 그러나 이제 저는 주님께 매달리고 기도에 응답받으며 아브라함의 믿음으로 모든 일을 결정하게 되었죠. 정말로 믿는다면 언제까지나 제가 아들 곁에 있을 수는 없었어요. 언젠가는 대학도 갈 것이고, 사회생활도 하고, 사랑하는 사람을 만나 결혼도 하게 될 거예요. 아들에게 재활 치료만큼 필요한 것은 이제 '자립'이었어요. 13살에 암 투병을 시작해 조직 생활을 배워야 하는 나이에 병원에만 있었으니 오죽하겠어요. 그러다 보니 지극히 평범하고 일반적인 생활은 물론 대중교통

이용이나 사람들과 어울리는 일상적인 것들에 너무나도 서툴렀어요. 저는 굳게 마음을 먹고 아들을 자립할 수 있도록 해야만 했어요.

가뭄에 비가 오게 해달라고 기도하면 굳게 믿고 비가 올 때까지 우산을 가지고 다녀야 한다는 제주도 이시돌 성당 미카엘 신부님의 말씀처럼, 저는 아들을 지켜주실 거라는 믿음으로 돌아와야 했어요.

한국에 돌아오기 전 아들을 앞세우고 뒤따라가며 대중교통 이용 방법을 알려 주거나, 혼자서 택시를 타고 슈퍼마켓에서 장을 보게하는 연습도 했어요. 마음은 너무 아프지만 집에서 설거지도 하게 했고요. 어느덧 제가 한국에 돌아올 때가 되자 가장 큰 고민과 걱정거리는 역시 죽을 고비까지 넘긴 아들의 '식사'였어요. 아들은 학교에 다녀도 여느 아이들과 같은 체력을 가질 순 없었어요. 소화 능력은 현저하게 느리고 몸도 아직도 약했어요. 또한 재발에 대한 두려움에 아무 음식이나 먹을 수 없었기에 식사는 저의 마음과 발목을 붙잡고 놓아주질 않았어요.

남에게 민폐까지 끼치면서 내 아들을 여기에서 공부시켜야 하나 생각했지만 염치 불구하고 레이에게 부탁했어요. 당분간만 아들의 저녁을 해줄 수 있을까 하고요. 2주일 정도만 부탁하려던 기간은 훨씬 넘게 늘어나 몇 달 동안 매일 같이 레이는 아들의 식사를 준비해 주었어요. 그냥 단순한 본인들의 저녁 식사 나눔이 아니었어요. 레이의 가족은 모두 아들에게 맞춘 식단으로 바꿔야 했어요. 나중에 들어보니 딸 모나는 "엄마 우리 언제까지 연어를 먹어야 해?"라고 물을 정도로 그들도 같이 연어를 먹었다고 해요. 아들에게 연어는 최상의 재료라 레이는 정말로 연어 요리를 다양하게 했다고 하는데 어찌나 민망하고 송구하든지….

　　최고의 '집밥 미슐랭' 셰프의 솜씨니 매 끼니의 저녁 도시락은 흡사 요리책에 나올 만한 비주얼로 가득한 건강하고 사랑이 가득 담긴 '도시락'이었어요. 지금도 가끔씩 레이를 생각해요. '레이의 딸인 모나가 서울로 유학을 오게 된다면 내가 그렇게 식사를 차려줄 수 있을까?'라고요. 부끄럽지만 그렇게까진 못할 거 같아요. 매일 같이 저녁을 차려 저에게 항상 사진을 찍어 보내는데 그 정성과 사랑을 제가 어떻게 넘볼 수 있겠어요. 한번은 너무도 감사한 마음에 에르메스에서 남편 포와 레이의 선물을 사 갔더니 난색을 표하며 가져가라고 했어요. 레이는 엄청난 부를 가지고 있으면서 그 흔한 에르메스 백도 없이 에코백을 들고 다녀요. 심지어 포와 레이는 경차 한 대를 사용하다 싱가포르를 방문하는 가족들의 원성으로 경차 한 대를 더 구입한 사람들이에요. 그러나 인테리어와 식사는 언제나 멋지고 근사하게 사는 진짜 멋쟁이들이죠. 레이는 예의 편하고 유쾌한 어조로 말했어요. "그래서 우리 집 가까이 이사 온 거 아니야? 그러니 당연한 일인 거야. 아들이 무사하게 한국에 돌아가게 되어 정말로 감사하고 눈물 나게 기뻐."

　　일요일에 가족이 브런치를 나갈 때도, 크리스마스나 할로윈 같은 파티 자리에도 언제나 포와 레이는 아들을 꼭 참석하게 하고, 무슨 일이 생기면 먼저 말하라는 당부 말도 해주었어요. 가슴이 몇 번이고 뭉클하고 따뜻해졌는지. 레이는 신앙이 없어요. 그러나 신은 레이의 가족을 보고 참으로 고맙게 생각하지 않을까요.

　　아들은 이제 싱가포르의 생활을 정리하고 서울로 돌아왔어요. 저도 같이 싱가포르에 가서 이삿짐을 정리해서 한국에 보낸 후 빈집을 나서는데 어느덧 밤이 되었어요.

야자수 너머로 보이는 달은 아름다웠고, 레이가 사는 꼭대기 펜트하우스 집을 사진에 담았어요. 그리고 그들 가족을 위해 진심으로 기도했어요. 눈물이 나도록 울컥한 감사의 마음을 담아서 '주님, 아름답고 따뜻한 마음을 가진 레이의 가족을 잘 보살펴 주세요. 부디 그들에게 복을 내려 주세요. 이방인인 우리 가족을 사랑으로 대해준 싱가포르에서 만난 굿사마리안 레이에게 축복과 자비를 베풀어 주세요….'

저는 그렇게 아들과 함께 다시 한국에 돌아왔어요.

며칠 후 레이에게 연락이 왔어요. 아들이 돌아가면서 편지를 썼는데 남편 포와 함께 감동했다고…. 아들도 싱가포르에서 만난 굿사마리안의 사랑을 잊을 수는 없었나 봐요. 편지를 보면서 우리는 모두 콧날이 시큰하고 먹먹했어요.

친애하는 레이와 포에게,

Dear Rei and Po,

저는 어젯밤에 한국에 도착했어요.

I arrived in Korea last night.

지난 3년 반은 정말 놀라운 시간이었어요.

The past three-year and a half has been a fascinating time for me.

경험이 부족하고 성숙하지 못했기 때문에 노력, 열정, 스트레스, 갈등, 실수, 개선 등을 통해서 가치 있는 순간들을 배울 수 있었어요.

Lacking in experience and maturity, I was able to learn through facing valuable moments of effort, passion, stress, conflict, mistakes, improvement and on.

새로운 사람들을 알게 되는 것이 이 여정에서 가장 의미 있는 부분이었고, 사람들과 유대를 맺는 것이 얼마나 기쁜지를 깊이 느끼게 되었습니다.

The experience of getting to know new people was the most meaningful part of the whole journey, as I deeply felt how rejoicing it was to bond with people and learn about others.

레이와 포, 그리고 가족분들이 보여준 모든 환대와 보살핌은 언제나 저의 일부로 남을 것이고, 분명히 행복한 추억이 될 거예요.

All the hospitality and care you and your family have shown will always remain as a part of me, and it is surely a memory I could always recollect happily.

가끔 제가 레이를 포함한 다른 사람들로부터 얼마나 보살핌을 받았는지, 그리고 실제로 그게 얼마나 어려운 일인지 생각하곤 해요.

Sometimes, I would think about how much I have received from other people including you, and how difficult it would be to actually do so.

그러한 관계에 대한 경험은 지난 몇 년간 저를 크게 성장시켰고, 이제 저는 제가 얼마나 운 좋은 사람인지 알게 되었습니다.

Such an experience on relationship nurtured me significantly throughout the years, and now I know what a lucky person I am.

진심으로 여러분 모두에게 최선을 다해서 여러분이
추구하고 경험하는 일에 항상 기쁨이 있기를 바랍니다.

With sincerity, I hope all the best for all of you and may
there always be joy in what you pursue and experience.

나중에 시간이 되면 더 좋은 사람으로 뵙길 바라요 :)

I will hopefully see you in the future as a better person,
when the time comes :)

Thank you

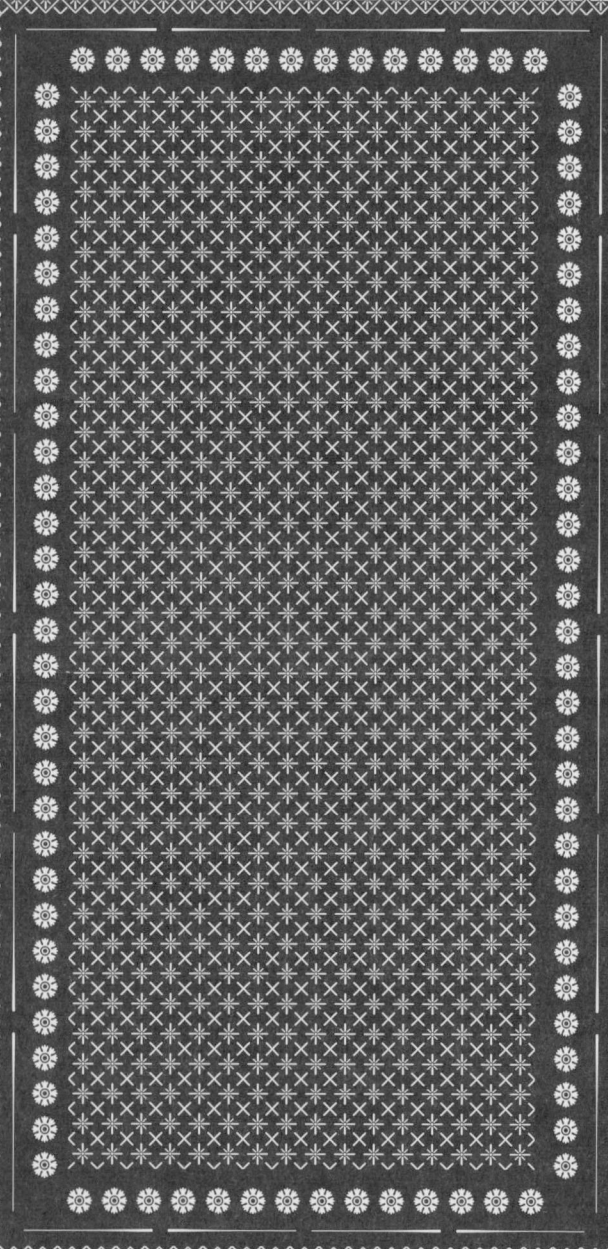

2

굿사마리안레시피
재료 이야기

파란색 노트:
자연이 준 선물에 대한 이야기

　　아들이 아픈 동안 저에겐 파란색 노트가 한 권 생겼어요. 각 식재료의 효능, 레시피, 아들에게 특히 좋은 재료들을 정리한 것으로 제 생각도 드문드문 끄적인 노트예요. 연어와 장어에는 별표가 붙어있고 핵산엔 동그라미가 쳐져 있어요. 그 중에서도 좋은 것들은 따로 이름만 적어 놓은 페이지도 있죠. 아들의 병에 정말 좋은 식재료들은 대부분 산과 바다, 숲에서 나는, 모두 자연에서 온 것들이었어요. 자연 그대로에서 난 음식들은 굉장한 치유의 힘이 있어요. 봄, 여름, 가을, 겨울 사계절에 따라 다르고, 24절기에 맞춰 자란 모든 로컬 재료는 약과 같다고 해도 과언이 아닐 거예요. 한식의 중심에 있는 '약식동원' 사상에는 약과 음식의 근본은 동일하다 했어요. 그렇게 소중한 식재료에 인간의 지혜를 더해 만들어진 음식은 말 그대로 치유가 될 뿐 아니라 삶의 질도 바꾸는 위대한 선물이란 걸 알았어요. 그런데 신이 준 선물인 자연에 대해 우리는 너무 당연시하고, 함부로 하는 경향이 있죠. 그런 이유로 '굿사마리안레시피'에서는 최대한 비닐과 플라스틱 사용을 줄여 가려 하고 있어요. 해외의 수많은 브랜드는 이미 다양한 신소재 패키지들을 개발하고, 플라스틱 사용에 대해 심각하게 생각하고 있어요. 사실 절대로 쉬운 일은 아니에요. 배달 시 조금만 쏟아져도 성의 없다는 댓글이 올라와요. 물론 고객의 입장도 생각해야 하지만, 소중한 생명과 자연에 대해 계속해서 고민하고 노력하지 않으면 자연의 식재료를 더 이상 구할 수 없는 날이 올 거예요.

올리브 오일의 기적

음식을 할 때 기본적으로 오일은 가장 중요한 요소인데 아들에게 먹을 수 있는 오일은 몇 가지 되지 않았어요. 항암 치료를 하는 아들에게 좋지 않은 오일은 다음과 같아요.

아들이 먹지 말아야 하는 오일
- 오메가 6 지방산이 든 오일
- 트랜스 지방은 절대로 NO!
- 고열 조리 시 발암 물질이 생성되는 오일

평소 사용하는 올리브 오일은 온도와 시간이 지나면 발암 물질이 생기기 때문에, 오븐 조리 시 170℃ 선에서 15분을 넘기지 않도록 해야만 해요. 사실 부침개 같은 음식을 맛있게 만들기 위해서는 높은 발연점에서 오래 조리해야 바삭하게 만들 수 있는데, 그 모든 것들이 이제는 아들에게 독이 되는 거였죠. 항암 치료를 받는 아들에게 먹이면 안 되는 오일은 많지만, 발연점이 높은 건강한 오일은 적어 요리하기가 참으로 어려웠어요. 어느 날은 올리브 오일의 발연점에 대해 알고 싶어 논문 자료까지 찾아 보았어요. 공부를 하다 보니 조리법과 재료에 따라 사용하는 오일이 전혀 다르다는 것을 알고 조리법을 바꾸기 시작했어요. 아들에게 좋은 오일은 다음과 같아요.

생들기름

들깨는 불포화지방산이라 불리는 오메가 3가 풍부하여 체내 세포와 신진대사에 도움을 주고 심혈관계에도 효능이 있어요. 항염 작용도 있어 아들에게 정말 좋은 오일이에요. 그러나 공기와 닿으면 산화하는 단점이 있어 개봉 후 가급적 빠른 시간 안에 다 써야 해요.

들기름

들기름은 열에 약해 조리 시간 중 마지막에 사용해야 해요. 조리 후 불을 끄고 넣어 주는데 비빔밥, 멸치볶음 등에 좋아요.

아보카도 오일

아보카도 오일은 87.9%가 불포화지방산으로 그 중 올레산 함량이 높아 혈관 건강, 고혈압 예방, 혈압 조절 등 우리 몸에 이로운 작용을 해요. 발연점이 높아 바삭한 요리에 사용할 수도 있어요.

코코넛 오일

칼륨, 인, 철, 아연, 비타민 등 다양한 영양소가 풍부하고 모유 성분과도 일치하는 라우르산 성분을 가지고 있어요. 발연점도 높고 특유의 향이 있어 고소하게 만들어야 하는 레시피에 적합해요.

이렇게 오일을 공부하다 보니 굿사마리안레시피에 사용하는 기름이나 좋은 기름을 발견하면 매장에서 같이 판매하며 사람들에게 알리고 싶어졌어요.

추천 오일 브랜드

분도 푸드

베네딕도 왜관 수도원은 이탈리아 본원을 기본으로 535~540년경에 창립한 수도회예요. '기도하고 일하라(Ora et labora)'를 모토로 분도(베네딕토를 한자로 임차하여 '분도芬道'로 한국에서는 불리었다) 출판사부터 가구와 스테인드글라스는 물론 와인과 소시지를 만들어 판매해요. 이곳에서 판매하는 올리브 오일과 와인은 이탈리아 본원에서 오는데 굿사마리안레시피에서는 수도자가 그려진 와인과 함께 올리브 오일도 판매했어요.

방유당

판교에 미팅하러 갔다 우연히 발견하게 된 방유당은 아버지의 가업을 물려받은 따님인 손민정 대표가 세련된 패키지로 리뉴얼하여 자연 친화적이면서 한국 전통 방식으로 로스팅하는 기름 전문점이에요. 세련된 패키지도 그렇지만 가업을 이어가는 스토리텔링이 흥미로운 방유당의 기름은 정말로 향이 진하고 고소하여 맛있어요.

Savini Tartufi

1920년 쥬세페 사비니 Giuseppe Savini가가 이탈리아 토스카나 지방에서 생산한 트러플 오일을 시작으로 지금까지 그 전통을 이어오고 있는 브랜드에요. 신선함을 유지하기 위해 선주문 후 생산하는 시스템을 고수하는 곳으로 굿사마리안레시피에서도 판매하게 되었어요.

Del Giubileo

모레티니 지우빌레오 엑스트라 버진 올리브 오일은 1950년에 설립되어 71년간 최상급 올리브 재배 지역에서 수확한 열매로 만든 제품이에요. 로마 교황청이 인정한 오일로 유명해요.

아픈 아들도 똑똑하게 만들어 주는
견과류

아들에게 해줄 간식이 너무 없어 고민하다 몸에도 좋고 머리에도 좋은 호두 정과를 만들어 주기로 했어요. 항암 중인 소아 환자들 사이에선 항암제를 투여하면 머리가 나빠진다는 이야기가 있어요. 증명된 실험 결과인지는 모르겠지만 엄마 입장에선 걱정할 수밖에 없었죠. 독약 같은 항암제를 투여하는 동안 아이들의 몸부터 뇌까지 상하지 않는 곳이 어디 있겠어요. 그러다 호두 정과를 떠올리게 되었어요. 호두는 좋다고 유명한만큼 진짜 좋은 열매예요. 둥근 모양의 단일 씨앗을 가진 열매로 북미 동부, 아시아, 이란 등에서 재배하는데, 여러 소규모 연구 결과도 그렇고 호두는 간질 예방부터 뼈, 담석, 심지어는 건강한 심장을 유지하기 위해서도 좋다고 알려져 있어 아들에게 호두만큼 좋은 간식도 없겠다 싶었어요. 사실 처음부터 두뇌 계발을 위해 먹인 것은 아니었지만, 호두 정과의 효과인지 2년을 건너뛴 학년으로 올라간 후 아들은 아프기 전보다 공부를 훨씬 잘했어요. 고통스러운 항암 치료에도 울지 않던 아들이 학교에 돌아갈 수 없을지도 모른다며 닭똥 같은 눈물을 흘렸을 정도이니 그 목마름으로 공부를 열심히 했겠죠. 하지만 저는 호두의 효능도 믿고 있어요. 유명 호텔 라운지에서 샴페인 안주로도 나오는 호두 정과는 하나 둘 집어 먹다 보면 멈출 수 없을 정도로 중독성이 있죠. 그만큼 고소하고 바삭하고 달달한 천연 간식이 있을까요. 아들을 싱가포르에 보냈을 때 도움을 주었던 레이 부부와 호두 정과에 대한 우스운 일화가 있어요. 레이의 남편, 포가 한국 호두

정과의 매력에 푹 빠져 있다는 이야기를 들었어요. 그래서 싱가포르에 대추 호두 정과를 선물로 보내게 되었어요. 포는 물류용 선박 배를 제조하는 회사의 대표로 현재는 IT 회사까지 운영하는 자산가이자 아내인 레이를 정말로 아끼고 사랑하는 애처가예요. 그런 포가 유일하게 손사래까지 쳐가며 아무에게도 주지 않고 아껴 먹는 것이 바로 한국의 대추 호두 정과래요. "내가 아무리 달라고 해도 절대 줄 수 없다며 고개를 돌린다니까."라며 배를 잡고 웃는 아내 레이에게 저는 호두 정과 회사라도 선물하고 싶었어요. 그만큼 그들 부부가 제 아들에게 베풀어 준 은혜가 컸기 때문이죠. 호두 정과는 맛과 건강을 한꺼번에 줄 수 있는 은혜로운 간식이에요. 병상에 있을 때 질리도록 먹은 음식들은 다 지겨워해도, 호두 정과만큼은 예외에요. 아들에게 "호두 정과 해줄까?"라고 물어보면 지금도 바로 원할 정도로 말이죠. 정말로 매번 느끼지만 우리 조상님들은 어떻게 이런 음식을 만들었는지, 이걸 처음 만드신 솜씨 좋은 분께 꼭 감사 인사드리고 싶어요. "덕분에 제 아들이 살아서 공부까지 열심히 하게 되었습니다. 감사합니다."라고.

신들의 음식 호두

고대 로마제국 사람들이 신에게 바칠 만큼 귀하게 대접받은 열매가 호두에요. 견과류의 대명사로 불리며 심혈관과 혈당 관리에 좋으며 뼈 건강에도 효능이 있어요.

회춘의 비타민 아몬드

강력한 항산화 물질인 비타민 E가 풍부하여 활성 산소를 제거하고 노화를 지연시키는 효과가 있어요. 아몬드를 두유나 우유에 넣고 갈아 먹어도 고소하고 맛있어요.

빈혈에 좋은 잣

잣은 비타민 B가 풍부한 고열량 식품으로 빈혈에도 좋고 불포화 지방산이 풍부해 기운을 돋게 하고 피부에도 좋아요. 하지만 병원에서 항암 환자에게 금기시되는 게 잣이에요. 잣은 열을 가해도 세균이 없어지지 않는다고 해요. 치료 중엔 못 먹었지만 나중에 일상으로 돌아와서 기력이 약할 때면 잣죽을 끓여줬어요. 가평 잣을 구입해서 잘 사용하다 보니 지금 굿사마리안레시피에서도 판매하게 되었어요.

근육을 만들어 주는 땅콩

콜레스테롤 수치를 조절해 동맥경화를 예방해 주고 당뇨병에도 효능이 있으나 유의할 점은 오래 두면 암을 유발하는 물질이 생기니 보관을 잘해야 해요.

암을 예방하는 피스타치오

콜레스테롤을 낮춰 심혈관을 건강하게 하고 불포화 지방산과 항산화 효능이 있어 암세포 성장을 억제해 줘요. 그래서 굿사마리안레시피의 호박 수프에는 피스타치오를 꼭 곁들여요.

견과류의 여왕 피칸

견과류 중 항산화 성분이 가장 높아요. 노화 예방의 대명사이며 염증성 질환 예방에 도움이 돼요.

슈퍼 채소 1:
태양처럼 정열적인 붉은 채소와 과일들

우리는 매일 붉은 채소를 먹고 있다는 사실을 잊곤 해요. 김치에 들어가는 고춧가루나 흔하디흔한 토마토가 들어가는 샐러드를 일상적으로 섭취하면서 말이죠. 그런데 병을 치료하는 데 필요한 정보를 얻기 위해 읽은 <파이토케미컬을 먹어라>라는 책을 보며 알게 되었어요. 컬러 채소 중 붉은 채소에는 '리코펜'이라는 색소가 있는데, '리코펜'은 가장 강력한 활성 산소를 제거한다는 사실을요. 또한 면역체계를 강화하여 암을 예방하는 효과가 있는 놀라운 성분이라는 것도 알게 되었어요. 붉은 채소의 효능을 알게 된 후 요리를 할 때는 파프리카 자투리, 방울토마토 한 알이라도 안 버리고 보석 다루는 마음으로 키친타월에 물러지지 않게 싸서 꼭 보관해요. 채소에 들어있는 영양 성분을 알게 되니 냉장고에 있는 모든 채소들이 노벨상을 받은 학자 마냥 위대하게 느껴졌어요.

슈퍼 리코펜 채소, 토마토

'토마토가 빨갛게 익으면 의사 얼굴이 파랗게 된다'라는 유럽 속담이 있어요. 색도 예쁘고 생긴 것도 귀여운데 알고 보면 엄청난 능력자인 토마토는 암 유발 물질 생성을 억제할 수 있는 어마어마한 히어로 같아요. 슈퍼 채소로 유명한 토마토는 가장 강력한 활성 산소 제거에 효과적인 리코펜이 들어있어 면역 체계에도 강하며 암 유발 물질 생성을 억제해요. 비타민과 무기질의 공급원이자 비타민 K가 많아 뼈 건강에도 좋고, 노화 예방과 항염증제 성분도 있어요. 흡수율이 가장 좋은 요리 방법은 익힌 다음 오일을 넣고 갈아 먹는 거예요. 그러면 리코펜 성분이 10배 정도 흡수가 잘된다고 하여 아들에게 껍질을 벗기고 끓여 올리브 오일을 넣어 갈아 만든 주스를 매일 한 병씩 마시게 했어요. 또한 토마토를 넣은 퀴노아면 파스타는 게살과 닭고기 등 들어가는 주재료만 바꿔 자주 만들어 먹였어요.

비타민의 왕 파프리카

채소 중 비타민 C와 A의 함량이 최고로 많이 들어 있고 암 유발 물질의 생성을 억제하는 채소는 바로 파프리카예요. 파프리카는 익혀서 오일과 함께 먹을 때 흡수율이 높아지고 베타카로틴은 강한 항산화 작용과 면역력을 높이는 작용을 해요. 그리고 열을 가해도 비타민 C가 파괴되지 않아요. 파프리카 특유의 향이 나지만 다른 채소와 함께 갈아서 주스로 만들어 마시거나 월남쌈, 잡채, 볶음밥, 된장찌개 등 채소가 들어가는 모든 요리에 넣을 수도 있어요. 또한 즙을 내어 떡볶이를 만들 때 넣어주면 매운맛을 깊이 있게 만들어주고 감칠맛을 내 훨씬 맛있어져요. 파프리카 가루도 향신료처럼 사용하며 파에야, 카레 등의 요리에 듬뿍 사용했어요.

항산화제 딸기

딸기 속 '엘라그산'은 해독용 효소를 만들어 내는 유전자를 활성화하는 성질로 암세포가 스스로 죽도록 유도하는데 탁월해요. 사과와 레몬보다 높은 비타민 C를 함유하고 있고 안토시아닌이 풍부한 항산화 과일이에요. 간에서 암을 유발하는 물질을 제거하고 도움을 주는 딸기는 오렌지, 바나나와 함께 스무디로 만들어 먹으면 항산화, 항암 효과를 더욱 높일 수 있어요. 아무리 잘 씻어도 딸기에 박힌

씨 속에 세균이 있을 수 있다고 해 마음 놓고 많이 먹이진 못했어요. 그래도 아들이 먹을 수 있는 재료로 떡과 빵을 만들 때는 꼭 꿀을 넣어 만든 딸기잼을 곁들여 줬어요. 지금도 세인트루크마리 카페와 인디고가든에서는 제철 딸기를 사용한 다양한 메뉴를 개발하고 있어요. 색도 예쁘고, 맛도 있고!

루비처럼 찬란한 비트

강력한 항암 작용을 하는 '베타인'이라는 색소는 간의 해독 기능 강화와 유해 활성 산소로부터 손상을 막고 토마토의 8배에 달하는 항산화 작용이 가능한 어마어마한 존재예요. 비타민 A와 칼륨, 철분이 많고 항염증 작용 또한 강력해요. 몸 속에 들어갔다 하면 스파이더맨처럼 여기저기 날아다니면서 나쁜 세포를 죽일 것만 같아요. 오븐에 구워 웜 샐러드를 만들면 단맛이 강해져 정말 맛나게 변하고, 살짝 찐 다음 레몬즙을 뿌려 먹으면 더 맛있게 즐길 수 있어요. 또 비트즙은 채소를 갈아 만든 여러 주스에 함께 넣어 마시면 완전 최고예요.

이 밖에도 항산화 물질이 풍부하고 혈관 건강에 좋은 '오미자'는 에이드로 만들고, 암 예방 효과가 있는 베타카로틴과 플라보노이드 성분이 있는 '대추'는 생강과 함께 차로도 끓여 줬어요. 칼륨이 풍부하고 케르세틴이 껍질에 많아 면역 조절 작용과 악성 종양의 성장을 막는 '사과' 등 리코펜이 많은 붉은 채소는 우리 몸에 놀라울 만큼 큰 이로운 작용을 하는 열정적인 존재들이에요. 굿사마리안레시피에도 처음부터 있었던 메뉴 중 하나가 바로 비트 샐러드에요. 참참참 채 썬 비트에 레몬즙을 넣은 소스로 달콤 상쾌한 맛을 낸 '비트 샐러드'는 인기 메뉴 중 하나였어요.

슈퍼 채소 2:
황금빛과 노란빛을 내는 채소와 과일

각종 해충이나 나쁜 것으로부터 몸을 보호하고자 식물 스스로가 만들어 내는 물질을 '파이토케미컬'이라고 해요. 식물을 뜻하는 '파이토'와 화학 물질을 뜻하는 '케미컬'의 합성어에요. 이 식물 영양소는 면역력을 회복시켜 주고 암세포가 스스로 죽을 수 있도록 유도하는 놀라운 항암 작용을 해요. 아무리 생각해 봐도 자연은 경이롭고 신비로워요. 황금빛과 오렌지빛을 내는 채소에는 '베타카로틴'이 풍부한데 특히 노랑 파프리카와 오렌지가 탁월한 해독 작용을 하지요. 또한 염증 억제와 항암 작용을 하는 것으로는 커큐민이란 성분이 많이 들어 있는 강황과 울금이 있어요. 밥할 때 울금 한 숟가락을 넣고, 카레를 만들 때는 강황 가루를 듬뿍 더 넣었어요. 이렇게 카레를 만들거나 당근 호박 수프를 끓이거나, 한라봉 주스를 내릴 때마다 저는 아들의 암 덩어리의 세포 수가 줄어드는 상상을 해요.

쿠사마 야요이도 좋아하는 단호박

쿠사마 야요이의 마음을 편안하게 해준다는 단호박을 당근과 함께 볶아서 수프로 만들어 먹으면 몸과 마음을 따뜻하게 해주는 마법같은 맛이 돼요. 단호박 수프를 지방과 함께 먹게 되면 소화 흡수율이 높아지는데, 여기에 견과류를 함께 먹으면 카로틴의 흡수까지 높일 수 있어요. 그래서 수프를 끓인 후 수프 볼에 담고 올리브유도 뿌리고 피스타치오나 호두 같은 견과류를 올려 먹으면 더욱 좋아요. 호박은 항산화 작용, 면역력 증강, 암 예방 효과, 감염 예방을 해요. 비타민 E가 베타카로틴과 함께 혈액 순환을 도와 몸을 따뜻하게 도와주죠. 그런 이유로 레스토랑에서 처음부터 만들었던 메뉴가 바로 '당근 호박 수프'였어요. 시간이 흐르면 흐를수록 손님들이 굿사마리안의 호박 수프를 좋아하게 되자 HMR(Home Meal Replacement, 가정간편식) 제품으로 만들어 이제는 브랜드의 시그니처 메뉴가 되었어요.

땅속에서 얻은 황금, 강황과 울금

오직 강황과 울금에만 있는 커큐민은 강력한 항염 작용, 암세포 자살 유도와 혈관 신생 억제와 전이를 막아 주는 대단한 존재들이에요. 특히 대장암과 소화기암 예방에 많은 도움을 주고, 뇌 기능 강화와 염증 억제에도 좋아요. 강황은 따뜻한 성질이 있어 기초 대사량을 상승시키고, 간 기능 개선에도 효과가 있어요. 저는 생선 비린내를 잡을 때 효과적으로 사용하는데 검은 후추, 기름과 같이 요리해도 좋아요. 그래서 카레로 만들어 먹을 때 가장 좋은 효과를 얻을 수 있어요. 특히 커큐민 흡수를 높이려면 우유와 같이 마시면 좋아요. 마치 캡틴 아메리카와 아이언맨이 서로 만나 지구를 지키듯이 암세포를 없애주는 것 같아요. 이렇게 좋은 재료를 놓칠 수가 없어, 굿사마리안레시피는 요리 연구가 꽁블과 협업하여 커리 파우더 제품까지 만들었어요.

달콤하고 든든한 한 끼 과일, 바나나

바나나는 탄수화물, 칼륨, 비타민 B6, 식이섬유가 많아 소화 흡수가 잘되는 에너지원이에요. 칼륨은 혈압 조절 작용과 자연산 이뇨제 역할, 뼈 밀도 강화에도 좋고, 항산화 작용과 암 예방 등에도 좋은 효과가 있어요. 쌀가루 팬케이크에 바나나를 올리고 꿀을 뿌려 구워 곁들이면 근사한 모습과 함께 더욱 맛있게 먹을 수 있어요. 여기에 청보리나 케일, 몸에 좋은 스피리루나와 함께 스무디로 만들어 마시면 색도 예쁘고 좋아요. 세인트루크마리에는 다양한 바나나주스와 스무디가 있어요. 또한 인디고가든에는 아예 바나나를 통째로 올린 수플레 팬케이크도 있어 사랑받고 있어요.

피터래빗이 사랑한 당근

벅스바니와 피터래빗이 사랑해 마지않는 당근은 비타민 A와 베타카로틴이 엄청나게 들어있어요. 백혈구 중 NK세포의 공격력을 높여 종양 세포를 공격하고 손상된 DNA를 고쳐주는 효소를 활성화하는 엄청난 히어로예요. 당근은 암세포의 성장을 막고 면역 기능을 강화, 항염, 암세포가 스스로 죽어 없어지게 하는 유도 작용까지 하니 기가 막히죠. 기름과 함께 요리해서 먹으면 베타카로틴의 흡수율이 높아져서 단호박과 함께 수프로 만들어 먹고 꼬마 김밥에 볶은 당근을 잔뜩 넣어도 좋아요. 비트 사과 당근 주스나 사과 당근 케일 주스처럼 믹스 주스의 베이스로도 만들어 하루에 한 잔씩 마시게 했어요. 굿사마리안레시피와 세인트루크마리에서는 제주도 구좌 당근을 활용하고 있어요.

비타민 C의 하루 권장량보다 30% 더 함유하고 있는 '오렌지', 노란색의 카로티노이드 성분을 함유한 '옥수수', 베타카로틴이 들어있는 '파인애플,' '감', '망고', '옥수수' 등 우리에게 친숙한 황금빛과 노란색, 주황색의 채소와 과일이 생각보다 참 많이 있어요. 얼마나 신기한 일인지 모르겠어요. 무더위가 기승을 부리는 여름 세인트루크마리는 다양한 황금색 열매를 올린 아이스크림과 빙수로 많은 사람들의 사랑을 받게 되었어요. 제주 유자를 청으로 만들어 올린 아이스크림이나 호박 수프, 혹은 제주 초당 옥수수를 갈아 올린 빙수는 예쁘기도 하지만 정말 아들을 생각하는 마음으로 개발한 디저트 레시피에요.

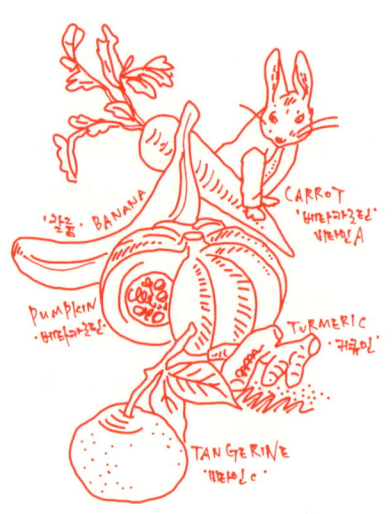

슈퍼 채소 3:
찬란한 초록빛 채소

식품 영양센터에서 나온 것도 아닌데 역시 비슷한 말을 할 수밖에 없네요. 우리가 매일 먹어야 하는 하루 채소 권장량은 7kg이에요. 샐러드로 만들었을 때 13접시 정도로 성인조차 먹기 힘든 어마어마한 양이예요. 건강에 좋다고 하루에 13접시의 샐러드를 만들어먹는 사람은 드물 거예요. 아들처럼 생사의 기로에 놓여있는 사람에게 시금치, 케일, 아보카도와 같이 먹기 싫은 채소를 골고루 섭취할 수 있게 하려면 죽, 수프, 주스 등 재료를 농축한 레시피로 만들면 한 번 먹을 때 좀 더 많이, 그리고 쉽게 섭취할 수 있어요. 우리들의 식탁에 가장 많이 올라오는 초록색 채소들은 '클로로필'이라는 파이토케미컬을 많이 함유하고 있어 간세포 재생에 도움을 주지요. 더군다나 눈 건강에 좋은 '루테인' 성분까지 들어있어요. 여기 이 부분에서 별표 들어갑니다~! 특히 아들에게 좋은 채소는 브로콜리에요. 이름도 거룩한 '십자화과 채소' 종류에는 브로콜리 외에도 케일 등이 있어요. 여기에 들어 있는 '설포라판'은 강력한 항산화 효과를 가지고 있어 DNA 손상을 억제하며 암을 예방하는 역할을 해요. 단 가열 시 영양분이 파괴되어 항산화 효과를 잃게 되니 살짝 찌거나 생으로 섭취하는 게 가장 좋아요.

뽀빠이처럼 건강하려면 시금치

요즘 젊은 친구들이 뽀빠이를 알까 모르겠어요. 슈퍼 히어로가 슈퍼맨밖에 없던 시절에 뽀빠이는 최고의 캐릭터였어요. 요즘 아이들은 잘 모르겠지만 제가 어릴 적 보던 만화 캐릭터인 뽀빠이는 시금치를 먹으면 힘이 세져 어떤 물건이든 번쩍 들어 올리던 장면이 기억에 남아요. 어른이 되고 보니 시금치를 먹어도 뽀빠이의 괴력은 생겨나지 않지만 엄청난 존재라는 사실은 확실히 알게 되었어요. 시금치에는 비타민 A, B, C군과 미네랄이 아주 풍부한데, 특히 '클로로필' 성분은 살균 효과와 함께 대장암과 위암에 매우 좋아요. 또한 항산화제 작용으로 DNA 손상을 막고 발암 물질과 공해 물질을 해독하고, 암 유발 유전자를 억제하는 엽산과 비타민 K, 철분 등이 풍부해요. 저는 시금치나물을 오메가 3가 많은 들기름과 함께 조물조물 무쳐 밥반찬으로 먹이고, 에그 베네딕트를 만들 때도 다른 채소 대신 시금치를 꼭 넣어줬어요.

녹색꽃 양배추, 브로콜리

'설포라판'은 이름답게 역할도 엄청나요. 과잉 분열하는 비정상 세포의 자살 유도와 항암 작용, 발암 물질을 해독하는 성분으로 브로콜리를 대표 항암 채소로 만들어 준 일등 공신이기도 하죠. 브로콜리에는 이 밖에도 비타민, 칼륨, 엽산, 단백질, 칼슘도 풍부하고 간 해독 작용과 면역력을 높여주는 역할도 해요. 요리 방법은 가열하면 일부 영양소가 빠져나가기 때문에 찜요리를 했을 때 이 모든 영양소를 효과적으로 흡수할 수 있어요. 물에 넣고 가열할 경우 10초 정도 살짝 데쳐 국물까지 먹으면 좋아요. 브로콜리는 양파와 함께 먹으면 효과가 배가 되니 '브로콜리 양파 수프'나 '채소 볶음' 같은 메뉴로 먹으면 정말로 좋아요. 저는 아메리칸 브렉퍼스트를 차려낼 때 구운 토마토와 함께, 살짝 데쳐 아보카도 오일에 볶은 브로콜리를 접시 한쪽에 올려 아들에게 주곤 했어요.

신이 내린 채소, 케일

자연 속에 숨은 비타민, 신이 내린 채소라는 어마어마한 별명을 가진 케일은 채소 중 가장 많은 영양소를 품고 있어요. 베타카로틴, 비타민 K, 비타민 C, 칼슘, 루테인, 설포라반, 인돌 등 다른 채소에 비해 영양소 함량이 높아 뼈 건강과 눈 건강에 탁월한 효과를 보여요. 또한 발암 물질에 대한 해독 효소를 활성화해 암세포를 스스로 억제하는 데도 좋아요. 백혈병의 경우 항암 약에 내성이 생긴 암세포를 스스로 죽게 유도해 줘요.

물에 끓이면 '설포라반' 수치가 줄어드니 채반에 쪄서 사용하는 케일 쌈밥 레시피를 추천해요. 그냥 먹으면 쓴맛이 돌지만 쪄서 익히면 단맛이 나서 밥을 싸서 강된장을 곁들여 내면 색감도 좋고 정말 맛있어요. 펙틴이 풍부한 바나나와 함께 먹으면 염증 억제에 도움을 준다고 하니 여러분도 꼭 기억해서 드세요.

천연 항암제, 깻잎

정말로 듣기만 해도 거룩하죠. 조그마한 이파리 안에 어떻게 그런 엄청난 힘을 숨기고 있는지 모르겠어요. 깻잎에 들어있는 '테르페노이드' 계열 성분은 천연 방부제 효과와 항생제 효과가 있어요. 다른 채소에 비해 베타카로틴, 칼슘, 칼륨, 엽산, 철분이 풍부하여 항산화, 항노화, 항암 작용에도 좋아요. 암세포의 자살 유도, 종양 세포 정상 분열을 유도하고 항암 치료 후의 후유증을 완화한다고 해요. 표고버섯과 함께 먹으면 면역 조절 효과가 커진다고해서 표고버섯을 잘게 다져 죽으로 끓여 깻잎과 함께 넣어 요리했어요. 깻잎 김치, 깻잎쌈으로 밥이랑 먹거나 연어회 혹은 비빔밥에 허브처럼 넣는 등 모든 요리에 토핑해서 활용할 수 있어요.

진정 작용이 뛰어난 허브, 딜

고대 이집트에서부터 사용하던 허브 식물인 딜의 어원은 스칸디나비아어의 '딜라(Dilla)'에서 유래 한 것으로 '진정시키다'의 뜻을 가지고 있어요. 식욕 증진과 소화 촉진, 진정 작용을 하는 항우울제 성분이 함유되어 있어요. 아들이 이제껏 가장 많이 먹은 허브를 꼽는다면 바로 '딜'이에요. 연어를 구워낼 때도 아보카도 오븐구이, 차지키 소스, 한식이 아닌 다른 나라의 모든 요리에 허브를 넣어야할 때는 아들에게 좋은 작용을 하는 딜을 사용했어요.

코리엔더이자 실란트로인 고수

호불호가 강하지만 고수를 즐길 수 있다면 모든 아시아 요리를 좀 더 적극적으로 느낄 수 있을 거에요. 향과 맛을 넘어 퀘르세틴, 폴리페놀, 플라보노이드, 칼륨, 칼슘, 철, 마그네슘, 미네랄, 비타민군 등의 영양소가 엄청나게 풍부하고 항균, 항산화 효과를 지니고 있어요. 고수를 치약 맛이 나서 못 드신다는 분들도 많지만 먹다 보면 고수처럼 매력적인 맛을 지닌 채소도 정말로 드물어요. 베트남 쌈에 고수를 듬뿍듬뿍 넣어서 먹거나 해산물 쌀국수, 샐러드에 가득 올리면 맛과 영양의 완성을 느낄 수 있을 거예요.

이렇게 찾다 보니 아들에게 좋은 초록색 채소가 정말 많았어요. 아미노산, 미네랄, 비타민, 불포화 지방산, 오메가 3가 함유된 수퍼푸드 '아보카도', 베타카로틴이 풍부해 암 예방에 좋은 '청양고추', 혈액 속 백혈구의 수를 높여 면역기능을 높여주고 살균 기능이 있는 '쑥' 등 초록색을 띠고 있지만 생김과 맛은 천차만별이라 다양한 요리에 활용할 수 있었어요. 참으로 이렇게 소중하고 아름답고 건강한 식물에게 감사할 뿐이에요.

슈퍼 채소 4;
검은빛을 내는 보라색 채소와 과일

단백질, 지방, 탄수화물, 비타민, 미네랄 등에 이어 '파이토케미컬'은 '제7의 영양소'라고 불리는 식물 영양소에요. 이 영양소는 채소나 과일의 짙은 색소에 많이 들어있는데 특히 보라색 채소에 풍부하게 들어있는 '안토시아닌'은 노화 방지와 함께 항산화 작용으로 강력한 암 억제 효과 성분이 들어 있는 엄청난 존재죠. 블루베리 등의 베리류, 가지, 적양파, 적양배추, 검정콩과 검정깨에 많이 들어있어요. 여성 암에 강력한 작용을 하는 소플라본은 콩에 다량 함유되어 있어요. 아들에게 좋은 슈퍼 보라색 채소는 검정콩과 흑미로 밥을 지으며 섭취하게 했고 블루베리는 요거트와 함께 먹거나 설탕을 넣지 않은 잼으로 만들어 떡과 함께 먹게 했어요. 정말 보라색 옷을 입은 슈퍼맨이에요.

밭에서 나는 소고기, 검정콩

서리태, 흑대두, 약콩의 이름으로도 불리는 검정콩은 단백질, 불포화지방산이 풍부하고 식이섬유, 사포닌, 필수 아미노산을 많이 함유하고 있어 호르몬 관련 암 예방에 도움을 주고 대장 소화기 계통에 좋아요. '안토시아닌' 색소는 항산화, 항염, 항암에 효능이 있어요. 콩 껍질에는 '글라시테인'이라는 특수한 항암 물질도 들어 있어 삶는 것보단 찌는 것이 이소플라본의 섭취에 좋아요. 밥 지을 때 검정콩을 골라내지 못하게 하려고 갈아서 넣어주거나 맛있게 많이 먹이고 싶을 때는 호박꽃이와 대추를 듬뿍 넣어 꿀검은콩떡을 만들어

줬어요.

고대 중국 황제들의 장수미, 흑미

약미 또는 장수미로 불리던 귀한 쌀인 흑미는 단백질, 비타민, 칼륨 등의 영양분이 들어있고 항산화 효과에 뛰어난 안토시아닌이 풍부해요. 고대 중국에서는 흑미를 왕족을 제외한 사람들에겐 금지가 되던 귀한 쌀이라고 해요. 활성 산소를 제거하며 면역력을 높여 주고 암세포의 발생과 전이를 억제하는 효능 때문에 황제나 왕족에게만 허락되는 그 검은 쌀을 아들은 지겨워했어요. 그래서 소화가 잘되도록 밥을 지을 때 검은쌀을 갈아서 넣곤 했어요.

신라 시대부터 내려온 가지

가지 속 '안토시아닌'은 혈관 속 노폐물을 용해하고 배설하여 피를 맑게 해줘요. 또한 사포닌이 많이 함유되어 항알레르기, 항염증 작용, 비타민의 2.5배에 달하는 항산화 작용도 해요. 다른 채소보다도 강한 '나수닌' 성분과 '페놀산'은 두뇌 세포를 보호하는 활성 산소 생성을 돕고, 항암, 항바이러스 효과까지 있어요. 놀라운 것은 옛날부터 우리 조상들은 구내염 같은 염증이 생기면 가지를 잘라 붙였다고 하는데 선조들은 어떻게 그런 사실을 알았는지 신기하기만 해요. 가지를 쪄서 길쭉하게 찢어 들기름으로 무친 가지나물이 개인적으로 제일 맛있는 거 같아요. 미소 된장을 발라 오븐에 구운 가지 요리도 좋고, 기름과 조리하면 영양소 흡수가 좋아지기 때문에 각종 채소와 함께 볶은 후 굴 소스로 버무려 만든 가지 덮밥도 자주 해먹었어요.

세계 10대 슈퍼푸드, 블루베리

그 존재감과 영향력이 블랙핑크 같아요. 비교를 해보자면 보통의 채소나 과일은 다섯 가지의 '파이토케미컬' 성분을 가지고 있는데 블루베리는 베타카로틴, 비타민군, 식이섬유, 아연, 칼륨, 칼슘 등 25가지 이상을 가지고 있으니 정말로 어마어마하죠. 특히 항산화 작용은 40여 종의 과일 중 가장 뛰어나고 항염, 항암과 신경계의 퇴화를 막아주기까지 해요.

슈퍼 채소 5:
천사같은 하얀 채소와 과일

흰색 채소들은 주로 땅속에서 자라는 뿌리채소라 햇빛을 못받아 광합성 작용을 할 수 없게 되어 하얗다고 해요. 흰색이라도 '알리신', '케르세틴' 성분이 면역력을 높여주고 암 예방, 살균 작용을 하는 '이소티오시아네이트'와 '유화아릴'과 같이 항균 효과를 가진 파이토케미컬 성분이 들어있어요. 특히 우리나라 요리에는 양파, 마늘, 무 등이 많이 들어가 아들에게 다양한 흰색 채소를 충분히 먹일 수 있었어요.

식탁 위의 불로초, 양파

우리나라 요리엔 양파가 안 들어가는 요리를 찾아볼 수 없을 정도로 많이 사용하는 흰색 채소 중 하나에요. '케르세틴'이라는 '폴라보노이드'는 양파 겉껍질에 풍부한데 속보다 48배 이상 함유되어 있어요. 어마어마하죠! 도대체 이 조그마한 녀석들 안에 이렇게 대단한 성분이 들어 있다니 자연은 정말로 신비해요. 이 외에도 천연 항생제 작용을 해요. 케르세틴 성분은 알레르기 유발 물질인 히스타민 분비를 억제하기 때문에 염증 반응 억제, 암세포 증식 억제 등 암 예방에 좋아요. 양파를 물에 끓이면 케르세틴 성분이 흘러나오기 때문에 저온에서 수프로 끓여 먹으면 제대로 섭취할 수 있어요. 양파 껍질은 꼭 햇볕에 말려 멸치 육수에 넣어주거나 국물 요리에 사용해요. 수프를 만들 땐 양파를 저며 베이스로 꼭 사용하고요. 하여간 동네방네 다 참견하는 아주머니같이 대단해요. 저희 레스토랑에서도 국물을 낼 때

양파를 많이 사용해요.

페니실린보다 더 강한 항생제, 마늘

<타임>지는 마늘에 들어있는 '알리신'이 페니실린보다 더 강한 항생제라고 소개하고 미국 국립 암 연구소는 식물성 식품 중 최고의 항암 식품으로 발표했어요. 기름에 구워 먹어도 영양소에 변화를 주지 않는 아주 센 녀석이에요. 우리나라 사람들이 각종 유행하는 바이러스에 강한 면모를 보이는 게 마늘 덕분이라고 해요. 생마늘을 잘게 썰어 토마토와 생바질을 넣어 올리브유를 뿌리면 멋진 샐러드가 돼요. 파스타 요리에도 많은 양의 마늘이 들어가요. 매 끼니 요리에 안 빠지고 들어가는, 입이 마르고 닳도록 칭찬하고 싶은 채소가 바로 마늘이에요.

천연 소화제, 무

'아밀라아제 효소'는 소화 촉진이나 식중독에 좋고 가래를 동반하는 목감기에 좋아요. 칼슘과 비타민이 많이 들어있는데, 무청에는 식이섬유, 칼슘, 칼륨, 철분, 비타민 C가 무보다 훨씬 많아요. '이소티오시아네이트' 성분은 발암 물질 생성을 억제하고, 발암 물질 해독 효소를 활성화하여 암세포의 세포 자살 유도 및 암세포 분열을 억제하는데 탁월해요. 사실 우리가 대부분 버리는 껍질에 비타민 C가 많이 들어 있어서, 껍질째 먹을 수 있는 무말랭이 요리가 몸에 더 좋아요. 굿사마리안레시피에서는 무를 채썰어 만든 쏨땀 샐러드를 개발했어요.

땅속의 사과, 감자

비타민 C 함량이 사과의 2배가 들어있어 면역력을 높여주고 폴리페놀 성분은 암을 억제하는데 효과가 있어요. 특히 붉은색 껍질의 감자는 더욱 강한 항암 효능을 가지고 있어요. 칼륨이 풍부하여 혈압을 낮춰주기 때문에 고혈압 예방에도 좋아요. 또 철분, 칼슘, 마그네슘, 인, 아연은 뼈 건강에 도움을 줘요. 하지만 18세기 유럽에선 '악마의 식품'으로 불리기도 했는데, 그 이유는 싹이 난 감자에는 솔라닌이라는 독성 물질이 생겨 적혈구를 파괴하고 신경 마비를 일으켜 생명을 빼앗을 정도로 위험했기 때문이에요. 아깝다고 싹만 제거해서 먹지 말고 무조건 버려야 해요. 7~8월 강원도에서 난 햇감자를 찌면 포슬포슬한 식감이 맛있고 강판에 갈아 소금만 넣고 감자전을 구우면 정말 별미에요. 그 밖에도 감자 옹심이, 감자 카레라이스, 감자 브로콜리 수프, 수제 감자칩 등 아들이 좋아하는 메뉴에 다양하게 활용했어요. 굿사마리안레시피에서는 '알프스 감자전'을 메뉴로 선보였는데 인기가 좋아요. 스위스에서 '뢰스티(Roesti Potatoes)'라고 하는 우리나라 감자전과 비슷한 음식이 있어요. 사실 모든 나라에서는 고유의 감자전들을 발명했더라고요.

가난한 사람들의 의사, 양배추

서양에선 '가난한 자들의 의사'로 불리며 몸을 이롭게 하는 건강 채소로 자리하고 있어요. 보르달로 핀헤로 Bordallo Pinheiro가 양배추 그림을 그리며 귀족들의 사치와 허영에 대항하며 유명해졌어요. 예전에 서양 그림에는 아름다운 꽃이나 과일만 등장했지 서민이 먹는 배추는 절대로 그리지 않았으니까요. 그렇게 해서 탄생하게 된 그릇이 다양한 양배추와 채소 모양으로 유명한 보르달로핀헤로에요. 그런 이유로 저희 브랜드에서도 '보르달로핀헤로'를 수입하게 되었죠. 다시 본론으로 돌아가자면 양배추는 해독 효소를 자극하여 간의 해독 기능을 높여 줘요. 특수 요원 이름같은 '인돌-3-카비놀'은 암세포 성장을 억제하거나 세포 자살 유도 및 항암 작용에 강력해서 좋아요.

      양배추 쌈을 좋아하는 아들에게 한입에 쏙 들어가게 양념장과 함께 만들어 주면 달큰한 맛에 좋아했어요. 그리고 양배추를 굵게 채썰어 달걀과 함께 전으로 만들어 내면 간단하고 건강한 아침식사로도 좋아요. 굿사마리안레시피에서는 일본의 대표 영양 간식인 오코노미야키 스타일로 만든 '도톤보리 양배추 팬케이크'를 개발하기도 했어요.

Under The Sea

원래 우리 집에선 생선과 해산물을 즐겨 먹던 편이에요. 아들도 어렸을 때부터 해삼, 멍게, 회 등을 가리지 않고 즐겨 먹었죠. 그러나 아프고 나서부터는 아무거나 먹일 수 없어 일일이 모든 효능을 찾다 보니 영양가는 높으나 몸을 차게 하는 성질의 해산물이 은근히 많다는 사실을 알았어요. 양껏 요리에 넣진 못했지만 입맛 없을 때 조금씩 그리고 가끔씩 먹게 했어요.

오징어

영화 <오징어 게임>이 나온 후부터 못생긴 사람을 가리킬 때마다 억지로 등장시키는 오징어에게 저는 그저 미안하고 감사할 따름이에요. 오징어는 타우린과 단백질이 풍부하고 불포화 지방산이 많아 위를 보호하고 신체 세포를 활성해주는 든든한 존재예요. 마치 알아서 많은 다리로 휙휙 움직이며 일을 정리하는 든든하고 냉철한 비서 같다고 할까요. 좋은 성분에도 불구하고 차가운 성질이 있어 소화가 안되는 단점이 있지만 음식의 맛을 깊게 만들어 주는 역할을 톡톡이 하지요. 해산물 쌀국수의 감칠맛을 내는 등 국물의 깊은 맛을 내고 싶을 때는 더없이 좋아요. '로얄테라스가든'에서는 주문진의 통통하고 질 좋은 오징어를 대량으로 구매하여 피시 앤 칩스 메뉴의 오징어 튀김으로 사용하기도 해요.

모시조개

보노보노가 좋아할 모시조개에는 타우린과 철분

그리고 칼슘, 필수아미노산이 많이 있어서 혈액량을 늘리는 데 도움을 주어 혈액 순환에 좋아요. 또한 간을 보호하고 해독 작용에 탁월해 면역력도 높여주죠. 보노보노가 그래서 건강한 걸까요. 하지만 찬 성질을 가지고 있어서 많이 먹을 수는 없지만 국물 맛을 끝내주게 만들어주는 천연 조미료에요.

새우

키토산과 카로틴이 많은 새우는 면역력을 높여 주고 타우린 성분은 간의 독성을 제거하기까지 해요. 단백질이 가득하고 칼슘도 많지만 통풍을 일으키는 푸린 성분도 들어있어 요산 수치가 높은 분들은 조심해야 해요. 저희 레스토랑에서는 남해 수협에서 몇 천 톤의 흰다리 새우를 CAS 공법으로 급랭시켜 국물을 내는 데도 사용하고 샐러드나 다양한 메뉴에 사용해요. 정말로 금액이 일반 새우보다 비싸지만 그래도 맛이 엄청나게 달라져요.

가리비

이것이야말로 보노보노가 항상 들고 있는 최애 아이템 아닌가요. 가리비는 일단 정말로 맛도 좋고, 타우린 성분은 간 기능 회복에 도움을 줘요. 빈혈을 예방하는 철분과 엽산이 함유되어 있고, 필수아미노산과 단백질, 미네랄도 풍부해요. 입맛이 똑 떨어져 밥 먹기 싫을 때 가리비 요리를 해주면 참 잘 먹었어요.

쭈꾸미

피로 회복에 좋은 타우린이 엄청나게 들어 있어서 간 해독 작용에 도움을 줘요. 여러분도 피곤하다 싶으면 쭈꾸미로 국물을 내거나 조리해서 드셔 보세요. 쭈꾸미는 마치 조언을 아끼지 않는 인심 좋은 만년 과장님 같아요. 오징어 부장을 보필하며 조용히 자신의 위치에서 할 일을 다하는 존재처럼 피로 회복에 좋은 비타민 B군을 생성하고 항산화제인 '코엔자임 큐 에너지'를 생성해요.

연어

핵산과 오메가 3가 듬뿍 들어 있어 항암 작용에 정말로 좋아요. 저는 하루 한 끼는 연어를 꼭!!! 먹게 했어요.

장어

콜라겐이 듬뿍 들어 있어 기력 회복에 정말로 좋아요. 기운이 불쑥불쑥 나게 하는 장어 요리를 아들은 정말 잘 먹었어요.

참치

펄떡거리는 참치는 진정한 바다의 보물이에요. 뭐 하나 버릴 것 없는 존재죠. 불포화 지방산을 함유하고, 면역력 향상에 좋아 참치 스테이크로 만들어 주면 고기를 씹는 것처럼 잘 먹었어요. 참치는 머리가 좋은 생명체로 바닷속에서 자유롭게 오래오래 살 수 있는 생명체라는 사실을 잊지 말고 감사하게 섭취해야 해요.

고등어

참으로 우리 생활에 익숙한 존재예요. 오죽하면 노래 가사에도 등장하겠어요. 한밤중에 목이 말라 냉장고 문을 열어 보면 언제나 있는 고등어는 셀레늄과 칼슘이 풍부해서 세포 재생을 활성화해주죠. 저도 고등어 구이를 좋아하는데 매콤하게 고등어찜으로 해서 쌀밥에 얹혀서 먹으면 한 그릇 뚝딱해요. 또한 고등어를 올린 메밀국수도 맛있어요.

꽃게

꽃게를 싫어하는 사람도 있을까요. 사실 꽃게도 머리가 좋은 녀석인데 인간은 바닷속, 아니 자연 모두에게 감사해야 해요. 양손잡이 꽃게에는 풍부한 칼슘과 오메가 3 지방산이 많아 두뇌 세포에 좋고, 키토산 성분은 암세포 증식을 억제해서 독성 물질 배출을 도와줘요. 타우린 성분이 들어있고 꽃게알엔 핵산 성분도 있어요.

기적의 차

몸의 온도가 1도만 높아져도 암을 예방할 수 있다는 말이 있어요. 따뜻한 물은 장 건강에도 좋고 면역력도 높여줘요. 어릴 때부터 희한할 정도로 차를 좋아하는 아들은 다행히 제가 끓여 주는 차를 마다하지 않고 잘 마셨어요. 치료에 도움이 되는 재료를 찾아 투명한 브레빌 전기주전자에 넣고 매일 그날의 기분에 따라 다른 차를 끓였어요. 여러 가지 건강에 맞는 차와 주스를 만들어 주다 보니 꽤 많은 양의 레시피를 모으게 되었어요. 그렇게 해서 탄생하게 된 것이 '카페 루크마리'에요. 항암이나 항염에 도움이 되거나 건강에 좋은 재료와 레시피를 많은 이들과 공유하고 싶었고, 또한 사람들에게 자연에서 얻은 좋은 식재료가 얼마나 신비한 효능을 가지고 있는지 경험하게 만들고 싶었어요. 기본적으로 항암과 항염에 좋은 것들이지만 당뇨가 있는 남편을 위해 당뇨에 좋은 차와 주스도 다양하게 만들었어요.

노니차

종종 시중에 파는 노니에 쇳가루가 들어 있다는 뉴스가 나오곤 했어요. 그래서 저는 베트남에 출장 간 서은영 대표가 일부러 아들을 위해 유기농 노니 농장을 방문해서 공수해 준 노니를 안심하고 차로 만들어 마시게 했어요. 혹자는 노니가 별로 효과가 없다고도 하지만 그래도 저는 무엇이건 놓치지 않고 싶었어요. 더군다나 몇 차례의 수술로 인해 염증이 많은 상태로 항암 치료를 하는 아들에게 염증에 강한 노니만큼 좋은 식재료가 있을까 싶었어요. 단 칼륨이 많아 신장이 좋지 않다면 칼륨 배출이 안 되니 먹기 전에 자신의 몸을 먼저 꼭 점검해 봐야 해요. 좋은 거라고 모두 좋은 것은 아니니까요.

메밀차

처음엔 몸이 차가운 아들에게 메밀을 먹여도 되나 싶어 망설이기도 했어요. 몸을 차갑게 하는 단점을 제외하고는 메일은 정말로 좋은 성분이 많이 함유되어 있어, 아들을 보살펴 달라 기도하며 메밀을 섭취하게 했어요. 구더기 무섭다고 장을 못 담을 수는 없다는 생각에 좋은 성분이 많은데 포기할 수 없었어요. 모스가든 정원에 메밀을 심어 볼까 생각한 적도 있을 정도로 메밀은 훌륭한 식물이에요. 성분으로는 눈에 좋다는 '루틴'부터 '케르세틴', '필수 아미노산', '비타민', '폴라보노이드' 등이 함유되어 있어요.

검은콩차

자연으로부터 오는 식재 중에 항암에 좋은 재료들이 정말 많지만, 검정콩은 그 중 세 손 가락 안에 든다고 해야 할 것 같아요. 물론 제 경험에서 나온 생각이지만요. 어릴 때부터 호로록 따뜻한 차를 마시길 좋아하는 아들이었어요. 그래서 검은콩을 싫어하는 아들을 위해 검은콩을 볶아 차로 끓여 먹였어요. 메밀이나 우엉차보단 좋아하지 않지만 그래도 고소하고 밍밍한 맛이 나는 검은콩 차를 곧잘 마셔주어서 지금도 일주일에 한 번은 끓여요. 특히 흰콩에는 없는 '글리시테인'이라고 하는 특수한 항암 물질이 검정콩 껍질에 들어있어 항산화 작용 및 항암 작용을 해요.

우엉차

'무기질', '식이섬유', '사포닌', '폴리페놀', '리그닌', '이눌린', '비타민 B6' 등이 함유된 우엉은 말려서 볶은 후 차로 끓였을 때 일본의 겐마이차나 다른 어떤 나라의 차보다 구수하고 깊은 맛이 나요. 그러나 우엉은 차가운 성질을 지닌 식재료라 아주 가끔씩 끓였어요.

연근차

우엉차와 비슷한 맛이 나면서 살짝 쌉싸름한 맛이 감도는 차에요. 얇게 잘라 식품 건조기에 잘 말려 한번 볶아서 차로 끓이면 돼요. '타닌', '철분', '사포닌', '아스파라긴', '아미노산', '비타민 C', '뮤신', '아세틸골린' 등이 함유된 연근은 요즘은 잘 말려서 예쁘게 포장해서 파는 차 가게들도 많아 구하기 쉬워요. 두꺼운 토기에 차를 붓고 연근 한 개를 올려주면 보기에도 근사하게 변해요. 부여에 있는 어느 연잎밥 집에서는 연근을 썰어 부추전에 올렸는데 정말로 예쁘더라고요.

대추와 생강차

면역이 약한 아들이 치료 중일 때는 감기에 걸릴까봐 언제나 노심초사했어요. 곧잘 목 감기부터 오곤 했는데 콜록 한 번이라도 기침을 할 때면 응급 처방으로 대추와 생강을 넣어 차를 끓여 먹이면 괜찮았어요. 배 또한 기관지 질환에 효과가 있고 이뇨 작용에 좋아요. 폴리페놀 성분은 활성산소를 제거하여 항산화 작용과 면역력 개선에 좋아요. 대추는 혈액 순환을 원활하게 하고 칼슘과 철분을 보충해 주며, 면역력을 높여 호흡기질환 예방에도 좋아요. 모세혈관을 튼튼하게

해주고 해독작용을 하기도 해요. 도라지에 들어있는 사포닌은
항염과 항암 성분이 높은 재료예요.

면역력 암살자
백색 밀가루

　　백색 밀가루를 사용하지 않고 맛을 내기는 너무 어려워요. 지금까지 익숙하게 많이 사용하던 식재료들이 면역력과 몸에 해로운 것들이 많다는 것을 깨닫자 대체 재료를 찾을 수밖에 없었어요. 저는 연구소 직원처럼 여러 가지 성분을 공부하고, 점검하며 대체 식품도 찾아봤지만 어려운 일이었어요. 특히 국수 요리는 더욱! 예를 들어 다양한 채소로 바삭하게 전을 부칠 때, 백색 밀가루를 전혀 안 쓰고 빵과 국수를 만들어야 할 때마다 맛은 두 번째로 치고 익숙한 맛을 내기조차 너무 어렵고 불가능했어요. 하지만 정성으로 이것저것 고민하며 찾다 보니 또 찾아지더라고요. 대구전을 부칠 때 밀가루 대신 메밀가루, 마 가루, 도토리 가루와 같이 몸에 좋은 건강한 가루로 대체했어요. 그래도 아쉬운 점이 있다면 바삭한 맛이 덜하다고 할까. 차가운 물과 얼음물을 아무리 넣어도 밀가루나 부침가루로 부쳤을 때보다 바삭함이 덜한 느낌이었어요. 그래서 생각해 낸 방법으로 마늘 플레이크나 꽃새우를 다져 넣었는데, 생각보다 맛도 식감도 좋아졌어요. 그래도 밀가루만한 것이 없다고 느껴질 때가 바로 국수를 만들 때에요. 집에서 국수를 만들면서 지금까지 먹던 그 찰기와 쫀득쫀득한 식감을 내기가 어려웠어요. 좋다는 곡물가루를 모두 사용하여 탕종으로도 반죽해 보고, 차갑게 냉장고에 굳혔다 썰어 보기도 했지만 효과가 없었어요. 그렇다고 대부분 수입 밀가루를 사용하고 있는 시판된 면을 먹일 수는 없었어요. 할 수 없어 처음엔 밀가루 국수보다

쌀국수가 그나마 낫겠다 싶어 잔치국수, 볶음국수, 심지어 파스타까지도 쌀국수로 대체해서 만들기 시작했어요. 그러다 발견하게 된 것이 두부면이었고, 그 다음에는 100% 메밀면도 찾아 쓰게 되었어요. '찾으라. 그리하면 찾아낼 것이다'라는 성경 말씀처럼 찾다 보니 길이 열리기 시작했어요. 아들에게 요리해 줄 수 있는 파스타 면을 해외 온라인 사이트에서 발견하게 되었어요. 바로 100% 퀴노아 파스타로 호주 브랜드 스쿱(Scoop)에서 발견했는데, 그곳에는 퀴노아, 아마란치, 브라운 라이스, 채소를 갈아 넣은 곡물 파스타 면 등 좋은 재료로 만들어진 파스타 면이 가득했어요. 항암 치료를 하는 사람들에겐 정말로 좋은 재료들이에요. 사실 아들이 회복하기 시작하면서는 우리 밀로 면을 만들기 시작했어요. 단 우리 밀은 굉장히 예민해서 사용하기 쉬운 재료는 아니에요. 언젠가 우리 밀과 우리 밀 빵가루로 치킨 요리를 하는데 상온에 3, 4일만 두어도 상해버렸어요. 우리 밀은 어떠한 방부제도 들어 있지 않기 때문에 벌레도 생기고 심지어 빵가루엔 곰팡이도 생겼어요. 우리가 흔히 먹는 밀가루는 수입하여 국내에서 가공해서 판매하는 것들이 대부분이에요.

　　사실 밀에도 좋은 영양소가 많아요. 면역력 암살자라고 했지만, 통밀에는 식이섬유가 많고 비타민 B가 많아 오히려 면역력 향상과 혈당 조절에 도움을 줘요. 또한 우리 밀에는 단백질이 함유되어 항산화 작용을 통해 노화 억제 작용도 한다고 해요. 밀가루라고 모두 같은 밀가루가 아니에요. 꼭 통밀, 우리 밀이라고 이름을 정확하게 불러줘야 해요. 이렇게 여러 과정들을 지나 굿사마리안레시피 레스토랑을 처음 오픈할 당시 사용했던 면 종류는 모두 쌀국수면, 호박면, 미역면, 다시마면과 통밀 파스타를 사용하게 되었어요. 물론 호불호가 갈려 부드럽지 않고 껄끄럽다 싫어하시는 고객도 계셨어요. 대체로 해외여행을 많이 하신 분들이나 외국에서 오신 분들, 자연의 맛 그대로를 좋아하시는 분들은 통밀 파스타를 좋아하긴 했지만 어려운 일이었어요. 그래도 저희 사정을 알게 되면 좋아해 주셨어요. 무엇보다 항암 치료나 면역력이 저하된 병약한 고객들 사이에서 굿사마리안레시피가 유명해지기 시작했어요. 물론 더 많은 면을 도전하고 개발할 생각이에요. 중국 음식 중에는 두부면과 다시마를 채를 썰어 식감을 내는 레시피도 있는데 전 세계 가정식을 찾다 보면 더 맛있는 면을 발견할 수 있을 것 같아요. 제가 아들을 통해 경험하고 실패하고 찾게 된 것처럼 지구 반대편에서도 맛있고 건강한 면을 만들어 내는 사람들이 분명히 있을 거에요.

암세포의 밥,
설탕

설탕은 건강한 사람들에겐 기분 전환까지 가능하게 해주는 달콤하고 즐거운 맛이죠. 저 또한 피곤할 때는 케이크를 찾곤 하니까요. 그러나 눈부시게 하얀 달콤한 설탕은 독이라고 생각해야 해요. 특히 암 환자에게는 더욱더! 처음 병이 시작될 무렵 많은 사람이 이야기했어요. '항암과 방사선 치료로 식욕이 없어질 테니 아이가 원하는 음식을 맘껏 먹이세요!'라고. 그 말이 무슨 말인지는 나중에 깨닫게 되었어요. 치료 중에는 식욕이 가뭄의 호숫가처럼 바닥이 나요. 아들이 원할 때 먹이지 못하면 식욕을 잃게 되어 제대로 식사를 못하니 나중에 후회하지 말고 가릴 것 없이 먹이라는 뜻이었겠죠. 실제로 음식에 까탈부리는 성격도 아닌 아들이 치료가 시작되자 입에 음식을 전혀 대지도 못하게 되었어요. 남편과 식성이 비슷한 아들은 무엇이건 맘에 드는 음식이 하나 생기면 질리지 않고 꾸준히 그 음식만 찾는 경향이 있어요. 한번은 식욕이 너무나도 없어진 아들이 그나마 마실 수 있는 것이 이온음료라 한 달 정도 먹게 되었어요. 식욕이 바닥이 난 아들이 그 음료라도 마셔주니 고맙기까지 해서 양껏 마시게 했어요. 한 달 뒤 촬영한 CT에서 배로 증가한 암세포가 뱀처럼 똬리를 튼 것을 보고 경악을 금치 못했어요. 정말로 조심했는데 왜 그렇게 암세포가 커졌는지 몰라 당황하고 있을 때 병원에서 알려 주었어요. 설탕은 독이라고. 암세포는 설탕을 먹고 자라난다고. 그 일을 겪고 나서 저는 직접 아들에게 먹일 수 있는 간식거리를 찾게 되었어요. 사람들이 정제하고 가공한

재료가 아닌 자연에서 온 달고 맛있는 것들로. 그렇게 찾다 보니 배 농축액과 꿀이 설탕을 대신할 수 있는 최상의 재료라는 것을 알게 되었어요. 물론 그것도 금방 찾아지진 않았어요. 집에 있던 토종꿀로 요리할 때는 음식에 그냥 스며들어 강한 꿀 향이 음식의 맛과 향을 모두 잡아먹고 말았어요. 여러 가지 꿀을 사서 요리에 넣어보던 중에 아카시아꿀이 제일 무난하게 요리에 잘 어울렸어요. 하지만 시중에 나온 아카시아꿀도 브랜드마다 성분과 향이 저마다 모두 달랐어요. 그중 향이 요리에 잘 스며드는 건강하고 달콤한 꿀을 찾았어요. 바로 '꿀건달'이라는 브랜드에서 나온 아카시아 꿀이었어요. 산업 디자인을 전공한 아들이 꿀 농장을 하는 아버지의 뒤를 이어 론칭한 브랜드로, '꿀이 아주 건강하고 달콤하군'이라는 뜻으로 지은 이름이 정말로 귀여웠어요. 산업 디자인을 전공한 사람답게 패키지도 정말로 세련되어 매장에 두고 판매하는데 인기가 많아요. 아카시아는 물론 산벚나무꿀, 밤꽃 등 향과 맛이 다른 꿀들도 있는데, 처음 '굿사마리안레시피'와 '카페 세인트루크마리'를 론칭하고 나서 저희에게 가장 적극적으로 도움을 준 곳이기도 하죠. 벌크로 들여와 단맛을 내는 메뉴에 사용했고, 지금까지도 황매실청, 청귤청, 생강청에 꿀건달 꿀과 사탕수수 원당만 요리에 사용하고 있어요.

벚나무 꿀

막 구워낸 쌀 빵에 발라 먹으면 숲속 향이 느껴지는 맛이에요. 에쉬레 무염 버터 한 조각도 같이 곁들이면 세상 부러울 게 없어요.

밤꿀

쌉싸름하면서도 진한 향이 나는 밤꿀을 막 뽑아온 가래떡에 찍어먹으면 둘이 먹다 하나가 없어져도 모를 만큼 잊혀지지 않는 맛이 나요.

유자꿀

미소 된장에 다시마물과 유자꿀을 섞어 메로 혹은 연어에 발라 가며 구우면 그 달짝지근한 감칠맛이 너무 좋아요.

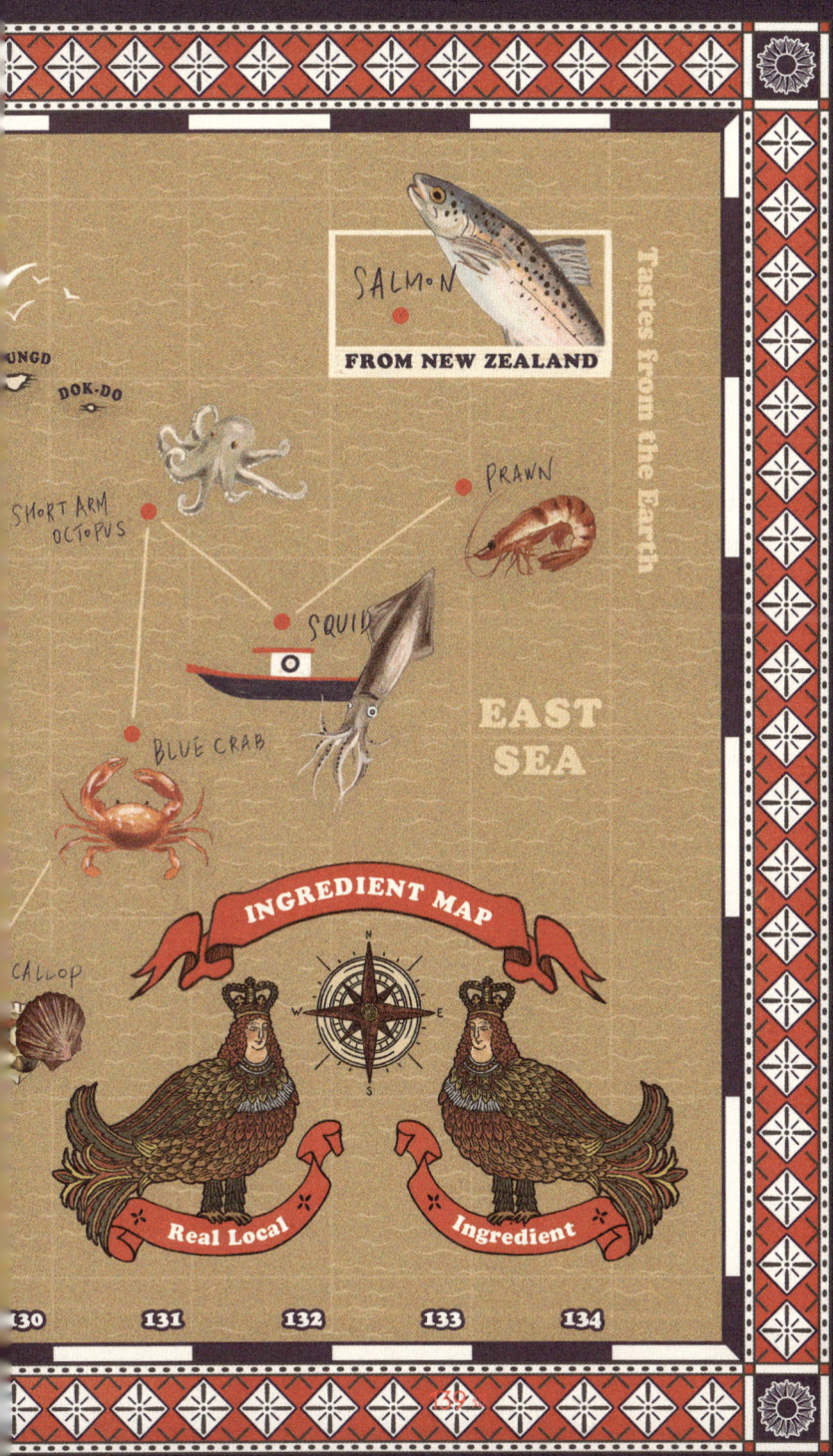

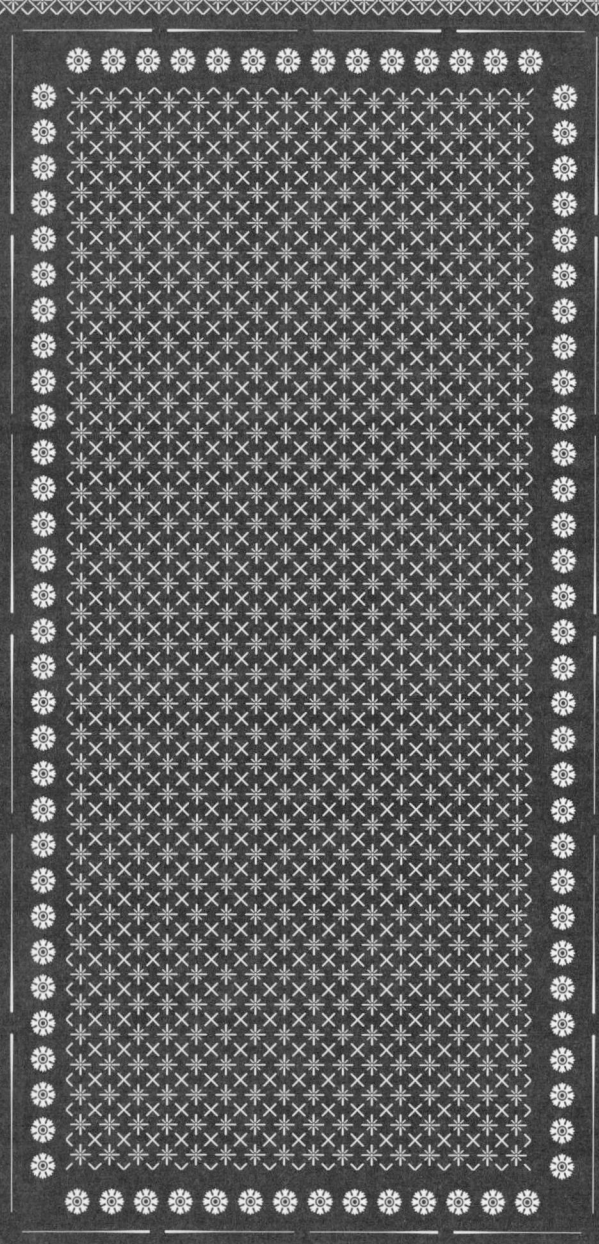

3

내 아들을 살리는
굿사마리안레시피

작은 식탁에서
세계 여행하기

'굿사마리안레시피'의 레스토랑 메뉴를 처음 정할 때 가장 심사숙고했던 부분은 아픈 사람에게도 좋은 식재료였어요. 아들이 아플 때 돼지고기나 쇠고기와 같은 붉은 고기는 절대적으로 피해야 했고 백색 밀가루나 설탕과 같은 하얀색은 생각해서도 안 되었어요. 그런 기준으로 식재료를 선별하고 메뉴를 결정하는데 셰프들이 정말로 난감해했어요. 사실 그건 홀에서도 마찬가지였어요. 고객 호응이 좋은 파스타나 달콤한 디저트, 객단가를 높일 수 있는 스테이크를 왜 할 수 없는지 이해할 수 없다며 불만이 많았죠. 하다못해 고객 중에서는 아주 중요한 팁을 주겠다고 귓속말로 충고하는 분도 있었어요.

"닭만 팔아서는 안 돼요. 스테이크가 없으면 돈을 못 벌어요!"라고.

우리 스토리를 가지고 어떻게 하면 사람의 마음을 움직일 수 있을까 고민하다 '전 세계 엄마들의 레시피'를 떠올렸어요. 사실 아들에게 많이 섭취하게 한 재료 중의 하나가 강황과 큐민이에요. 엄마들의 레시피를 생각하면 기교가 없이도 정말로 맛있고 건강한 음식을 만들 수 있어요. 가족에게, 자식에게, 사랑하는 이들을 위해 정성과 사랑을 담아 음식을 고민하며 만들기 때문이 아닐까 싶어요.

아픈 아들에게 각 나라 별 레시피로 맛을 내어 같은 식재료라도 '색감'과 '식감'을 다르게 했어요. 여기에 플레이팅만 제대로 하면 좁은 병상 위의 접이식 테이블에서도 여행을 떠나는 기분을 느낄 수 있으니까요. 그래서 생각했어요. '굿사마리안레시피'에서는 작은 테이블 위에서 음식과 플레이팅만으로도 다양한 나라를 두루두루 여행을 떠날 수 있게 만들면 좋겠다고!

특히 중동과 지중해 음식, 인도, 남미 음식은 자연에서 얻은 향신료를 사용하고, 식재를 기름에 볶지 않고 삶거나 익히는 방식으로 조리해서 건강에 좋아요. 그렇게 만든 건강한 음식을 알록달록한 접시에 플레이팅하면 맛있고 이국적인 분위기를 완성할 수 있어요.

그런 이유로 굿사마리안레시피의 메뉴는 사마리아인들이 거주하던 팔레스타인과 이집트, 아랍, 지중해를 중심으로 러시아와 북유럽, 아시아, 남미를 기준으로 한 엄마들의 이국적인 레시피를 기본으로 했어요. 러시아 음식은 비트를 많이 사용하고, 인도는 강황을 넣고, 지중해와 아랍 음식은 많이 먹어도 살이 빠질 정도로 자연 재료를 삶아서 만든 건강한 레시피로 유명해요.

엄마들의 정성 어린 레시피와 각 나라 고유의 플레이팅은 병실 한쪽에 있는 작은 테이블에서도 비행기가 되어 아들을 여행시켜 주었어요. 때때로 시대를 넘나드는 타임머신 같은 역할도 했고요.

그렇게 우리는 '테이블에서 세계 여행하기'라는 컨셉으로 '굿사마리안레시피' 메뉴를 개발하게 되었어요.

어느 누구도 예상하지 못한 레스토랑 컨셉과 이름으로 고객들에게 입소문이 나기 시작했어요. 세인트루크마리 카페는 영국의 애프터눈티를 기본으로 해서 샌드위치와 디저트, 음료를 건강한 제철 음식에 맞춰 개발했어요. 또한 빠삐용빵은 오징어 먹물, 홍국쌀, 바질과 시금치, 호박 등

'자연을 갈아 넣은 빵'을 컨셉으로 식빵부터 베이글, 스콘, 치아바타 등 다양한 색상의 빵을 개발했어요. 물론 이 모든 것은 쉽지 않은 길이에요. 남들 하듯이 빵을 사서 굽고, 파스타를 만들고 스테이크를 굽는다면 굳이 이 일을 시작하지 않았을 거예요.

우리는 그저 단순한 레스토랑 비즈니스가 아닌 비전을 갖고 자연에서 얻은 로컬 식재료로 세상의 좋은 레시피를 만들어 사람들과 기쁨을 나누는 F & B 비즈니스를 위해 새로운 길을 선택했어요.

그렇게 해서 세상 구경을 못 하는 아픈 사람들과 돈이 없어 여행을 못 하는 사람들, 또 넓은 세상을 꿈꾸는 젊은 사람들과 나이 들어 여행을 가지 못하는 분들에게 '작은 식탁에서 즐기는 세계 여행'을 선물하기로 결심했어요.

약과 같은 수제 베이스

삼시 세끼와 간식까지 제대로 된 영양식을 준비하려다 보면 하루 종일 주방에 서있어야 해요. 좋은 재료를 준비해서 건강하고 맛있는 요리를 하는 것이 중요하지만, 이때 미리 준비해 두면 시간을 줄이면서도 훨씬 깊은 맛을 낼 수 있는 방법이 있어요. 바로 직접 만든 육수와 베이스예요. 그렇게 아들을 위해 만들었던 기본 레시피들은 결국 '굿사마리안레시피'의 밑바탕이 되었어요. 레스토랑에서 사용하는 국물이나 베이스를 위한 육수는 생선 머리나 채소를 넣고 오래오래 고은 것들을 사용해요. 또한 빠삐용빵에 사용하는 반죽 물도 채소를 우린 것들을 고집하니 어느 셰프가 좋아하겠어요. 그저 처음부터 지금까지 힘들다고 볼멘소리를 하지만 한결같이 버텨 준 '굿사마리안레시피'의 최규완 부장 셰프와 박상면 셰프에게 감사할 뿐이죠.

칼슘의 왕으로 푹 끓여낸 멸치 육수

보길도에서 구입한 은빛 나는 큰 멸치는 내장을 빼서 손질하고 비린내를 날려 고소한 맛이 나게 머리와 몸통을 큰 웍에 미리 볶아서 보관해요. 여기에 멸치 가루, 구운 디포리, 말린 양파 껍질, 말린 대파 뿌리, 표고버섯, 다시마, 미역귀 등을 넣고 푹 끓여 우려내어요. 멸치 육수가 베이스가 되는 요리는 정말 많아요. 멸치 메밀국수, 된장찌개, 순두부찌개, 꽃게 찌개, 삼계탕 등 진하게 끓여낸 멸치 육수로 요리를 하면 영양가 있고 그 맛을 한결 깊게 만들 수 있어요.

밥만 먹어도 맛있게 하는 밥물 만들기

생수만 넣고 밥을 하는 것과 표고버섯과 다시마 물로 지은 밥은 구수함과 감칠맛이 확연히 달라요. 물론 영양 면에서도요. 밤마다 자기 전에 두껍게 자른 다시마와 햇볕에 잘 말린 표고버섯을 병에 넣고 생수를 부어 냉장고에 보관 후 아침에 보면 갈색빛으로 잘 우러나 있어요. 햇볕에 잘 말린 표고버섯은 생표고버섯보다 비타민 D가 13배 정도 많고 단백질 함량도 9배 정도 늘어나 있어요. 혈액 순환도 촉진시키고 암의 증식을 억제하는 면역력을 강하게 하는 작용이 있어요.

몸 보양에 으뜸인 닭 육수

동물성 지방이 몸에 안 좋은 아들을 위해 껍질 벗긴 닭 한 마리나 닭 다리만 모아서 마늘, 대파 흰 부분, 통후추, 올리브잎 등을 넣고 닭 육수를 만들어 뒀어요. 닭을 먹을 때 마늘과 파와 함께 먹으면 비타민의 체내 흡수율을 높여 준다고 해요. 닭은 암 발생을 억제해 주고 원기 회복에도 좋다고 해서 저는 닭 육수로 리조또, 파에야도 만들고 수프를 끓일 때도 물 대신 꼭 사용해요.

보약과도 같은 황매실청

초여름에 나는 유기농 황매실을 박스로 구입해서 잘 씻고 꼭지를 따서 설탕 대신 꿀만 넣어 매실액을 만들어요. 황매실은 청매실보다 구연산 함유량이 14배 이상 많고 비타민 무기질이 풍부하여 피로 회복과 해독 작용에 좋아요. 이렇게 만든 매실액은 보약과도 같아 모든 육류 요리나 샐러드 소스에도 듬뿍 넣고 소화가 안 될 때 매실차로 즐겨 먹곤 해요.

비타민 폭탄 제주 청귤청

여름에 한 달 정도만 나는 제주 청귤은 생산되는 제철이 짧다 보니 바로 짜서 청귤 주스로 마시거나, 꿀로 청귤청을 만들어 청귤 에이드로도 즐겨 먹었어요. 레몬을 대신해서 새콤한 샐러드 드레싱도 만들고요. 레몬보다 비타민이 풍부해 면역력 강화, 감기 예방에 좋고 활성 산소를 억제하고 항암 작용을 해요. 지금은 카페의 인기 메뉴가 되었어요.

감기 예방엔 생강청

가을 찬 바람이 불기 시작하는 10월 초엔 꼭 햇생강으로 생강청을 만들었어요. 햇생강은 물이 많아 더욱 신선하게 생강청을 만들 수 있어요. 박박 여러 번 잘 씻어 헹군 후 전부 휴롬으로 갈아줘요. 그 뒤 갈아 낸 생강 물을 가라앉혀 맑은 생강 물로만 꿀을 넣고 달여줘요. 물론 시나몬 스틱도 넣고요. 한 시간 이상 달여서 살짝 끈적해지면 완성이에요. 시간과 정성이 필요하지만, 햇 생강청만 있으며 감기 없이 겨울을 날 수 있어요. 생강에 풍부한 진저롤은 강한 항균력과 해독 작용을 하고 신진대사를 활발하게 해요. 메스꺼움을 완화하고 방사선 치료의 후유증을 줄여줘요. 또 암세포 성장을 억제하는 기능도 있고요. 이렇게 놀라운 효능을 보면 안 만들어 놓을 수가 없어요.

아들에게 좋은 곡류 삼총사 흑미, 서리태, 기장

흑미와 서리태, 기장은 전부 미리 씻어 생수를 붓고 깨끗한 유리 용기에 담아 냉장고에 보관해요. 미리 불려두지 않으면 곡류마다 익는 시간이 틀려서 밥 짓는 시간이 오래 걸리고 솥밥으로 밥하기 힘들어져서요. 서리태엔 단백질,

지방이 풍부하고 식이섬유, 사포닌, 필수 아미노산이 많이
함유되어 있어요. 또 서리태와 흑미에 많은 안토시아닌 색소는
항산화, 항염, 항암에 효능이 있어요.

요리의 시간을 줄여주는 맛간장 만들기

불 맛나게 구운 대파 듬뿍, 양파, 멸치 육수와 국내산
재료 100% 홍게 간장을 넣고 보글보글 끓여줘요. 생강 한
토막도 넣고 정종도 조금 넣어요. 끓이면서 꿀과 유자즙을
넣고, 불포화 지방산, 철분, 비타민 D가 많은 가다랑어포를
듬뿍 넣었다 건지면 홈 메이드 맛간장이 완성돼요. 계란장,
무침, 조림, 장조림 등등 거의 모든 요리에 사용할 수 있어서
금방 다 쓰게 되어요.

케첩 만들기

한 장 한 장 켜켜이 손으로 만든 감자칩을 만들어 주니
케첩에 찍어 먹고 싶다는 거예요. 시중에 파는 케첩엔 설탕이
들어가 있어 직접 케첩도 만들어봤어요. 껍질 벗긴 토마토와
양파를 곱게 갈아 꿀, 흑미 식초와 레몬즙, 사과즙을 넣고 약한
불로 끓여요. 마지막엔 전분물을 조금 넣어 걸쭉하게 해줘요.
그러나 아들은 어려서부터 길들여진 그맛이 안 난다고 그다지
좋아하진 않았지만 그래도 건강한 맛으로 잘 먹어 주었어요.

비린내 잡는 생강술 만들기

병 두 개에 다진 생강을 삼분의 일쯤 넣고 소주와 정종을
각각 넣어 생강술을 만들었어요. 소주 생강술은 소독 작용을
하고 생선 비린내까지 확실히 잡아주고요, 정종 생강술은
장어구이를 할 때 꼭 필요해요. 생강이 마늘이나 파만큼 자주

사용되진 않으니 생강술로 만들어 양념장과 마리네이드 할 때 사용하면 요긴하게 잘 쓸 수 있어요.

Samarian Chicken
사마리안 닭

사람들은 자주 물어봐요. 돈이 되는 스테이크를 하지 않고 왜 저렴한 닭을 주재료로 사용하는지를. 사실 처음부터 셰프들의 불만도 그 부분이었어요. 매출을 올리지 못할 때 이유를 물으면 맨 처음 변명이 '닭' 때문이라는 이야기를 했어요. 닭들이 들으면 자존심 상해할 정도예요. 하지만 '굿사마리안레시피'에서 닭을 메인 재료로 사용해야 하는 이유에 대해 저는 확실하게 말할 수 있어요. 아들을 통해 닭의 효능을 누구보다 확실히 깨달았기 때문이죠.

병에 좋지 않은 붉은 육류를 제외하면 아들이 먹을 수 있는 고기는 거의 없었어요. 오늘도, 내일도, 내일모레도 아들은 매일 같이 닭고기만 먹어야 하니 최대한 질리지 않게 하려고 저는 고든 램지마냥 고민에 고민을 했어요. 같은 닭고기라고 해도 조리법에 따라 질감이나 맛이 달라지기 때문에 푹 고아서, 쪄서, 구워서, 볶아서 요리를 연구하다 보니 각 나라마다 고유의 치킨 레시피가 있다는 사실을 알게 되었어요. 덕분에 어느 날은 한식, 어느 날은 중식과 일식 또 어떤 날은 인도식이나 지중해식 등등 각 나라별 레시피로 다양하게 요리를 해주다보니까 다행히도 아들은 매일매일 질리지 않고 닭고기를 먹을 수 있게 되었어요. 오래전부터 세상 사람들은 닭을 좋아했나 봐요.

프랑스의 꼬꼬뱅도 그렇지만 스윗 앤 사워한 러시아식부터 동유럽식이나 북유럽, 아랍이나 이집트, 말레이시아, 인도, 태국, 남미에 이르기까지 그 조리법도 정말 다양해요. 특히 브라질, 페루인들이 먹는 페루비안(Peruvian Chiken), 아르헨티나의 치미추리(Chmichurri Chiken), 멕시칸 치킨 아도보(Adibo) 등 남미 레시피는 한국인의 입맛에도 맞게 칼칼하고 강한 맛이에요.

그래도 켄터키 할아버지는 이길 수가 없나 봐요. 때때로 아들은 프라이드 치킨을 먹고 싶다고 했어요. 튀김은 절대로 먹을 수가 없기 때문에 발화점이 높은 건강한 오일과 밀가루 대신 바삭하게 만들 수 있는 재료를 찾아서 최대한 근사치의 맛을 낼 수 있는 방법을 찾아 만들어 주었어요.

'굿사마리안레시피' 레스토랑에서는 닭을 메인 메뉴로 정하고 나니, 각 나라별 새로운 닭 레시피를 찾아 계속해서 선보이고 있어요. 저희 레스토랑에서는 처음부터 제천에서 방목해서 키우는 무항생제 유기농 닭을 사용했어요. 그런 이유로 닭의 원가가 높아지다 보니 당연히 금액도 높아져서 많은 오해를 사기도 했어요.

"이렇게 좋은 재료로 정성 들여 만들어도 누가 알아주지도 않아요!"

"대기업 닭을 사용하면 어떨까요? 아니면 소고기 스테이크를 메뉴에 넣거나." 저도 많이 망설였지만, 처음부터 레스토랑을 만들게 된 이유를 잊으면 안 되었기에 지금까지도 무항생제의 좋은 닭을 사용하고 있어요. 그런데 분명한 것은 고객들의 반응이에요. 처음에는 닭 외에는 다른 육류 메뉴는 없는지 물어보는 경우도 많았지만, 드신 후에는 정말로 맛있는 닭이라고 칭찬해 주셨어요. 그렇게 세월이 지나면서 하나씩 개발한 소스를 활용해 연어, 해산물, 스테이크 순으로 메뉴를 늘려 갔어요. 브랜드의 컨셉을 지키기 위해서는 때로는 인도의 원숭이처럼 눈 막고, 귀 막고, 입을 막고 버텨야 할 때도 있는 것 같아요. 소신과 철학을 지킨다는 것은 참 어려운 일이에요.

집에서 만드는 강황 듬뿍 탄두리 치킨

혈액암에 좋은 강황이 들어간 슈퍼 푸드에요. 여기 적힌 재료를 한데 섞어 만들면 이렇게 해서 음식이 되나 싶은데 만들어서 먹어 보면 인도 레스토랑에서 사 먹는 탄두리 치킨과 비슷한 맛이 나서 깜짝 놀라게 돼요. 강황 가루가 몸에 좋은 건 삼척동자도 아는 사실이고, 거기에 집에서 만들다 보니 건강하고 깔끔한 맛은 덤이에요. 재료만 있으면 만들기도 생각보다 손쉬워요. 입 맛을 자극하는 매콤한 것이 먹고 싶을 때 추천하는 고단백 요리이며 강황 밥과 같이 곁들여 먹으면 좋아요.

Ingredient

닭다리 5개, 소금 1/2큰술, 검은 후추 1/2큰술, 카옌페퍼 1작은술

소스: 무가당 플레인 요거트 1컵, 다진 마늘 1큰술, 다진 생강 1작은술, 강황 가루 2술, 큐민 1큰술, 코리앤더 1큰술, 파프리카 파우더 1큰술, 카옌페퍼 1작은술, 페누그릭 1작은술, 레드 칠리 1작은술, 검은 후추 1/2작은술

Samarian Tip

강황은 고추, 후추와 함께 섭취하면 커큐민의 흡수율을 높일 수 있어요. 커큐민은 강력한 항염 효과가 있는 항산화제에요. 위의 향신료들은 인도식 요리를 만들 때 빼고는 거의 사용하지 않지만 유통 기한이 긴 재료들이니 보관 방법을 너무 걱정하지 마세요.

How to cook

1. 닭 다리는 껍질을 벗겨서 칼집을 넣고 소금, 후추, 카옌페퍼로 밑간을 해요. 건강한 사람들은 몸에 좋은 효능이 많은 닭 껍질을 드셔도 좋아요. 아픈 아들에겐 기름기가 좋지 않아 빼고 먹였어요.

2. 소스 재료를 전부 섞고 닭 다리에 잘 버무려 하룻밤 재워둬요. 소스는 듬뿍 버무리듯이 발라주면 좋아요.

3. 오븐 판에 종이 포일을 깔고 구이망 위에 소스를 조금 걷어낸 닭 다리를 올린 후 200도로 예열한 오븐에 20분 정도 구운 다음 뒤집어서 10분 더 구워요. 타기 쉬우니 중간에 포일을 덮어줘요.

쌀가루 닭봉 튀김

바삭한 치킨을 너무나도 먹고 싶어 하는 아들에게 어떻게 해서건 프라이드 치킨을 해주고 싶었어요. 튀김도 안되고 더군다나 프렌차이즈의 맛난 레시피로 만든 닭도 안 되니 그럭저럭 비슷하게 만들고 싶었죠. 생각하고 고민하고 도전하길 여러 번, 이런저런 실패 끝에 이 정도라면 가끔 먹여도 되지 않을까 하는 치킨을 만들었어요. 요즘엔 각종 쌀과 곡물 플레이크를 손쉽게 구할 수 있으니 그것들을 묻혀 튀기면 가볍고 바삭한 식감을 낼 수 있어요.

Ingredient

닭봉 8개, 소금 ½작은술,
카옌페퍼 ⅓작은술, 생강술 ½컵,
강황 가루 1작은술, 이유식용
굵은 쌀가루 100g, 메밀가루 1컵,
달걀흰자 1개

Samarian Tip

풍덩 다 담가지지 않게! 팬에
들러붙지 않게! 재료가 반쯤
잠기게 해서 재빠르게! 튀김이
좋지 않은 아들에게 식욕과 기력이
떨어졌을 때 고민하고 만들어 준
레시피에요. 곡물 플레이크를
바르고 아보카도 오일 스프레이를
뿌린 후 오븐에 구워주면, 기름에
흠뻑 튀김 맛은 아니어도 비슷하게
만들 수 있어요. 발화점이 높고
몸에 좋은 아보카도 오일을
사용하여 튀김을 먹인 죄책감을
그나마 줄일 수 있었어요.

How to cook

1 닭봉은 생강술과 강황 가루에 1시간 정도 재워줘요. 강황 가루 듬뿍, 생강술도 듬뿍 아끼지 말고 써요.

2 닭봉은 200℃로 예열한 오븐에 15분 정도 구워 기름을 쏙 빼주면서 익혀요. 이렇게 닭의 기름기를 미리 한 번 빼주면, 튀기는 시간을 최대한 짧게 할 수 있어요.

3 큰 볼에 메밀가루와 달걀흰자를 섞고 카옌페퍼와 소금을 넣어 튀김 옷을 만든 후 오븐에 구워낸 닭에 토닥토닥 묻혀줘요. 튀기는 게 좋지 않으니 메밀가루처럼 좋은 것들을 넣어 주었어요.

4 이유식용 굵은 쌀가루를 한 번 더 빻아 튀김옷을 입힌 닭에 골고루 묻혀줘요.

5 밀가루대신 쌀가루의 톡톡 씹히는 맛을 살려 바삭하게 느껴지도록 생 쌀가루를 사용했어요. 이유식용으로 시판되는 부서진 쌀가루로! 이때 익히는 시간이 짧으면 덩어리 감이 있는 쌀가루가 익지 않으니 가끔씩 떨어지는 쌀가루를 먹어 보며 익히는 시간을 맞춰요.

6 아보카도 오일을 팬에 자작하게 붓고 온도가 높아지면 닭을 넣고 타지 않게 빠른 시간에 바삭하게 튀겨줘요.

멸치 육수 한 그릇 삼계탕

한국 요리 중 최고의 보양식으로 꼽히는 삼계탕을 진득해질 정도로 국물을 내어 더욱더 영양가 있게 자주 만들어 먹였어요. 유기농 '올계닭'이나 지방에서 올린 토종닭을 기름기가 몸에 안 좋은 아들을 위해 껍질을 전부 벗겨 버리고 멸치 육수를 넣고 끓였어요. 거기에 대파와 마늘, 황기 등을 넣어 끈적할 정도의 국물 요리가 되게 푹 끓여요.

Ingredient

멸치 육수 1.5L, 껍질 벗긴 유기농 닭 한 마리, 통마늘 10개, 황기 2개, 대파 흰 부분 2개, 인삼 조금, 대추 8개, 함초 소금 약간, 간장 1큰술, 다진 대파 한 컵

Samarian Tip

닭고기를 먹을 때 마늘과 파와 함께 먹으면 알리신 효과와 비타민 B의 체내 흡수율을 높여 준다고 해요. 알리신은 항균, 살균 작용을 하고요. 그래서 복날에 우리 조상들은 닭을 드셨나 봐요. 그런데 도대체 어떻게 알고 먹게 되었는지 가끔 참 신기해요. 암 환자에겐 껍질을 제거하여 불순물을 제거하도록 삶는 방식의 조리법이 좋아요.

How to cook

1. 껍질과 기름을 제거하고 손을 넣어 내장과 핏덩어리를 깨끗이 씻은 닭 한 마리를 준비해요. 껍질과 붙은 살의 연한 노란빛 기름을 꼼꼼히 매의 눈으로 찾아내어 전부 잘라내줘야 해요.

2. 큰 주물 냄비에 닭을 넣고 진하게 우려 낸 멸치 육수를 1.5L 정도 붓고 황기, 통마늘, 인삼, 대추를 넣고 끓여줘요. 저는 찹쌀을 닭뱃속에 넣지 않고 따뜻한 밥을 해서 곁들여 줬어요. 찹쌀을 넣고 끓이면 국물이 닭의 제맛을 못 내는 거 같아서요.

3. 센 불에 올려 국물이 끓어오르면 대파 두 줄을 넣고 끓여 중간중간 기름을 걷어줘요.

4. 간장을 넣고 1인분 정도의 국물로 줄 때까지 한 시간가량 끓여줘요. 황기와 대파는 40분쯤 끓인 후엔 미리 건져내요. 국물에 재료가 잘 우러날 시간이 지나면 꺼내줘도 돼요. 저는 국물이 들어가는 요리엔 감칠맛을 내기 위해 간장을 꼭 조금이라도 넣어줘요.

5. 뜨겁게 먹을 수 있게 냄비째 플레이팅하고, 먹기 직전 다진 대파를 넣고 함초 소금으로 간을 맞춰요. 저는 스타우브나 르쿠르제 냄비를 좋아해요. 음식을 따뜻하게 오래 즐길 수 있게 주물로 만들어진 데다 냄비째 내어도 멋진 플레이팅이 가능하기 때문이에요. 스타우브는 세련되고, 르쿠르제는 파스텔 톤으로 따뜻한 느낌을 주어요.

* 이 정도 양의 많은 육수를 부어도 한 시간가량 끓이다 보면 반으로 줄어들어요.

** 닭 껍질을 벗기면 구수하고 진한 맛은 줄어도 기름기 없는 담백한 맛의 삼계탕을 만들 수 있어요. 맛이 꽤나 모던해져요.

마늘과 허브로 마리네이드한 로스트치킨

우리나라 사람이라면 어렸을 때부터 먹던 음식이 바로 '전기구이 통닭'일 거예요. 아빠가 퇴근할 때 손에 들고 오시던 추억의 맛! 통닭뿐만 아니라 전 세계에서 이렇게 맛있고 다양한 치킨 메뉴와 브랜드를 가지고 있는 나라가 또 있을까 싶은 치맥의 나라. 하지만 대부분 기름에 튀기니 몸에 좋은 것으로만 먹여야 하는 아들에겐 유기농 닭으로 집에서 만들어 먹일 수밖에 없었어요. 마늘을 듬뿍 넣고 기름을 뺀 닭 한 마리 레시피에요!

Ingredient

껍질 벗긴 유기농 닭 1마리,
방울토마토 12개, 브로콜리 ¼개,
적양파 ½개, 다진 마늘 1컵, 다진
딜 2큰술, 카옌페퍼 1작은술,
아보카도 오일, 함초 소금 1작은술.

Samarian Tip

노릇하게 구워진 닭 한
마리를 통째로 구운 채소와
함께 플레이팅하면 정말
먹음직스러워요! 닭 껍질이
없는 로스트 치킨은 앙꼬 없는
찐빵같지만, 닭고기의 지방
중 80%는 껍질에 들어있어
지금까지도 닭 껍질은 최대한
벗겨서 요리에 사용해요.
마리네이드할 때 마늘 말고도
강황, 파프리카 가루, 큐민, 양파
가루 등 몸에 좋은 각종 향신료로
매콤하게 바꿔가며 해줘도 좋아요.

How to cook

1. 깨끗이 손질한 닭 한 마리를 하루 전날 다진 마늘과 딜로 마사지하듯 듬뿍 버무린 후 소금을 뿌려 마리네이드해요.

2. 두툼하게 자른 적양파와 방울토마토, 브로콜리를 오븐용 그릇 바닥에 깔아 주고 닭을 올려 210℃로 예열한 오븐에 넣고 30분을 돌려요.

3. 닭을 꺼내 뒤집어 모양을 잡아 주고 허브와 함께 40분 정도 더 구워 기름을 쏙 뺀 후 플레이팅해요.

* 껍질을 꼭 벗겨야 하는 건 아니에요. 저희 아이에겐 기름기 많은 음식이 안 좋아 벗기고 만들었어요. 오랜 시간 오븐에 구우니 껍질이 있어도 기름기를 많이 빼줘요.

** 좋아하는 채소가 있다면 원하는 만큼 더 넣어줘도 돼요. 닭에서 나오는 기름과 섞여 채소의 풍미가 좋아져요.

Plants from the garden of the sea, Seaweed
바다의 정원에서 나는 식물, 해조류

해조류는 바다의 정원에서 나는 식물같이 아름답고 건강하죠. 바다가 기르는 해조류엔 상상 이상으로 영양분이 많이 들어 있어요. 특히 미역귀에는 암세포를 죽이는 작용을 하는 놀라운 성분이 많이 있어요. 저는 한 끼의 식사를 만들 때 최소한 한두 가지 이상의 해조류를 사용했어요. 미역귀가 너무 좋은데 아들이 그 맛을 좋아하지 않아 곱게 갈아서 밥 지을 때 숟가락으로 듬뿍 떠서 넣거나, 꿀과 섞어서 환으로도 만들어 먹였어요. 절대로 골라내지 못하게… 어쩔 수 없이 먹을 수밖에 없게요.

지금도 일주일에 한 번씩은 미역국을 끓이고 톳밥도 만들어 먹여요. 겨울엔 꼭 매생이 떡국을 자주 해 먹고요. 미역 후코이단*은 언제 어느 때나 최고의 국물 베이스에요.

* 미역, 톳, 다시마 등의 갈조류에서 추출되는 끈적끈적한 점질 구조의 성분으로 면역력을 활성화시키고 알레르기, 항암 작용 등에 좋아요.

잔멸치 감태 주먹밥

간단한 점심 메뉴로 딱 좋은 메뉴예요. 칼슘 덩어리 멸치로 주먹밥을 만들어 감태 가루에 굴려 가며 초록색 볼을 한입 크기로 만들어요. 감태에는 후코이단과 플로로타닌 성분이 다량으로 함유되어 있어, 항산화 효과, 항암 효과, 항염 효과를 제대로 해요. 약간 쌉싸름 푸르른 맛이 어른스러워 참 고급스럽게 맛있어요.

쏙쏙 먹기도 좋고 달콤 짭조름한 멸치의 맛도 좋고, 감태의 쌉쌀하고 고소한 맛과도 잘 어울려요.

Ingredient

약콩 가루 밥 200g, 잔멸치 150g, 청양고추 1개, 양파 ⅓개, 다진 대파 1컵, 다진 마늘 3큰술, 감태 가루 1컵, 표고버섯 가루 1큰술, 들기름 3큰술, 생강술 1큰술, 맛간장 5큰술, 꿀 1큰술, 생수

Samarian Tip

고대 선사 시대부터 생존해 온 감태는 청정 지역에서만 재배되는 식재료에요. 절이라도 하고 싶은 어른이죠. 감태는 플로로타닌 성분으로 인해 천연 수면제라고 불릴 정도로 긴장을 풀어주고 편안하게 해줘요. 염증을 개선하고 빈혈 예방에 좋아요.

How to cook

1. 프라이팬에 마른 잔멸치를 넣고 볶아 비린내를 먼저 날려요. 꼭 미리 볶아줘야 해요. 그래야 고소하고 맛있게 만들 수 있어요.

2. 예열된 프라이팬에 아보카도 오일을 두르고 마늘을 볶아주고 다진 양파도 함께 볶아요.

3. 맛간장 5큰술, 생강술 1큰술, 꿀 1큰술을 넣고 양념이 스며들도록 볶다가 마른 잔멸치와 다진 청양고추를 넣고 계속 볶아요.

4. 간을 맞추고 다진 대파와 들기름을 듬뿍 넣고 잘 섞어줘요.

5. 약콩 가루 밥에 조리된 잔멸치를 넣고 잘 섞어요. 약콩을 밥에서 골라낼 때가 많아 아예 약콩을 가루로 만들어서 밥에 넣었어요.

6. 먹기 좋은 크기로 주먹밥을 뭉치고, 감태는 구워서 가루로 만들어 주먹밥을 굴려가며 골고루 묻혀요.

모시 조개 미역국

　　미역귀에는 식이 섬유가 많아 중금속을 배출하는 데 도움을 줘요. 우리나라에선 생일에도 먹고 아이를 낳은 후에도 먹는 미역국은 맛있어서, 생각나서, 술술 잘 넘어가서 먹는 날이 많아요. 대체로 미역국은 소고기를 넣어 끓이지만, 아들에게는 조개나 흰살생선으로 끓였어요. 제가 먹는 해조류는 멀리 보길도에서 올라와요. 전 재산을 투자해서 보길도 주민들과 함께 직접 멸치를 재배하고 생산하는 분이 계세요. 언젠가는 그분의 물건도 저희 매장에서 같이 판매하고 싶은 장인이죠. 은빛 나는 멸치와 튼튼한 다시마, 뽀얀 국물이 나는 미역을 보내주셔서 요리에 잘 사용하고 있어요.

Ingredient

모시조개 300g, 미역 30g,
미역귀 3조각 또는 미역귀 가루
1큰술, 멸치 육수 700g, 국간장
2큰술, 생들기름* 1큰술, 멸치액젓
2큰술, 함초 소금 1작은술

Samarian Tip

마치 맨드라미처럼 생긴 미역귀는
미역보다 암세포를 없애 주는
후코이단 함유량이 무려 7배
이상 들어 있어요. 계속해서
말하지만 여러분도 밑줄 그어
기억해 주세요. 정말로 건강에
좋은 후코이단은 면역 체계를
강화해 주고 세포를 보호해 줘요.
미역귀를 넣은 미역국은 정말
제대로 된 항암 음식이에요.

How to cook

1. 적당량의 미역을 불리고 씻어 적당한 크기로 잘라 물기를 빼줘요

2. 생들기름을 한 큰술 넣고 미역을 살짝 볶은 후 국간장도 2큰술 넣어 같이 볶아요.

3. 멸치 육수를 붓고 끓어오르면 미역귀도 3~4조각 혹은 미역귀 가루도 2큰술을 넣어요.

4. 어느 정도 끓으면 해감해 놓은 모시조개를 넣어요. 모시조개는 미역이 충분히 익었을 때 넣어줘요.

5. 모시조개가 입을 벌리면 소금으로 간을 해요.

---

*   원래는 참기름을 넣고 끓이지만, 아들에게 좋은
오메가 3가 많이 함유된 생들기름으로 끓이기
시작했는데 고소하고 맛있어요.

매생이 굴 들깨 떡국

    이렇게 잘 맞는 궁합이 또 있을까 싶네요. 굴만 넣은 굴국이나 매생이만 넣은 매생이 전도 맛있지만, 이 둘이 합쳐졌을 때는 정말 맛있어요. 몸도 아프지만 아침에 식욕이 없는 아들을 위해 겨울엔 '매생이 굴 들깨 떡국'을 자주 끓였어요. 들깨가루를 듬뿍 넣고 유기농 쌀로 뽑은 떡국떡을 넣어 바다 내음 가득한 떡국 한 그릇을 만들어 먹였어요. 아들의 몸에 바다 정원이 들어갈 수 있도록요.

Ingredient

들깨 떡국 200g, 매생이 60g, 소굴 1컵, 무 1토막, 달걀 지단, 다진 대파 3큰술, 멸치 육수 700g, 국간장 1큰술, 멸치 액젓 1큰술, 함초 소금 1작은술

Samarian Tip

매생이는 오염된 지역에선 자라지 않는 청정 지역의 재료에요. 그러니 당연히 몸에 좋겠죠! 특히 철분 함량이 우유의 40배, 칼슘은 우유의 10배나 들어 있어 뼈 건강에 좋아요. 또 클로렐라와 알긴산 성분은 해독 작용과 암 예방에도 효과적이죠. 굴에는 타우린이 많아 간 건강에 좋고 아연 성분은 뇌 건강에 좋아요. 하지만 찬 성질의 재료이니 너무 많이 먹이진 마세요.

How to cook

1. 크고 두껍게 자른 무를 냄비에 노릇하게 앞뒤로 잘 구워요. 무가 들어간 국을 끓일 때는 무조건 구워서 요리해요. 엄청나게 달큰해지고 깊은 맛의 국물을 맛볼 수 있을 거예요.

2. 무가 구워지면 멸치 육수를 붓고 끓여요. 굴만 넣어도 육수가 잘 우러나지만 영양을 위해서 멸치 육수를 사용했어요.

3. 육수가 끓어오르면 불린 떡국떡을 넣어요. 떡 익는 시간이 더 오래 걸리기 때문에 굴보다 먼저 넣어요.

4. 굵은 소금으로 깨끗이 씻은 소굴을 넣고 국간장과 멸치 액젓도 넣어요. 국간장, 멸치 액젓을 많이 넣으면 짜질 수 있고 멸치 육수 자체에도 짠맛이 있으니 맛을 봐가면서 간을 맞춰요.

5. 잘 씻어 물기를 뺀 매생이를 먹기 좋은 크기로 잘라 넣어요.

6. 떡국떡이 떠오르면 마지막으로 소금을 살짝 넣어 마지막 간을 맞추고, 다진 대파를 넣어 불을 꺼요. 저는 국물 요리에 간장과 소금을 꼭 둘 다 사용해요.

7. 끓인 국을 그릇에 담고 달걀 지단을 보기 좋게 올려요. 달걀 지단은 흰자와 노른자를 따로 부쳐야 색이 좋아요. 저는 지저분한 것이 싫어 김가루를 쓰진 않고, 꼭 써야 한다면 감태를 구워 장식했어요.

흑미 톳밥

식량이 부족했던 보릿고개 시절에는 톳을 넣어 밥을 지어 먹는 일이 많았다고 해요. 요즘엔 주로 으깬 두부와 같이 무쳐서 반찬으로도 즐겨 먹어요. 그야말로 건강하고 맛있는 할머니 반찬이지요. 저는 아들이 많이 못 먹을 듯하면 잘게 잘라 밥에 듬뿍 넣었어요. 쌀과 엉기면 절대 골라내지 못하거든요. 밥이 까맣게 되어 구미가 당기는 비주얼은 아니지만 양념장과 같이 곁들여 먹으면 이미 어촌 마을에 와 있는 듯 풍미가 나서 좋아요.

Ingredient

톳 150g, 불린 흑미 200g, 당근 ¼개, 다진 대파 2큰술, 다시마 표고 버섯 우린 물

양념장 소스: 다진 대파 2큰술, 다진 청양고추 ½큰술, 다진 마늘 1큰술, 맛간장 2큰술, 들기름 2큰술, 고춧가루 ½큰술

Samarian Tip

톳밥을 지을 때는 흰살생선이나 두부를 넣어 주면 맛이 훨씬 좋아져요. 또 살짝 구운 감태에 싸서 먹으면 근사한 일식 요리 같아요. 톳을 맛있게 먹고 싶다면 물에 불릴 때 식초를 넣어 물비린내를 없애면 좋아요. 샐러드로 해 먹을 땐 5분 정도 꼭 삶아서 먹어야 하는데, 무기비소라는 독성이 있어서 삶은 물은 꼭 버려야해요. 바다의 불로초라고도 불리는 톳은 미역귀보다도 약 2.5배 많은 후코이단 성분이 들어있어요. 정말 대단하죠. 그 하늘하늘 얇은 줄기들 사이에 엄청난 암세포의 자살을 유도하는 성분이 있어 암세포의 성장과 전이를 막아 주고 면역력을 높여줘요. 그 조그마한 녀석에게 장어의 20배에 달하는 아연 함량이 들어 있다고 하니 정말로 신기하다고 밖에 말할 수 없네요.

How to cook

1. 톳을 깨끗이 씻어 식초를 넣은 물에 불려 물비린내를 없애요.

2. 물기를 없애고 억센 줄기를 제거하고 먹기 좋게 잘게 잘라줘요.

3. 당근을 채썰어 밥할 때 같이 넣어주면 색이 이뻐져요.

4. 스타우브나 가마도상에 불린 흑미를 넣고 자른 톳과 그 위에 당근을 올려주고 밥을 해요. 이렇게 밥을 지으면 뭔가 레스토랑 요리 같기도 하고 정성 들여 만든 음식을 따뜻하게 먹을 수 있어 좋아요. 물론 압력 밥솥에 해도 무방해요.

5. 밥은 먹기 전에 잘 섞어 주고 다진 대파를 넣은 양념장 소스를 곁들여요.

미역귀 로열제리 꿀 경단

이건 음식이기보다 약에 가까운 간식이에요. 시큼하고 떨떠름한 맛의 로열제리와 아들이 싫어하는 미역귀, 어차피 맛이 이상해 싫어하는 재료를 한데 모아 꿀을 넣고 굴려서 환으로 만들었어요. 사실은 꿀 경단을 빙자한 약이었어요. 아! 제 사랑과 정성도 끌어모았지요. 후코이단은 수면에 도움을 주고 염증 개선, 빈혈 예방, 혈관 건강, 해독 작용에 좋아요. 정말 오독오독 색감도 좋은 바다 나물이에요.

Ingredient

곱게 간 미역귀 1큰술, 생로열제리 1작은술, 꿀 1작은술

How to cook

세 가지 재료를 잘 섞은 후 티스푼으로 굴려 가며 경단으로 만들어요.

Samarian Tip

작은 스푼으로 누르듯이 뭉치며 요령껏 예쁘게 굴려 가며 만들어요. 생로열제리는 변질이 쉬워서 꼭 냉동 보관해야 해요. 미역귀는 후코이단 성분이 많이 들어있어 암을 예방하며 암세포를 사멸하고 면역력을 강화해요. 또한 알긴산과 미네랄 등이 풍부하여 항암과 혈관 건강에 좋아요. 로열제리는 로열 락틴이 풍부하여 면역 세포를 활발하게 해줘요.

The Gospel of the Sea Fish and Salt
바다의 복음과도 같은 생선과 소금

동트기 전 새벽 예배를 마치고 일주일에 두 번은 노량진이나 가락동 수산물 시장으로 갔어요. 조금 더 싱싱하고 다양한 제철 식재료를 찾아 아들을 먹이기 위해 힘들다는 생각도 없이 빠짐없이 갔던 것 같아요. 핵산이 많이 들어있는 연어와 등 푸른 생선을 고르고 골라 최상의 것들로 먹이고 싶었거든요. 생선에서 나는 비린 바다 냄새는 예수님의 제자들과 같이 살아야 한다는 의미처럼 느껴졌고, 아들을 살릴 수 있는 건강한 향기 같았어요. 이제는 당뇨가 있는 남편을 위해서 다시 시장에 가야 할 듯해요. 사실 남편이 없었다면 저 혼자 아들을 위해 버틸 수 없었어요. 바다의 보물들은 이제 남편의 건강도 지켜 줄 거예요.

파슬리 버터 가리비 구이

    아들이 밥 먹기 싫어하는 날도 있었어요. 왜 아니겠어요. 몸 상태가 힘든 날은 입맛이 없어 먹고 싶지 않았을텐데, 뭔가를 계속 만드는 엄마를 위해 그래도 마다하지 않고 먹어줘서 고마웠어요. 파슬리 버터 가리비 구이는 다행히 모양이 근사하고 마치 레스토랑 음식 같아 아들의 호기심을 끌 수 있었어요. 해산물은 대부분 찬 성질을 지녀서 한꺼번에 많은 양을 주려고 하진 않았어요. 좋다고 모두 좋은 건 아니라는 것을 언제나 요리하면서 깨닫게 돼요.

Ingredient

가리비 10개, 가리비 껍데기 5개

소스: 에쉬레 버터* 80g, 다진 이탈리안 파슬리 2.5큰술, 다진 마늘 1큰술, 다진 양파 2큰술, 레몬즙 2큰술, 소금 ½작은술

Samarian Tip

가리비 껍데기는 깨끗하게 손질해서 다시 냉동실에 보관하다 필요할 때마다 꺼내 쓰면 좋아요. 가리비는 칼로리와 콜레스테롤이 낮고 단백질과 미네랄이 풍부한 식품이에요. 어린이 성장발육을 촉진 (리신, 레이신, 메시오닌, 아르가닌, 글루타민 함유)시키는 필수 아미노산이 풍부해서 성장기 어린이에게 좋다고 하네요. 정말로 보노보노가 그렇게 귀여운 이유는 가리비 때문일 거예요.

How to cook

1. 소스 재료를 모두 섞어 30분 이상 두어요. 소스는 미리 만들어 두면 재료에 스며들어 더 좋은 맛을 내요.

2. 가리비 껍데기에 가리비를 2개씩 올린 뒤 1의 소스를 1.5 큰술 바른 후 오븐에 올려요. 가리비 껍데기가 큰 데 비해 알맹이는 양이 적어 2개씩 올렸어요.

3. 200℃로 예열한 오븐에 넣고 10~12분 정도면 버터가 녹아 표면이 노르스름하게 익어요. 파슬리 버터 소스는 통밀 바게트에 찍어 같이 먹으면 좋아요.

---

* 버터를 쓴다면 꼭 에쉬레 버터를 고집했어요. 청정 지역에서 만들고 유통 기한이 짧아 더 신선하게 관리하는 버터에요.

아귀지리죽

기력이 없고 입맛이 없을 때, 아침 식사로 정말 추천하고 싶은 죽이에요. 아귀지리탕을 끓여 먹어도 맛있지만 좀더 농축된 죽으로 만들어 영양가 있게 든든하게 먹일 수 있어 자주 끓였어요. 지금도 아침 죽으로 만들어 먹이곤 해요.

Ingredient

아귀* 1마리(간 포함), 무 ⅓토막, 멸치 육수 2L, 생강술 ⅓컵, 다진 파 1큰술, 멸치액젓 3큰술, 국간장 1큰술, 불린 쌀 1컵, 미나리 ⅓단, 대파 1개, 함초 소금 1작은술

Samarian Tip

바다의 종합 영양제라고 불리는 아귀는 고소하고 풍부한 맛이 있어 자주 해 먹었어요. 콜라겐과 각종 비타민이 풍부하게 함유된 아귀는 양질의 단백질과 필수 아미노산이 많고, 미네랄 성분은 영양 공급을 균형있게 도와줘요. 또 불포화 지방산을 50% 함유하고 있어 면역력 강화에도 좋아요. 정말 생긴 것만큼 굉장한 생선이에요.

How to cook

1. 손질한 아귀를 큼지막하게 자르고 큰 냄비에 두껍게 자른 무를 구워요. 무로 국물을 낼 때 어묵탕이든 뭇국이든 저는 두툼하게 잘라 구워서 국물을 내요.

2. 달큰한 냄새가 날 때 멸치 육수를 붓고 보글보글 끓어오르면 조각낸 아귀를 넣어요.

3. 아귀가 익어갈 무렵 생강술, 멸치 액젓, 국간장을 넣어요. 흰살 생선이어도 항암을 하는 아이들은 냄새와 맛에 예민해져 바다 냄새를 맡아요.

4. 중간중간 거품을 걷어내고 아귀간을 넣어 부서지지 않게 재빨리 데치듯이 익혀요. 아귀간은 살짝 익혀야 해요. 나중에 죽을 끓일 때 다시 넣을 거예요.

5. 다 끓인 후 아귀간은 따로 건져 두고 아귀살은 전부 발라요.

6. 아귀지리탕에 불린 쌀을 넣고 쌀이 익을 때까지 보글보글 끓여줘요. 빨리 끓이려면 다 지은 밥을 넣어도 괜찮아요. 저는 아이가 아파 뭐든지 바로바로 만들어서 먹였어요.

7. 물이 모자라면 아귀지리탕을 보충해 주며 쌀이 익을 때까지 끓인 후 아귀간을 으깨어 넣고 잘 섞어줘요. 아귀간은 국자나 거름망에 넣고 재빨리 잘 으깨어 가며 넣어야 해요. 곱게 섞여야 먹을 때 거슬리지 않아요.

8. 마지막으로 발라놓은 아귀살과 잘게 자른 미나리, 다진 대파를 넣고 한소끔 더 끓여 소금으로 간을 맞춰요. 깜짝 놀랄 만큼 맛있고 영양이 가득한 새로운 맛의 죽이 완성돼요!

강황 맛간장 장어구이

　　장어는 기력을 살려주는 정말 좋은 식재료예요. 몸에 좋은 채소를 가득 넣어 달인 간장 양념장은 진득한 약재처럼 쓸 수도 있고, 건강에 좋은 강황 가루를 듬뿍 넣어도 진한 소스 맛에 가려 티안나게 먹일 수 있어요. 몸이 힘들 때 먹으면 기운이 불쑥불쑥 나게 만드는 귀한 생선이에요!!!

Ingredient

민물 장어 250g, 청주* ½컵, 생강 가루 ⅓큰술, 강황 가루 1큰술, 다진 파 1큰술

소스: 장어뼈** 300g, 양파 껍질 10조각, 구운 양파 1.5개, 구운 대파 10cm 6개, 통마늘 10개, 저민 생강 1큰술, 건고추 2개, 다시물 1L, 청주 2컵, 진간장 2컵, 꿀 ½컵, 배청 ½컵

Samarian Tip

장어 뼈를 푹 끓여 만든 소스는 냉장고에서 한 달 이상 보관이 가능해요. 장어는 단백질, 비타민 A, B, E, 칼륨, 마그네슘, 인, 철 등이 많아 기력을 회복해 주고, 면역력을 증진시켜 줘요. 두뇌 계발과 성장 발육에 좋아 어린이나 청소년들에게 좋은 음식이에요. 비타민 E는 세포막을 보호하는 역할을 하며 항산화 작용을 통해 암을 일으키는 활성 산소를 무력화시켜 항암 효과에 특별히 좋아요. 장어의 비타민 A는 소고기의 200배, 다른 생선의 50배가 들어있어요.

How to cook

1. 손질한 장어를 먹기 좋은 크기로 자르고 살짝 칼집을 넣은 후 청주, 생강 가루, 강황 가루를 뿌려 재워둬요. 조금이라도 좋은 것을 먹이기 위해 강황 가루로 장어를 재웠어요. 나중에 진한 간장 소스가 들어가면 강황 맛은 거의 안나요!

2. 소스*** 재료를 1시간 정도 끓이면서 거품과 기름은 걷어내며 반 정도 졸아들 때까지 은근히 끓인 후 고운체에 걸러요.

3. 장어는 170℃로 예열한 오븐에 10분 굽고 뒤집어서 5분 더 구워요.

4. 프라이팬에 소스를 붓고 끓인 후 익힌 장어를 넣어 소스를 얹어주며 얼른 졸이듯이 구워요. 오븐에서 조금 덜 익은 상태로 꺼내서 마지막에 간장 소스를 먼저 넣고 끓이면서 장어를 구워야 소스가 베이면서 맛있어져요. 간장 소스는 불에 잘 타니까 프라이팬 앞에서 딱 붙어서 집중하세요!

5. 불을 끄고 다진 대파를 넣고 뒤적여줘요. 청양고추를 다져서 살짝 뿌려도 칼칼하니 맛나요.

* 항상 청주에 다진 생강을 듬뿍 넣어 한 병 가득 만들어 둬요.

** 생강술을 뿌린 머리까지 있는 장어 뼈를 오븐에 바싹 구워서 사용하면 더 맛깔스러운 소스를 만들 수 있어요.

*** 시중에서 파는 장어 간장 소스에는 설탕이 많이 들어있어요. 이렇게 전부 넣고 집에서 만들기는 쉽지 않아요. 그럴 땐 간장, 꿀, 대파, 생강 정도만 넣고 졸여도 비슷한 맛을 만들 수 있어요. 좀 지난한 과정이지만 한 병 만들어 놓으면 닭고기, 삼치 구이, 연어 등등에 구우면서 발라주면 달짝지근 입맛 도는 요리를 만들 수 있는 마법 간장이 돼요!

메밀가루 대구전

부침개는 우리나라 반찬 중에 참 자주 만들게 되는 음식이에요. 비 오는 날에도 명절에도 항상 먹게 되는데, 무엇보다 주재료에 다양한 채소를 듬뿍 넣을 수 있어 좋아요. 저는 건강에 좋지 않은 밀가루를 쓰지 않고 전을 만들려니 너무 힘들었어요. 밀가루 없이 바삭한 전을 만들기란 달걀로 바위 치기 같았어요. 탄산수, 얼음물, 기름의 온도 등등을 신경 써도 죽 같은 전만 만들게 되었거든요. 메밀가루, 마 가루, 도토리 가루 등 몸에 좋은 가루를 쓰려다 보니 갈수록 바삭함과는 거리가 멀어졌어요. 지금까지도 바삭한 전을 만드는 데 성공하진 못했지만 건강하게 먹을 수 있으니까!하고 위로하며 다양하게 전을 만들어 먹여요.

Ingredient

대구전 150g, 메밀가루 2큰술,
함초 소금 약간, 생들기름 3큰술,
생강술 1큰술, 달걀 2개

Samarian Tip

보통은 밀가루를 발라 구워내지만
아픈 아이에게 조금이라도 건강한
재료를 쓰기 위해 도토리묵 가루,
감자 가루, 마 가루를 번갈아 가며
만들었어요. 밥과 죽에 반찬으로도
먹지만 따끈하게 구워 차와 함께
영양 간식으로 정말로 좋아요.

How to cook

1. 대구전 감을 생강술 1큰술을 부어 밑간하고 소금을 살짝 뿌려 재워둬요.

2. 메밀가루 두 큰술을 그릇에 덜어 골고루 대구전에 묻혀요. 필수 아미노산과 비타민이 많은 메밀 가루를 밀가루 대신 듬뿍 묻혀 구워요.

3. 소금을 넣고 풀어둔 달걀을 잘 묻혀 예열한 프라이팬에 노릇하게 구워내요.

호두아몬드 고추장 멸치볶음

치료 중 아이의 면역이 '0'으로 떨어지는 시기가 있었어요. 그럴 땐 꼭 병원에서 나오는 멸균식만 먹어야 해요. 세균 감염을 정말 조심해야 하니까요. 입맛이 없어져 밥을 먹지 않을 때 매콤한 멸치볶음을 자주 해서 먹였어요. 소독한 병에 뜨겁게 조리한 멸치볶음을 바로 넣은 후 뚜껑을 닫고 간호사 선생님께 '뻥' 소리 나는 진공 상태를 확인 받은 후 먹일 수 있었어요. 힘든 시기에 아들은 매콤한 멸치볶음과 밥을 참 잘 먹어 주었어요.

Ingredient

중멸치 100g, 검은깨 1큰술,
고추장 1큰술, 구운 아몬드 가루
3큰술, 구운 호두 가루 2큰술,
카앤페퍼 ⅓작은술, 청양고추 2개,
강황 가루 1큰술, 생들기름 2큰술,
꿀 2큰술, 청주 1작은술, 매실액
1작은술, 다진 마늘 1½작은술,
참기름 1큰술

Samarian Tip

멸치를 고추장 소스에 버무릴
때 아몬드 가루, 검정콩 가루,
강황 등 몸에 좋은 식재료를 잔뜩
넣어줘요. 멸치는 영양상으로
우수한 식품으로 단백질이 20%
정도이고 지방, 비타민 A와
무기질, 그중에서도 칼슘이 특히
많이 들어 있어요.

How to cook

1. 중멸치는 머리와 내장을 정리하고, 마른 면포에 닦아서 준비해요. 매콤한 고추장 멸치볶음은 중멸치 크기가 딱이에요.

2. 팬에서 중멸치를 기름 없이 볶아 비린 맛을 날려줘요. 타지 않게 뒤적이며 구워야 바삭하고 고소한 멸치볶음이 완성돼요.

3. 팬에 호두 가루와 아몬드 가루, 참기름을 뺀 소스 재료를 넣고, 잘 섞어서 한소끔 끓여 차지게 만들어요.

4. 3의 팬에 볶아둔 중멸치를 담아 버무리고 약한 불에서 서서히 조려 간이 배고 윤기가 나면 아몬드 가루와 호두 가루, 참기름과 검은깨를 뿌려 잘 섞어요.

---

*   항암 중인 아이는 세균 감염에 취약해요. 사소해 보이는 것 하나라도 조심해야 해서 깨소금을 쓸 때도 예열한 오븐에 깨를 살짝 구워 항상 멸균 후 사용했어요.

** 저희 엄마는 아직도 집에서 된장, 고추장을 직접 다 담으세요. 바로 그 할머니표 고추장을 항상 사용해요.

한국식 발효장 얼큰 꽃게찜

바쁘게 일만 했던 저를 대신해서 아들을 금이야 옥이야 키워주신 친정엄마의 레시피에요. 매콤 칼칼하게 끓여 꽃게살과 국물을 밥과 함께 말아 먹으면 없던 입맛도 살릴 수 있어요. 남은 꽃게살은 잘 발라낸 후 다진 채소와 함께 볶음밥으로 해서 먹어도 맛있어요. 우리 집의 맛있는 특제 레시피이기도 하지요.

Ingredient

암꽃게 3~4마리, 멸치 육수 300ml, 다진 양파 ½개, 대파 1개

소스: 검은콩된장* 1큰술, 된장 1큰술, 고추장 1큰술, 다진 마늘 2큰술, 고춧가루 ½큰술, 생들기름 2큰술, 꿀 ½큰술, 생강술 1큰술, 강황 가루 2작은술

Samarian Tip

꽃게찜은 소스 맛이 강하기 때문에 강황이나 다른 신선한 재료를 같이 넣어도 좋아요. 꽃게에는 타우린과 키토산이 풍부한데, 키토산은 지방 흡착과 이뇨 작용이 뛰어나 수술 환자에게 좋고 면역력에도 좋아요. 풍부하게 함유된 칼슘 성분은 뼈를 튼튼하게 해준다고 하네요. 양질의 단백질과 필수 아미노산, 오메가 3 지방산도 많이 들어있어요.

How to cook

1. 소스 재료를 모두 섞어 30분 이상 재워 양념이 잘 섞이게 해요. 소스는 꼭 미리 만드는 것을 추천해요. 바로 만들어서도 해봤는데 맛이 틀려도 너무 틀려요. 찬 성질의 꽃게를 먹일 때 강황이나 마늘 같은 것들을 많이 넣어주세요. 우리 아들 마늘 먹은 양을 생각하면 웅녀도 무릎을 꿇을 거예요.

2. 꽃게를 잘 씻어 알이 든 게딱지를 분리한 후, 양념이 잘 스며들게 하기 위해 몸통은 반으로 잘라줘요.

3. 큰 전골냄비에 멸치 육수를 붓고 다진 양파를 넣은 후 소스의 반을 넣어 잘 섞어줘요. 양파를 넣어주면 천연의 달짝지근한 감칠맛을 낼 수 있어요.

4. 손질한 꽃게를 잘 넣고 남은 소스를 골고루 얹어요.

5. 뚜껑을 닫고 15분 정도 끓인 후 뚜껑을 열고 양념장 국물을 꽃게 위에 얹어 끓이면서 다진 대파를 넣고 5분 정도 더 끓여 완성해요.

---

* 이제 그만 편하게 살자고 화를 내지만 아직도 저희 친정엄마는 메주를 띄워 된장을 만들고, 고춧가루를 직접 햇빛에 말려 고추장도 직접 다 만드세요. 허리가 아프다면서 10년간 키운 손주를 먹이기 위해 도시에서는 담기도 힘든 손맛 가득한 장을 직접 만들어 요리에 쓰세요. 검은콩이 좋아 약콩으로 만든 된장을 찾아 사서 같이 섞어 썼어요.

해산물 쌀국수

　　해산물 쌀국수를 만들 때마다 드는 생각은 '이렇게 번거로운 레시피를 누가 만들까?' 였어요. 제가 만드는 쌀국수는 재료도 정말 많이 들어가고, 국물도 세 차례에 걸쳐 따로 만들거든요. 아들이 먹는다고 하니 기꺼운 마음으로 만들었지만 굿사마리안레시피 셰프들은 정말 고될 것 같아요. 다행히 갖은 생선 머리와 새우, 대파, 양파 등으로 국물을 낸 쌀국수는 지금도 인기 메뉴에요.

Ingredient

대하 2마리, 모시조개 7~8개, 오징어 2마리, 숙주 150g, 청경채 2개

국물 재료(2회 분량):

a   황태 머리 2개, 무 한 토막, 대파 뿌리 2개, 대파 10cm 6개, 강황 3조각, 양파 껍질 8조각, 건새우 ½ 컵, 다시마 6조각, 생수 3.2L

b   통흑후추 15알, 다진 생강 1작은술, 다진 마늘 1큰술, 다진 양파 3큰술, 셀러리 2개, 시나몬 가루 ⅓작은술, 멸치 액젓** 2큰술, 코리앤더 ⅓작은술, 저염 간장 1큰술, 청양고추 2개, 채썬 양파 ¼개

c   화이트 와인 1컵, 바지락 우린물 3컵

Samarian Tip

아들이 처음 치료했던 병원에서 항암 치료 하는 아이들이 가장 자주 먹었던 음식이 컵라면일 거예요. 식욕이 없고 병원 밥이 지겨워진 아이들이 먹을 수 있는 음식의 종류는 많지 않아요. 각종 채소와 해산물을 우린 매콤한 쌀국수가 면역력을 저하하는 밀가루로 만든 컵라면과는 비교도 할 수 없겠죠.

How to cook

1   생수에 a의 재료를 넣고 물러질 때까지 끓여 국물을 우려줘요. 대파와 양파 껍질은 잘 씻은 후 햇빛에 말려 꼭 국물을 낼 때 써 주면 좋아요. 껍질이 알맹이보다 엄청난 양의 영양 성분을 가지고 있어요.

2   1의 다시 물을 채 거름망에 걸러 내리고 b의 통흑후추, 다진 생강, 다진 마늘을 다시 망에 담고 셀러리를 넣어 10분간 끓인 후 시나몬, 멸치 액젓, 코리앤더, 저염 간장을 넣고 살짝 간을 맞춰요.

3   센 불에 대하, 모시조개를 넣고 화이트 와인을 부어 볶다가 바지락 우린 물을 3컵 부어 끓여요. 그 물에 오징어는 데쳐 건져두고요. MSG를 쓰지 않아도 깊은 맛을 내줘요. 오징어도 국물에 데쳐내면 깊은 맛이 우러나 훨씬 좋은 맛을 낼 수 있어요.

4   3의 국물과 해산물을 2에 부어 끓이면서 30분 정도 찬물에 담가 둔 쌀국수 면을 건져 넣고 청양고추와 채썬 양파를 넣은 후 1분 정도 끓여서 소금으로 간을 맞춰요. 매콤한 음식을 좋아하는 아들을 위해 청양고추를 넣어 칼칼하고 시원한 맛을 냈어요.

5   숙주와 청경채를 넣고 살짝 끓인 후 불을 끄면 드디어 완성이에요.

*   해산물은 찬 성질이 많아 아들에게 먹일 땐 최대한 좋은 재료를 찾아 소화가 잘되게 조리했어요.

**   피시 소스를 쓰면 훨씬 감칠맛을 낼 수 있어요. 하지만 저는 다른 첨가제가 들지 않은 우리나라 멸치액젓으로 대체했어요.

페스카토레 옹심이

밀가루 파스타 면을 못 먹여서 면대신 옹심이를 넣어 자주 만들었어요. 여름 감자로 만든 옹심이는 정말 쫀득하니 맛있어요. 중간 크기의 감자 6개를 갈아서 만들어도 딱 아들 먹을 한 그릇만 나왔어요. 슈퍼푸드 토마토로 매콤 칼칼 소스를 만들어 옹심이를 넣고 끓이면 땀을 흘리며 참 잘 먹어줬어요.

Ingredient

감자 5개, 함초 소금 1작은술, 모시조개 10개, 홍합 10개, 오징어 1/2마리, 새우 5마리, 퓨어 올리브 오일 3큰술, 캬앤페퍼 1/2작은술, 다진 마늘 1큰술, 다진 양파 1/2컵, 화이트 와인 1/2컵

토마토소스: 토마토 4개, 다진 마늘 2큰술, 다진 양파 1/2컵, 퓨어 올리브 오일 3큰술

양배추 100g, 셀러리 1개, 방울토마토 8개, 고추장 2큰술, 강황 가루 1큰술, 황태 ½컵, 파 3큰술, 다시 물 1컵, 함초 소금 ⅓스푼, 사과 농축액, 이탈리안 파슬리 약간

Samarian Tip

해산물보다 오히려 감자, 토마토가 주된 재료일 수 있지만 해산물 없인 페쉐를 만들 수 없어요. 좋아하는 다른 해산물을 더 넣어주면 포세이돈도 울고 갈 만큼 풍부한 바다 냄새가 나요. 모시조개의 풍부한 타우린이 간의 독소를 제거하고 혈관 내의 노폐물을 배출해요. 포장마차에서도 인기 있는 홍합에는 비타민 D가 풍부해 칼슘과 인의 흡수를 돕고 철분은 빈혈에 좋아요. 간을 회복시키는 베타인과 타우린도 들어있어요. 그래서 술과 함께 먹나 봐요. 오징어는 소고기의 16배에 달하는 타우린과 단백질이 풍부하게 들어 있고, 핵산 성분이 많은 먹물은 항암 항균 작용도 해요.

How to cook

1. 감자는 강판에 갈아 면 보자기에 넣고 물기를 꼭 짠 후 물은 잠시 두어 앙금을 가라앉혀요. 물기를 짠 감자에 가라앉힌 앙금과 소금 0.3스푼을 넣고 반죽해 동그랗게 옹심이를 빚어 삶아요. 저는 불편해도 감자를 강판에 갈아요. 믹서에 곱게 가는 거보다 손으로 거칠게 갈아 만들면 쫀득쫀득 씹히는 맛이 일품이에요.

2. 토마토소스를 만들어요. 잘 익은 토마토는 꼭지 부분부터 십자로 칼집을 내어 끓는 물에 1분 정도 데친 후 껍질을 벗겨 작게 잘라 준비해요. 냄비에 올리브 오일을 두르고 다진 마늘과 다진 양파를 넣어 볶은 후 준비한 토마토를 넣고 15분 정도 끓여줘요. 마지막으로 리코펜 성분이 좋아지게 엑스트라 버진 올리브 오일을 넣어요. 손이 많이 가는 토마토소스 만들기는 어려워하지 마시고 시중에 나와 있는 좋은 제품을 사용해도 돼요.

3. 퓨어 올리브 오일에 다진 마늘, 다진 양파, 레드 페퍼를 넣고 은근한 불에 충분히 볶다가 해산물을 넣고 화이트 와인을 부은 후 향이 날아가게 졸여요. 볶는 요리에 올리브유를 쓸 때에는 꼭 발화점이 높은 퓨어 올리브 오일을 써야 해요.

4. 해산물이 익고 조개입이 벌어지면 토마토소스, 양배추, 셀러리, 방울토마토, 고추장, 강황 가루, 황태, 파, 다시 물을 붓고 끓인 후 소금과 사과 농축액으로 간을 맞춰요. 옹심이를 넣고 뒤섞은 후, 이탈리안 파슬리를 뿌려 내요. 청양고추도 넣어주면 더욱 얼큰 칼칼한 국물을 낼 수 있어요.

A Meal a Day Unconditional Salmon
하루 한 끼는 무조건 연어

아들의 치료가 끝났다고 여겨질 무렵, 다시 재발하게 되었어요. 그때 만나게 된 한의원에서 '연어회를 먹이세요. 최대한 자주! 많이!' 기본적으로 항암 치료시 병원에서는 한의원은 절대 가지 못하게 해요. 그러나 저는 당시 지푸라기라도 잡고 싶은 심정으로 한의원의 문을 두드렸어요. 그러나 바로 엄두도 못 낼 말을 듣게 되었어요. 연어는 정말 좋은 식재료이지만 면역력이 신생아보다 못한 아들에게 '회'를 먹이라고 하다니! 병원에서 알면 기함할 일이었어요. 하지만 선택의 여지가 없었죠. 저는 매일 두세 달은 연어회로 점심을 먹였어요. 그리고 연어회에 질려가는 아들을 위해 세상에 있는 모든 연어 레시피를 찾게 되었죠.

사실 연어를 맛있게 먹을 수 있는 레시피는 그리 많지 않았지만, 그렇게 고민하고 찾아가며 연어 요리를 먹이기를 한 달이 지난 어느 날이었어요. 하늘이 도운 것인지 기가 막히게도 CT에선 종양이 반 이상 줄어 있었어요. 사실 이제 아들은 연어 보기를 최영 장군이 금 보기 하듯 보지 않아요. 그러나 저는 연어에게 감사할 뿐이죠.

단! 이 모든 상황은 개인적인 경험으로 검증되어 있지는 않아요. 연어가 몸에 좋은 것은 확실하고 아들의 몸에는 맞았지만 제가 말하는 모든 것이 정답은 절대로 아니에요.

연어는 눈 건강에 좋은 비타민 A, 비타민 B, 뼈를 만드는 비타민 D, 비타민 E군도 풍부해서 체력 증강과 면역력을 높여줘요. 자연산 연어가 양식 연어에 비해 오메가-3 지방산이 풍부하다고 해요. 연어의 비타민 D는 우유보다 9배나 많고요.

시소 강황 연어 밥

 아무리 연어회를 좋아한다고 해도 한두 달을 매일같이 먹기란 고역이에요. 그래도 미각을 돋우는 시소 잎의 강한 향과 함께 연어회를 초밥으로 만들어 주면 아들은 맛있게 먹어 주었어요.

Ingredient

연어회 200g, 시소 잎 20장, 깻잎 5장, 강황 가루 1큰술, 흑미밥 150g, 다진 대파 2큰술, 맛간장 3큰술, 생강술 약간

Samarian Tip

연어 자체에도 영양분이 많지만, 저는 항암에 좋은 성분이 들어 있는 채소를 곁들였어요. 시소 잎은 강한 항균 작용을 가지고 있어 회랑 먹기에 좋아요. 시소에 들어 있는 파이톨 성분은 암세포를 제거하고 강황에 들어있는 커큐민은 항암 작용을 해요.

How to cook

1. 연어회를 생강술에 살짝 마리네이드 해요. 연어회는 보통 백화점 식품관 등에서 구입했지만 근처 일식집에서 구매해도 무관합니다. 뭐든 근처에서 구할 수 있으면 좋아요. 어렵게 생각하지 마세요.

2. 흑미밥을 알맞은 크기로 손에 쥐어 만들어요.

3. 시소 잎 두 장을 깔고 모양을 잡은 흑미밥을 올려 강황 가루를 살짝 뿌려 주어요.

4. 밥 위에 얇게 채썬 깻잎을 넣고 연어회를 올려 주어요. 원하는 재료가 있으면 작게 썰어 추가로 올려도 돼요.

5. 그 위에 다진 대파를 올리고 맛간장과 함께 멋진 쟁반이나 나무 도마 위에 올려 놓으면 레스토랑 같아요.

* 시소와 깻잎의 맛은 좀 달라요. 시소는 일본에서 많이 사용하는 식재료인데 깻잎보다 크기가 작고 강한 향이 나지만 특유의 맛이 정말로 매력적이에요. 시소가 없다고 당황하지 마시고 깻잎으로 대체하면 좋아요.

연어 솥밥과 달래 대파 간장

솥밥을 맛있게 지으면 간단한 반찬 몇 가지만 있어도 맛있게 먹을 수 있어요. 연어를 많이 먹어 느끼해진 아들에게 청양고추를 듬뿍 넣은 매콤한 양념간장과 함께 먹게 했어요. 아프지 않아도 정말 맛있게 먹을 수 있는 밥도둑 레시피죠. 만들기 쉬우면서도 뭔가 대단하고 훌륭한 일품요리처럼 보일 수 있는 레시피이니 집중해서 메모하고 보시길!

Ingredient

연어 150g, 불린 기장과 백미 200g, 다진 대파 2개, 다시마 표고 버섯 우린 물 400g

소스: 달래 3큰술, 다진 대파 3큰술, 다진 청양고추 ½큰술, 맛간장 3큰술, 들기름 2큰술, 고춧가루

Samarian Tip

연어를 올리기 전 곤드레나물이나 참나물 등등을 잘게 썰어 들기름과 함께 볶은 후 솥밥 위에 올려줘도 별미예요. 기장에는 항산화 물질인 폴리페놀이 풍부해 염증 완화와 암세포 증식 억제 작용이 있다고 해요.

How to cook

1. '가마도상'에 불린 기장과 쌀을 넣고 다시마 우린 물을 부은 후 위에 연어를 올리고 밥을 지어요. 전 밥 짓기를 매우 중요하게 생각해서 여러 밥솥을 가지고 있어요. 밥맛이 좋으면 별 반찬이 없어도 반은 점수를 따고 가요. 그 중 '가마도상'은 일본 토기 밥솥인데 머스트 해브 아이템으로 꼭 추천해요.

2. 불을 끄고 뜸 들이는 중간 얼른 뚜껑을 열고 가득 덮을 정도의 대파를 넣어요. 나중에 밥을 섞다 보면 그렇게 많이 넣은 대파들은 자취를 감추니 걱정 마시고 심하다 싶을 정도로 대파를 가득 넣어요!

3. 뜸 들일 동안 소스 재료를 섞고 마지막에 들기름을 넣어 줘요. 소스는 항상 밥을 지은 후 만들어요. 미리 만들면 물에 빠진 생쥐 모양으로 채소들이 간장 속에 빠져 흐물흐물 향이 사라져요. 특히 마지막에 들기름을 넣는 것이 포인트로 고소한 향이 살아나요!

4. 밥 먹기 전에 연어와 파를 골고루 섞어 소스와 함께 비벼 먹어요.

---

* 저는 무항생제 킹연어를 덩어리째 사용하지만, 일반 연어도 좋고 연어회로 만들어도 좋아요. 단 연어회는 처음부터 넣지 않고 뜸 들일 때 넣으면 돼요.

레몬 대신 한라봉 소스를 넣은 마늘 연어 파피요트

　외국 레스토랑에서 먹을 수 있을 것 같은 비주얼이지만 만들기 정말 쉽고 기분 전환에도 좋은 레시피에요. 전 한국 요리가 참 힘든 거 같아요. 오랜 시간 열심히 여러 가지를 만들어도 상을 차려 보면 3가지 정도밖에 안 되어 "나 뭐했지?" 하는 생각이 들 때가 많아요. 그런데 파피요트는 레시피도 간단하지만 요리가 오븐에 들어가 있는 시간 동안 샐러드 하나 뚝딱 더 만들면 근사한 한 끼 식사가 마련돼요.

Ingredient

킹연어 200g, 방울토마토 8개, 표고버섯 2개, 마늘 3알, 적양파 1개, 한라봉 ½개, 딜, 복분자 소금 1작은술, 아보카도 오일 3큰술, 화이트 와인 ⅓컵

Samarian Tip

여러 가지 채소를 건강하게 즐길 수 있어 정말로 좋아요. 레몬을 넣으면 좀 더 향긋하게 즐길 수 있지만 아들에게 제철 재료를 먹이는 게 좋을 거 같아 한라봉으로 만들었어요! 자연에서 난 좋은 제철 재료는 <동의보감>도 부럽지 않을 보약만큼 좋다고 생각해요. 리코펜이 든 방울토마토는 강력한 항산화제이고, 표고버섯은 면역력을 강화해 줘요.

How to cook

1. 프라이팬에 오일을 두르고 적양파, 토마토, 표고버섯을 볶듯이 살짝 구워 미리 준비해 두어요.

2. 종이 포일을 크게 잘라 오븐팬에 깔고, 두껍게 슬라이스하고 구운 적양파를 깔아요.

3. 그 위에 연어를 올리고 소금을 뿌려 줘요. 보통 파피뻬요트는 농어와 같은 비린내 없는 흰살 생선으로 하는 요리에요. 하지만 저는 기승전 연어!

4. 연어 주위로 1의 방울토마토와 표고버섯, 마늘을 올려요. 항암에 좋은 슈퍼 채소들로만 넣었어요. 물론 브로콜리, 파프리카 등을 추가하면 최고의 조합이 되죠!

5. 아보카도 오일을 뿌리고 레몬 대신 슬라이스한 한라봉을 올려 한라봉 즙과 딜을 듬뿍 올려 줘요.

6. 화이트 와인을 조금 붓고 종이 포일을 크게 덮어 끝을 잡아 돌리면서 사탕 모양으로 밀봉해요. 전체적인 모양은 날렵한 배 모양이 나오게! 접시에 올렸을 때 근사하게!

7. 200℃로 예열된 오븐에 종이 포일을 덮은 요리를 넣어 17분 정도 익히고 큰 접시나 도마 위에 담아내요.

연어, 참치, 아보카도 층층이 까망쌀 케이크밥

 아들이 좋아하는 재료를 총집합하여 항암에 좋은 것들로 조금이라도 즐거워하며 먹게 하고 싶었어요. 케이크 무스링으로 모양을 만들어 마치 케이크처럼 플레이팅했어요. 항암 치료가 힘드니까 조금이라도 즐거워하며 먹을 수 있는 것을 찾아 주고 싶었어요.

Ingredient

다진 연어회, 다진 참치회*, 시소 잎 10장, 깻잎 10장, 아보카도 1개, 청양고추 1개, 대파 1줄, 딜 조금, 저민 생강 1개, 들기름 2스푼, 맛간장 적당량, 생강술 적당량, 소금 약간, 기장 흑미밥 150g

Samarian Tip

아이가 좋아하는 재료를 추가할 수도 있고 포크와 나이프로 조금씩 썰어 케이크처럼 먹을 수 있게 플레이팅해요. 시소에 들어있는 파이톨 성분은 암세포를 제거하고 참치와 연어에 들어있는 오메가-3는 항염, 항암 작용을 해요. 아보카도엔 비타민과 미네랄이 풍부해요.

How to cook

1. 다진 연어회와 다진 참치회를 각각 생강술과 맛간장으로 마리네이드해서 30분간 냉장고에 넣어 두어요. 연어를 계속 먹다 보면 느끼하기 때문에 미리 만들어 놓은 수제 맛간장에 재어 놓으면 연어회에 감칠맛이 돌아요.

2. 원형 케이크 무스링을 준비하고 다 된 밥이 빠지기 쉽게 안쪽 면에 들기름을 발라요. 빵을 구울 때 틀 안에 버터를 미리 발라 넣는 것처럼 미리 들기름을 발라 놓지 않으면 나중에 무스링을 뺄 때 케이크 모양이 망가지기 쉬우니 꼭 기억해야 해요.

3. 접시 위에 무스링을 올리고 갓 지은 기장 흑미밥을 넣고 얇게 쳐줘요. 쌓다 보면 생각보다 케이크가 높아지니 밥은 꼭 얇게! 탄수화물은 적게!

4. 그 위에 시소 잎과 깻잎을 펴서 올린 후 다진 참치회를 일정한 두께가 되게 올려 지어요. 시소 잎과 깻잎은 여러 장~ 듬뿍! 몸에 좋은 건 더 많이 올려주세요!

5. 얇게 저며 썬 아보카도를 올리고 다시 기장 흑미밥을 올린 후 4와 같이 시소 잎과 깻잎을 올려요.

6. 다진 연어회와 저민 생강, 아보카도를 올린 후 무스링을 빼줘요. 무스링을 빼고 옆에서 보면 생각보다 근사한 모양에 뿌듯해지고 만든 보람도 생겨요.

7. 다진 청양고추와 다진 대파, 딜을 올려 플레이팅을 마무리하면 끝! 올린 마무리 재료도 아이의 몸에 좋은 것들로 올렸어요. 취향껏! 재료를 사용하면 돼요.

* 백화점에서 무항생제로 구입하긴 했지만 급할 경우 일식집이나 마켓컬리 등 다양한 온라인 마켓이 있어 재료를 구매하기 정말로 좋아요.

Rice is the Medicine
밥이 보약이다

한국 요리를 하다 보면 가장 중요한 것이 밥이예요. 어떻게 하면 밥을 맛있게, 조금이라도 더 몸에 좋은 재료들을 넣어 맛있는 밥을 만들 수 있을까 항상 고민했어요. 나물, 전복 등 각종 보양식을 넣어 밥을 지을 수 있죠. 잘 지은 밥만 있어도 식사의 반을 준비한 듯했어요.

무 솥밥 은달래 양념간장

서리 맞은 무는 인삼이랑도 안 바꾼다는 어른들 말씀이 있어요. 이때 재배되는 무는 과일로 먹어도 될 정도로 달콤하고 시원한 맛이 좋아요. 겨울에 우리집 냉장고 채소 칸엔 무가 항상 듬직하게 자리 잡고 있어요. 식욕 없을 때 겨울 아침 메뉴로도 좋고, 부침개를 만들어 시금치 된장국과 곁들여 먹으면 다른 진수성찬이 안 부러워요.

Ingredient

무 ¼토막, 불린 쌀과 기장 1컵,
표고버섯 3개, 쪽파 2개

소스: 다진 은달래 3큰술, 다진
대파 1큰술, 다진 청양고추 ½큰술,
맛간장 3큰술, 들기름 2큰술,
고춧가루 1작은술

Samarian Tip

은달래는 쉽게 구할 수 없으니
눈에 보이면 무조건 사서
그날은 양념장을 만들어
솥밥을 해 먹어요. 일 년 이상
자란 달래를 은달래라고 해요.
알리신 성분을 가지고 있어
원기 회복과 자양 강장 효과가
있어요. 무에는 비타민 C 성분이
들어 있어 면역력을 높여 주고,
글루코시놀레이트 성분이 발암
물질을 억제해 항암 효과가
있어요.

How to cook

1   무는 도톰하게 채썰어 준비해요. 우리나라 늦가을부터 겨울에 나는 제주 무는 달콤하고 시원해서 정말로 맛있어요

2   표고버섯은 슬라이스해서 준비해요. 저는 솥밥을 만들 때 명란으로 하든 생선으로 하든 표고버섯을 즐겨 써요.

3   스타우브 솥에 불린 쌀을 담고 밥물을 평소보다 적게 잡아넣어 센 불에 끓여요. 밥 짓는 동안 무에서 수분이 많이 나와 밥물을 적게 잡아야 해요. 밥물이 많아지면 무죽이 될 수도 있어요.

4   밥이 되어갈 즈음 약불로 낮추고, 무와 표고버섯을 보기 좋게 잘 넣어줘요. 무를 너무 빨리 넣으면 물러지고 또 너무 나중에 넣으면 서걱거려요.

5   소스 재료를 넣고 섞어 준비해요. 들기름은 밥에 넣기 직전에 잘 흔들어 섞어요. 그래야 들기름 향이 솔솔 나게 살아있어요.

6   뜸이 다 될 무렵 솥밥에 잘게 썬 쪽파를 넣어요. 쪽파를 미리 넣으면 너무 물러질 수 있으니 뜸 마지막에 넣어요.

7   먹기 직전 무가 부서지지 않게 잘 섞어 그릇에 덜어줘요. 솥밥째 식탁을 올려 조금씩 덜어서 양념장에 비벼 먹어요. 솥밥 뚜껑을 닫아 조금씩 덜어 먹으면 오랜 시간 따끈하게 즐길 수 있어요.

케일 쌈밥

 항암 효과를 가진 슈퍼 채소 케일로 만든 레시피에요. 데친 케일 잎으로 쌈밥을 만들어 고등어와 모시 조갯국과 같이 먹으면 입맛 돋우는 한 끼 식사가 돼요. 쌈밥에 들어가는 재료를 좋아하는 것들로 바꿔가면 매번 다른 레시피로도 만들 수 있어요.

Ingredient

케일 잎 10장, 깻잎 10장, 갓 지은 흑미밥 200g, 다시마 표고버섯 우린 물 400g

약쌈장: 된장 2큰술, 고추장 1큰술, 다진 마늘 1큰술, 대파 1대 다진 것, 다진 청양고추 1작은술, 들기름 2큰술, 강황 가루 1작은술

Samarian Tip

쌉싸름한 케일은 아이들이 좋아하기 힘든 맛이에요. 그래서 저는 주스로 만들거나 쌈밥을 자주 해서 먹었어요. 케일은 면역 체계에 필요한 비타민 A가 풍부하고 비타민 C, 뼈 건강에 도움을 주는 비타민 K도 많아요. 루테인 성분도 많아 눈 건강에 좋고, 오메가 3와 미네랄도 풍부해요. 또 녹황색 채소 중 베타카로틴 함량이 가장 많은 채소이기도 해요.

How to cook

1. 깨끗이 씻은 케일 잎과 깻잎은 소금을 넣고 끓인 물에 잠깐 넣다가 빼듯이 익혀요. 치료 중인 아들은 면역력이 0에 가까워 모든 식재료를 날것으로 먹으면 안 되었어요. 세균에 감염되기 쉬워서요. 가열 시 비타민 성분이 파괴될 수 있으니 끓는 소금물에 너무 숨이 죽지 않게 살짝 익혀서 한 장씩 펴두어요.

2. 된장과 고추장, 다진 마늘을 넣고 살짝 볶아 소독해요.

3. 약쌈장 재료를 전부 섞어 미리 만들어 둬요. 쌈장은 30분 정도 전에 미리 만들어야 재료가 섞이면서 시간이 지나면 더 맛있어져요. 들기름은 맨 마지막 쌈장 만들기 직전에 넣고 섞어야 더 고소하고 맛있어요.

4. 데친 케일, 깻잎 위에 갓 지은 흑미밥을 올리고 약 쌈장을 작은 티스푼으로 떠서 넣은 후 양 끝을 접어 말아 완성해요.

* 약쌈장 재료 안에 강황 가루를 넣으면 몸에 더욱 좋아요. 된장 고추장도 강한 맛을 지니고 있어 강황 가루를 넣어도 크게 맛이 변하지 않아요. 저는 표고버섯 가루와 미역귀 가루도 같이 넣곤 했어요.

취나물과 울금을 넣은 표고버섯 솥밥

엄마와 할머니가 맛있다며 드시는 나물을 보며 어릴 때는 이해할 수가 없었어요. 아무 맛도 안나고 더러는 쓴맛도 나는 나물이 왜 맛있다고 하시는지. 지금은 그 맛을 즐기며 사랑하고 있지만요. 그리고 한국 음식을 만들다 보면 기술을 가장 필요로 하는 요리 중 하나가 나물인 거 같아요. 저는 나물이 제철인 봄이 되면 다양한 나물들로 솥밥을 자주 해먹었어요.

Ingredient

취나물 150g, 불린 쌀 200g, 울금 1큰술, 슬라이스한 표고버섯 3개, 다진 마늘 1큰술, 멸치 액젓 1큰술, 생들기름 1큰술

Samarian Tip

취나물뿐만 아니라 제철에 나는 방풍나물, 곰취나물, 냉이로 솥밥을 만들면 그 향에 따라 다양한 솥밥을 즐길 수 있어요. 취나물엔 수산 성분의 독소가 있어 반드시 익혀서 먹어야 해요. 취나물은 각종 비타민과 무기질이 많아요. 그중 비타민 A의 함량이 높고 베타카로틴이 활성 산소를 제거해주어 항균을 통해 면역력을 증진시켜요. 또 항산화 작용을 통한 암 예방 효과도 있어요.

How to cook

1. 끓는 물에 소금을 넣고 손질한 취나물 한 봉지를 데쳐주고 물기를 꼭 짜요.

2. 물기를 짜낸 취나물에 멸치 액젓 1스푼, 다진 마늘, 생들기름을 넣고 조물조물 무쳐 둬요. 미리 무쳐 두어야 간이 배어 맛이 좋아져요.

3. 스타우브 솥에 불린 쌀을 담고 밥 물을 맞춰요. 이때 울금 가루 한 스푼을 넣고 같이 잘 섞어줘요. 아들에게 강황과 울금 가루를 자주 먹이고 싶었어요. 그렇다고 매일 카레를 해 먹일 수도 없어서 밥에 한 큰술씩 넣어 밥을 했는데 생각보다는 향이 세지진 않아요.

4. 약불로 줄이는 시점에 슬라이스한 표고버섯을 한쪽에 올려요.

5. 밥이 다 되어 뜸들인 후 뚜껑을 열고 양념한 취나물을 잘게 잘라 밥 위에 잘 올려요.

6. 뚜껑을 덮고 3분 정도 둔 후 먹기 전 나물과 밥을 섞어 그릇에 잘 담아요.

Noodle and Pasta
국수와 파스타

아들도 그렇지만, 전 세계 인구가 공통으로 좋아하는 메뉴가 있다면 바로 면(Noodle)일 거예요. 호로록 먹는 그 느낌 때문인지 면은 남녀노소 가리지 않고 좋아하는 메뉴에요. 전 세계 각국의 다양한 레시피로 만들어진 면은 그 종류와 맛과 풍미도 모두 달라요. 우동, 메밀국수, 도삭 국수, 뱡뱡면, 납작 당면, 휘거편, 분모자면, 쌀국수, 냉면 등 정말 이름도, 들어가는 원료도 다양해요. 그러나 암 환자, 그중에서도 특히 장 쪽 문제로 고생하는 아들에게는 절대로 먹일 수 없는 것이 바로 밀가루였어요. 면을 좋아하는 아들을 위해 처음에는 아예 만들 생각도 안 하다 고민하기 시작했어요. 그래도 무언가 대체할 수 있는 것이 있을 거라는 생각에 찾아보니 생각보다 여러나라에 밀가루를 대신해서 만들어진 면이 많더라고요.

그렇게 해서 아들에게 정말 좋지 않은 밀가루 면을 대신하여 쌀국수, 100% 메밀면, 퀴노아로 만든 파스타면 등을 찾았고, 덕분에 다양한 레시피로 국수와 파스타를 해줄 수 있게 되었어요. 대부분이 밀가루 면이라 제일 많이 만들었던 음식 중 하나가 해산물 쌀국수였어요. 아마 200그릇 정도는 만들었을 거예요. 정말로 라면을 좋아했던 아들에게 MSG의 매콤하고 자극적인 맛은 없지만 천연으로 맛을 낸 정성들인 레시피였죠.

사람들은 다이어트를 한다면서 밀가루를 기피 대상 1위로 뽑을 때 파스타까지 넣지만 사실 파스타는 굉장히 좋은 식재료예요.

이탈리아에서는 파스타를 '슬로우 푸드'라고 말한다는데, 사실 지중해식 메뉴인 파스타는 건강하게 먹을 수 있는 면 요리에요. 얼마 전 기사에도 나왔지만 파스타가 건강에 좋은 이유는 단백질 함량이 높기 때문이라고 해요. 파스타 면의 주재료인 '듀럼밀 세몰리나'의 듀럼밀은 고온에 강해 가뭄에도 지장을 받지 않은 밀의 종류로, 다른 곡식에 비해 단백질 함량이 높다고 해요. 단백질이 많으면 좋은 이유는 열량 대비 포만감이 커 다이어트에 적절하기 때문이에요.

여러 가지 자료를 찾다 보니 파스타가 건강한 음식이라는 것을 알게 되어 아들에게 파스타는 줄 수 있었어요. 단 호주에서 생산되는 퀴노아로 만들어진 파스타면을 사용했는데 듀럼밀로 만들어진 것도 따로 판매하더라고요. 파스타 면을 먹일 때는 꼭 '올리브 오일'을 베이스로 사용했고, 파스타 면에는 들어있지 않은 비타민과 미네랄은 자연의 보물인 채소에서, 단백질은 콩이나 해산물을 넣어 보충해 주었어요. 파스타에는 일반 밀가루 외에 메밀가루, 밤거리, 보릿가루 등 곡식 분이 많이 함유되어 있어 '슬로우 푸드'라고 말하는 것이 이해가 되어요.

그러나 라구 소스, 크림 소스, 미트 소스나 베이컨 등의 토핑은 열량이 높아지기 때문에 올리브 오일이나 와인을 베이스로 하고, 탄수화물을 파스타로 대체하게 되면 2형 당뇨 위험이 줄어들어 빵이나 감자보다 식후 혈당 수치에 좋다고 하니 꼭 참고했으면 해요.

'굿사마리안레시피'는 페스카토레 파스타가 아니라 페스카토레 쌀국수, 슈림프 수프 파스타 대신 슈프림 쌀국수로 대체하는 등 대부분 쌀국수와 통밀 파스타를 기본으로 사용해요. 그러다 보니 어떤 고객님은 저희가 베트남이나 태국 음식점이라고 생각하는 경우도 종종 있어요. "파스타 만들려고 온 셰프들이 그래서 불만이 많아요. 면접을 보고도 파스타 대신 쌀국수로 만든다고 하면 안 와요."라며 주방에서도 볼멘 목소리를 자주 들어야 했어요. 그러다 처음으로 홀매니저분이 파스타의 필요성을 언급하기도 해서 결국 저희는 파스타 메뉴를 넣게 되었어요. 단! 올리브 오일을 베이스로 해서 대파와 팽이버섯을 잔뜩 넣은 '명란 파스타'나 봄과 대지의 기운을 받은 취나물로 만든 '취나물 파스타'를 만들었어요. 물론 파스타는 통밀 100퍼센트로 대체했죠.

메밀 소바

닭고기를 구워 따뜻하게 일본식 메밀국수를 끓여도 맛있지만 메밀 면으로 만든 시원하고 깔끔한 메밀 소바를 아들은 좋아했어요. 메밀국수는 대나무 채반에 멋스럽게 올려 곱게 간 무와 파를 듬뿍 곁들여 먹게 했어요.

Ingredient

100% 메밀면 200g, 무 1토막, 대파 1개, 무순 조금

대파 2개, 양파 1개, 무 1조각, 말린 표고버섯 3개, 다시마 5조각, 구운 다시 멸치 ½컵, 청주 1컵, 간장 400ml, 꿀 3큰술, 생강 1쪽, 가쓰오부시 1컵, 생수 1L

Samarian Tip

몸에 좋은 메밀에는 독성이 있는데 무와 함께 먹으면 독성을 중화해 줘요. 또 메밀의 찬 성분이 소화가 안 되게 할 수도 있는데 따뜻한 성질의 무와 먹으면 소화에 문제없어요. 메밀에 들어있는 아미노산과 비타민은 염증을 예방하고 루틴은 모세혈관을 튼튼하게 하고 이뇨 작용을 도와줘요. 폴라보노이드는 손상된 간세포의 재생을 돕고 해독 기능을 강화하고 통풍에도 좋아요.

How to cook

1 깨끗하게 씻은 대파와 양파를 크게 잘라 불에 구워요. 저는 오븐에 구웠어요. 불 향이 나게 구워야 국물 맛이 좋아요.

2 물 1L에 구운 대파와 양파를 먼저 넣고 끓인 후 중불로 줄여요. 국물을 만들 때 채소 물부터 만들고 나머지 재료를 순서대로 넣어야 맛난 국물이 돼요.

3 2에 간장을 넣고 한소끔 끓어오르면 나머지 재료를 넣고 끓여요. 중간에 물러진 채소는 건져내고 국물 맛을 보며 꿀을 조금씩 첨가해요.

4 충분히 국물이 우러나면 불을 끄고 가쓰오부시를 넣고 식으면 깔끔하게 체망에 걸러줘요. 가쓰오부시는 너무 오래 담가두면 쓴맛이 나니 넣을 때 맘째 넣고 먼저 건져요.

5 강판에 무를 갈고 대파도 다져 준비해요.

6 메밀국수를 삶아 찬 생수로 헹궈 대나무 채반에 올려요. 나무 그릇을 쓸 땐 항상 끓는 물에 넣었다 빼서 소독 후 사용했어요. 접시도 삶거나 예열한 오븐에 넣어 소독해서 사용해야 해요.

홍게살 토마토 퀴노아 펜네 파스타

미국 쇼핑몰 사이트에서 100% 퀴노아로 만든 펜네 파스타를 발견한 순간 유레카를 외쳤어요. 식감이 어떨지 좀 걱정이 되었지만 모양은 완벽한 펜네 파스타였어요. 며칠이나 기다려 받은 퀴노아 파스타는 조리 시 약간의 퀴노아 향이 나는 단점이 있었지만, 영양분을 생각하며 토마토와 각종 허브를 넣어 향을 중화시켜 주었어요.

Ingredient

퀴노아 펜네 파스타 1컵, 홍게살 150g, 토마토 5개, 마늘 8쪽, 다진 양파 1컵, 딜 2줄, 페페론치노 1큰술, 천일염 ⅓작은술, 아보카도 오일 약간

Samarian Tip

슈퍼 푸드 중 두 가지가 포함된 레시피예요. 토마토와 퀴노아의 효능은 음식이 아니라 약재로 느껴질 정도예요. 아마 허준 선생도 알고 계셨다면 <동의보감>에 한 줄 넣으셨을 거예요. 홍게에 든 키토산은 면역력을 높여주고 암세포가 성장하지 못하게 막아줘요. 아미노산, 단백질, 칼슘이 풍부하고 철분 함량이 높아 혈액 순환과 빈혈에 좋아요. 퀴노아는 마그네슘이 풍부하여 혈관 건강에 좋으며 식이 섬유는 소화 작용을 도와요. 토마토는 '말해 뭐해'일 정도로 엄청난 녀석이에요. 토마토에 들어있는 리코펜 성분은 독성 물질을 억제하며 위를 보호해 주고 활성 산소를 제거해서 면역력 강화에 정말로 좋아요. 또한 혈액 순환과 혈관 건강, 항암 효과, 노화 방지에도 좋아요. 레스토랑과 카페에서 가장 기본으로 많이 사용하는 식재료 중 하나에요.

How to cook

1. 토마토 페이스트를 만들어요. 잘 익은 토마토는 십자로 한 번 칼집을 내고 뜨거운 물에 데쳐 껍질 벗긴 후 잘게 다져 끓여줘요. 뭉근하게 오래 끓여 걸쭉해지면 불을 끄고, 천일염과 아보카도 오일을 넣어 섞은 후 준비해요. 저는 칼칼하고 매콤한 맛을 좋아하는 아들의 입맛을 맞추기 위해 페페론치노를 듬뿍 넣거나 청양고추를 넣어 끓였어요.

2. 생수에 천일염을 넣고 끓으면 퀴노아 펜네 파스타를 삶아줘요. 퀴노아 면은 일반 밀가루보다 익는 시간이 더 걸려요.

3. 면이 삶아질 동안 프라이팬에 아보카도 오일을 충분히 두르고 슬라이스한 마늘을 볶다가 양파도 같이 볶아요.

4. 페페론치노를 넣어 볶은 토마토 페이스트를 3의 팬에 넣고 홍게살도 전부 넣어줘요.

5. 1의 삶은 면을 페이스트가 끓고 있는 프라이팬에 넣고 휘리릭 소스에 섞어줘요. 너무 되면 면수를 조금 넣어요.

6. 딜을 잘게 썰어 넣어 완성한 후 접시에 올리고 마지막에 딜 한 줄기를 올려 장식해 줘요. 항균, 항암 작용을 하는 딜을 허브 중엔 제일 많이 요리에 사용했어요. 굿사마리안레시피와 카페 세인트루크마리에서도 딜을 많이 사용해요.

명란 대파 두부면 파스타

―――――――――――― ❃ ――――――――――――

　우리나라에서 자란 식재료들은 참 좋은 것들이 많아요. 얼마 전 예능에서 보니 이탈리아에서 온 미슐랭 셰프들도 깜짝 놀라더라고요. 요즘엔 해외 어느 나라와 비교해도 훨씬 더 맛있고, 아이디어도 좋고, 패키지까지 멋진 식재료들이 가득이에요. 보통 제품의 성분을 보면 특히 국수는 밀가루가 첨가되지 않은 것이 정말 드물어요. 그래서 처음엔 쌀국수만 쓰다가 100% 메밀 면을 찾게 되었고 그러다 두부면이 출시되어 기쁜 마음으로 메뉴를 만들었어요.

Ingredient

저염 명란* 2쪽, 대파 3개, 다진 양파 1컵, 마늘 8쪽, 페페론치노 반큰술, 파르미지아노 치즈 ½컵, 생들기름 3큰술, 아보카도 오일 ½컵, 들기름 1큰술

Samarian Tip

면역력이 약한 아들에게 명란젓을 먹일 수 없어 익혀 요리했어요. 껍질도 식감이 안 좋으니 항상 벗겨 사용해요. 명란에는 아연과 비타민, 미네랄 등이 풍부해 면역력을 향상시켜 주고 피로 회복에도 도움을 줘요.

How to cook

1. 생들기름을 두르고 슬라이스한 마늘을 타지 않게 볶아주고 페페론치노와 다진 양파도 볶아요. 중불에서 마늘을 잘 보며 볶아줘야 해요. 금세 다 타버리거든요.

2. 아보카도 오일을 더 넣고 준비해둔 명란을 넣고 볶아줘요. 파스타에는 오일이 많이 들어가요. 생들기름만 쓰면 특유의 향이 많이 나서 저는 두 가지 오일을 같이 썼어요.

3. 채친 파를 듬뿍 넣고 재빨리 한번 볶은 후 물기를 뺀 두부면을 넣고 젓가락으로 뒤적이며 익혀요. 파는 향이 나게 하는데 너무 오래 볶으면 물러지니 잘 살펴봐야 해요.

4. 불을 끄고 젓가락으로 돌돌 말아 플레이팅 한 후 들기름을 살짝 한 번 두르고, 파르미지아노를 갈아 올려줘요. 두부면이 기름을 많이 흡수하니 오일양을 잘 조절해야 해요. 그래서 마지막에 한 번 더 들기름을 넣어요.

---

* 저염 명란은 칼집을 넣고 알만 빼서 준비하고 마늘은 슬라이스해요. 파는 파무침 할 때처럼 길게 채 쳐서 사용해요.

Noodle and Pasta
미션 임파서블한 건강 디저트 만들기

사실 '카페 세인트루크마리'를 운영하면서 가장 힘든 것 중의 하나가 디저트 메뉴 개발이었어요. 처음 카페를 오픈하고부터 지금까지 가장 많이 듣는 말 중에 하나가 "그냥 모스가든 카페나 굿사마리안 카페라고 이름 지으면 안 될까요?"부터 시작해서 "디저트를 만들라고 하면서 설탕과 밀가루 없이 어떻게 디저트를 만들어요?"였어요.

우선 카페를 분리해서 만들었던 이유는 '카페 세인트루크마리' 브랜드 탄생 편에서처럼 각기 다른 브랜드 개발로 공간을 만들어야 했어요. 당장 쉽게 굿사마리안 음료나 디저트를 만들다 보면 정체성이 사라지고 브랜딩할 때 어려움을 겪게 될 날이 올 것이 분명했죠. 그리고 무엇보다도 아들에게 주었던 모든 음료와 간식을 생각한다면 그건 '굿사마리안'과는 또 다른 정성이었어요. 매일 병상에 누워 항암 치료를 받는 아들이 조금 더 행복해질 수 있는 간식을 만들기 위해 얼마나 많은 채소와 과일을 공부했는지. 대지에서 나는 모든 채소와 과일에 어떻게 그렇게나 많은 효능과 성분이 들어 있는지.

그래서 고민해서 만든 것이 바로 '카페 세인트루크마리'였어요. 누가복음의 루카는 사도 바울을 따라다니며 전도한 사람으로 제자들 중에 유일한 이방인이자 의사였대요. 적어도 제가 아들에게 만들어 준 모든 차와 주스, 간식은 자연에서 얻은 채소와 과일로 만들어진 건강 디저트였어요.

설탕과 팜유, 밀가루를 빼고 아이들이 좋아할 간식이란 거의 없어요. '단 것을 별로 좋아하지 않아요.'라고 말하는 아이들은 거의 없으니까요. 아들이 너무나도 과자를 먹고 싶어 해서 마트에 가 한참을 골랐지만, 바구니에 아무 과자도 담을 수 없어 도로 나온 기억이 있어요. 쇼트닝과 팜유가 안 들어간 과자를 고르려다 보니 빈손으로 나올 수밖에 없었어요. 그렇다고 과일과 검정콩, 다시마 같은 것만 먹으라고 하기엔 아들이 안되었어요. 그때 아들은 빨간 통에 든 프링글스 감자칩을 간절히 먹고 싶어 해서 저는 또 간식 레시피를 고민하게 되었어요.

강황 감자칩

강황 감자칩을 처음 만들어 가득 담았을 때 어찌나 뿌듯하고 감사하든지요. 아들이 특히 빨간 통에 든 프링글스 감자칩과 바삭한 과자를 먹고 싶어 할 때 만난 귀하고 귀한 레시피에요. 한 장 한 장 공들여 펼치고, 물기를 말려야 하는 지루한 과정이 있지만 아들이 맛있게 먹어주어 한참 동안 자주 만들어 주었어요. 감자칩 장사를 해도 되겠다 싶었어요.

Ingredient

햇감자 2개, 복분자 소금
⅓작은술, 강황 가루 1큰술,
표고버섯 가루 1큰술

Samarian Tip

영양을 위해서 감자칩 위에
표고버섯 가루나 다시마 가루를
살짝 뿌려주면 좋아요. 또 감자와
함께 우유나 치즈를 먹으면 영양의
상승 효과를 볼 수 있어요. 싹이
나거나 녹색으로 변한 감자의
솔라닌 성분은 익혀도 독성이
제거되지 않으니 아깝게 생각하지
말고 과감히 버려요.
대지의 사과인 감자는 사과의 6배
정도의 비타민 C를 가지고 있어요.
또 사과에 다량 들어 있다는
칼륨이 4배 이상 많은데 정말로
놀라워요.

How to cook

1 감자는 깨끗이 씻어 껍질을 벗기고 2mm
   간격으로 슬라이스해요. 손으로 잘라도 되고
   슬라이서를 사용해도 돼요. 두께가 감자칩의
   맛을 좌우하기 때문에 너무 얇게도 너무
   두껍게도 잘리면 안돼요.

2 찬물에 담가 손으로 살살 씻으며 전분을 빼 준
   후 끓는 물에 감자를 3분 정도 익혀요. 건조기는
   100℃까지 올라가지 않으니 안전하게 끓는
   물에 먼저 익혀주면 좋아요.

3 채 망에 건져 키친 타월로 물기를 닦은 감자를
   한 장씩 리큅망에 올리고 강황 가루와 표고버섯
   가루, 복분자 소금을 솔솔 뿌려요. 감자 두 개
   분량도 얇게 자르면 꽤 많은 양이 나와요. 키친
   타월을 아낌없이 펼쳐 놓고 한 장, 한 장 펼쳐
   꾹꾹 눌러 물기를 닦아줘요. 물기를 잘 빼야
   바삭한 감자칩을 만들 수 있어요.

4 식품 건조기에 넣고 70℃ 온도에 맞춰 6시간
   정도 돌려줘요. 노란색으로 물든 건강하고
   바삭하고 짭조름한 감자칩을 보면 오랜 시간
   공들인 노력이 하나도 아깝지 않아요. 아들이
   먹고 난 후 기뻐할 모습만 눈에 선해요.

채소 즙으로 색을 낸 밤앙금 오색떡

❋

    퇴원 한 번 못 하고 몇 달 동안 병상만 지키고 있는 힘든 아들에게 잠깐이나마 즐거움을 주고 싶었어요. 시금치 한 단을 갈아서 당근과 비트즙을 내어 쌀가루를 넣고 반죽했어요. 처음 만들어 본 것 치곤 고운 빛깔의 먹음직스러운 떡이 완성되어 뿌듯했어요.

Ingredient

습식 쌀가루 300g, 천일염 1작은술, 시금치 150g, 당근 1개, 비트 ⅓ 개, 끓인 생수 110ml, 꿀 1큰술, 호두, 들기름 약간

찐밤 1컵, 다진 호두, 볶은 검정깨 2큰술, 꿀 3큰술, 천일염 약간, 계피가루 약간

Samarian Tip

반죽에 쑥을 넣어도 좋고 소에 서리태를 넣어도 좋아요. 밤에는 5대 영양소가 풍부하게 들어 있어 '밤 세 톨만 먹으면 보약이 따로 없다'라는 옛말이 있을 정도예요.

How to cook

1. 유기농 습식 쌀가루에 천일염을 넣고 잘 섞어줘요. 꼭 습식 쌀가루로 만들어야 떡이 잘돼요.

2. 깨끗하게 세척한 시금치는 생으로 휴롬에 갈아 즙을 내주고 비트, 당근도 마찬가지로 즙을 내어 준비해 줘요. 다른 컬러 식재료도 얼마든지 사용 가능해요.

3. 쌀가루는 색깔별로 반죽을 해야하니 3등분으로 나눠서 각각 볼에 담아요

4. 각각 볼에 끓인 뜨거운 물과 즙을 낸 재료를 조금씩 넣어가며 손에 묻어나지 않을 때까지 익반죽을 해요. 넣어주는 물의 양이 중요하니 조금씩 넣으며 잘 살펴봐요.

5. 각각 익반죽한 덩어리를 깨끗한 면 보자기로 싸서 실온에 20분 정도 숙성시켜요.

6. 숙성시킬 동안 소를 준비해요. 찐밤을 작은 절구에 넣고 잘 빻은 후 다른 속 재료를 전부 넣어 잘 섞어줘요. 들어갈 소는 취향 껏 바꿀 수도 있어요.

7. 숙성된 반죽을 기둥 모양으로 길게 만들고 먹기 좋은 크기로 떼어내요.

8. 오목하게 빚어 모양을 만든 후 소를 넣고 둥글게 잘 빚어 마지막에 호두를 올려 완성해요. 이때 만든 떡은 겉면이 마르지 않게 젖은 면 보자기로 잘 덮어 줘요.

9. 찜기에 물이 끓어오르면 떡을 올린 후 센 불에서 10분, 중불로 15분, 불을 끄고 5분 정도 뜸을 들여 익혀요.

10. 다 된 떡을 하나씩 떼어 들기름을 조금씩 발라 이쁜 접시에 담아줘요. 들기름을 바르면 접시에 붙지 않고 고소한 맛도 더할 수 있어요. 보통은 참기름을 쓰는데 저는 아들에게 좋은 들기름을 발랐어요.

건강 주스 3총사

    채소를 많이 먹이고 싶어도 하루에 먹을 수 있는 양은 그리 많지 않았어요. 그래서 생각해 낸 방법이 건강 주스였어요. 파스타, 닭고기 요리와 함께, 혹은 간식 대용으로 주스를 만들어 하루에 3컵 이상 마시게 했어요. 빨간 토마토를 보글보글 끓여 올리브 오일을 듬뿍 넣은 항암 주스, 겨울 한정 제주 한라봉을 짜서 만든 비타민 가득 주스, 그리고 비트, 당근, 사과를 넣은 레몬 주스가 바로 우리 아들을 위한 건강 주스 3총사에요.

Ingredient

토마토 주스: 토마토 12개, 천일염 1작은술, 엑스트라 버진 올리브 오일 50g

한라봉 주스: 한라봉 3~4개

비트, 당근, 사과, 레몬 주스: 비트 120g, 사과 1개, 당근 120g, 레몬 1/2개

Samarian Tip

모든 주스의 첫 번째 준비는 보르미올리 병 소독부터예요. 먼저 보르미올리 병을 잼팟에 넣고 소독해요. 병이 건조되는 시간이 걸리기 때문에 먼저 준비해줘야 해요.
토마토를 가장 항암에 좋게 먹는 방법은 열을 가해 15분 정도 끓여 리코펜 성분을 증가시켜 주는 거예요. 거기에 기름과 함께 조리하면 리코펜 성분은 2~3배가 높아져요. 그래서 저는 토마토를 끓인 후 불을 끄고 엑스트라 버진 올리브 오일을 충분히 넣어줬어요.

How to cook

토마토주스

1. 토마토는 익으면서 꼭지 사이에 곰팡이가 잘 생길 수 있어 먼저 꼭지를 따고 깨끗이 씻어줘요. 저는 세균에 철저히 대비해야 해서 꼭지를 딴 후 그 부분을 살짝 도려냈어요.

2. 꼭지 부분부터 십자로 길게 칼집을 내어 끓는 물에 1분 정도 데친 후 껍질을 벗겨줘요.

3. 냄비에 넣고 10분 정도 끓인 후 불을 끄고 핸드 블렌더로 곱게 갈아요. 다시 5분 정도 끓인 후 천일염을 넣고 불을 끈 후 엑스트라 버진 올리브 오일을 넣고 잘 섞어요.

4. 토마토 크기에 따라 다르겠지만 4~5병이 나오는데 불을 끈 후 재빠르게 보르미올리 병에 넣고 뚜껑을 닫아요. 식힌 후 냉장고에 넣고 먹을 때 뚜껑을 열면 '펑'하고 소리가 나죠. 깨끗하게 보관이 잘되었다는 소리예요.

한라봉 주스

1. 베이킹소다와 켈러 채소용 솔을 이용해 깨끗하게 한라봉을 씻어줘요.

2. 반으로 자른 후 브레빌 시트러스 주스 착즙기로 편리하게 짜줘요. 주서기가 없었다면 제 손목은 지금 남아있지 않을 거예요.

비트, 사과, 당근, 레몬 주스

1. 재료를 깨끗이 씻어 준비하고 물기를 없애요. 물기가 있으면 냉장고에 보관해도 주스가 빨리 상해요. 저는 재료 세척 마지막엔 꼭 생수로 샤워를 해줬어요. 혹시 수돗물 한 방울에 세균이 들어있으면 어쩌나 하는 마음에서요.

2. 휴롬 착즙기에 준비된 재료를 순서대로 넣고 착즙해요. 마지막에 레몬즙을 넣고 섞어 병에 담아주면 끝이에요. 아들은 그 몸에 좋은 비트를 싫어해서 레몬즙을 좀 많이 넣어 비트 향이 덜 나게 했어요.

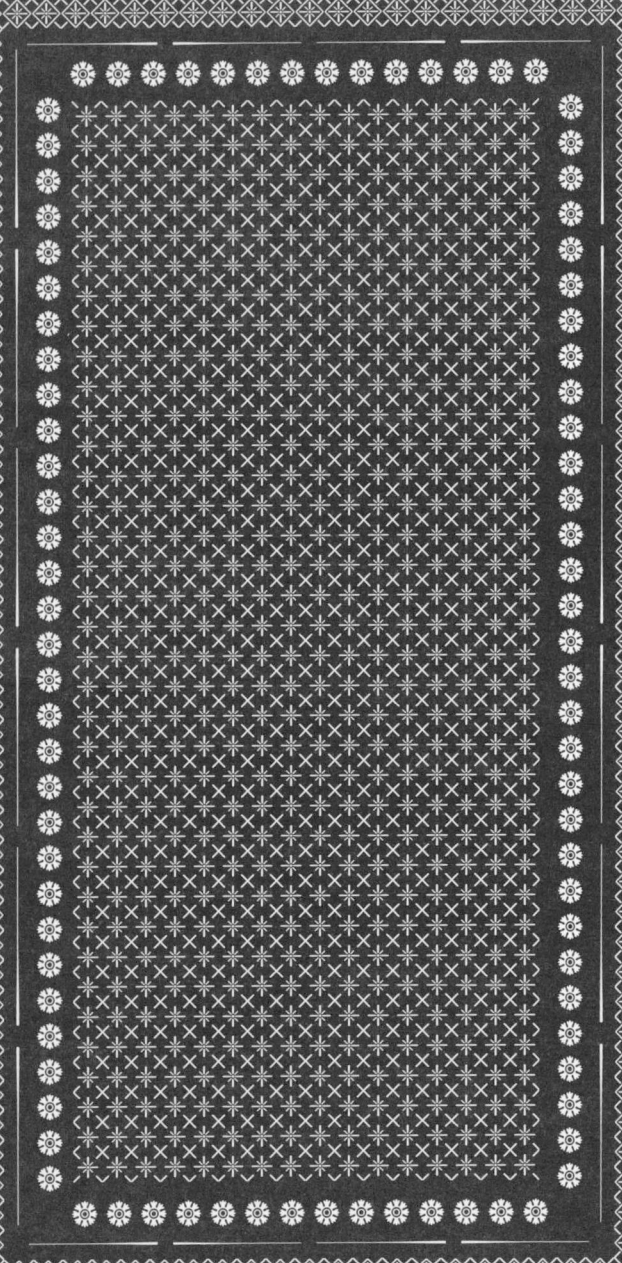

4

브랜드 스토리, 그 이야기들

정원의 탄생

"어리석은 사람은 서두르고, 영리한 사람은 기다리지만,
현명한 사람은 정원으로 간다."
타고르

철학자 타고르는 정원에 대해 이렇게 말했다. 처음에는 단순하게 시작했다. 아픈 사람들에게 건강에 좋은 음식과 레시피를 공유하고, 맛볼 수 있는 공간을 만들고 싶었다. 그렇게 해서 만든 레스토랑 '굿사마리안레시피'는 카페 '세인트루크마리'와 함께 단순한 식당이나 카페가 아닌 음식과 문화가 공존하는 각각 독립된 브랜드로 존재해야 했고, '모스가든 복합문화공간'는 그런 배경으로 시작되었다.

모스가든이 탄생하고, 유통업계 사이에서 주목받기 시작하자 여러 곳에서 러브콜이 오기 시작했다. 그러나 오랫동안 유통업체와 브랜드를 컨설팅하며 성장하는 기업이 저지르는 실수를 목격해 왔기 때문에, 우리는 다른 시각과 성장 과정이 필요했다. 르코르뷔지에가 프랑스 롱샹 성당을 지을 때 기존의 고딕 건축이 아닌 모습에 현지 사람들은 실망을 감추지 못하며 비난했다고 한다. 그러나 지리적 조건, 환경, 심지어 산의 모양에 따라 성당의 모습도 달라져야 한다는 생각에 르코르뷔지에는 예상치 못한 방식의 위대한 롱샹 성당을 건축하게 된다.

제아무리 성공한 브랜드라고 해도 지역적 특성이나 사람들의 나이, 취향, 직업에 따라 브랜드가 가진 힘을 발휘해 내지 못하는 모습을 봐왔다. 그럼에도 불구하고 대부분은

굿사마리안레시피
GOOD SAMARIAN RECIPES
GSR

GARDENS GOURMET MARKET & CONTEMPORARY DINING

굿사마리안레시피는 한국어 발음법에 따라 'T'를 묵음 처리한 것으로, 선한 사마리안법도 있듯이 강도를 만나 이웃을 돕는 이방인처럼 이타적인 마음으로 이웃(소상공인, 농장 등)을 사랑하고 돕는 마음으로 음식을 만들자는 뜻으로 만들어진 레스토랑이다.

color	피와 사랑을 뜻하는 레드
slogan	We believe good people deserve better food
food	레바논, 이집트, 스위스, 러시아, 멕시코, 브라질, 태국, 베트남, 이탈리아, 포르투갈, 한국 등 전 세계 어머니의 레시피
vision	PB / MPB / 소싱 및 굿즈 제작
mission	소아암 환우

지역을 고려하지 않은 채 그대로 분점을 내어 실패하는 경우도 많다. 우리는 모스가든 만큼은 그 정체성과 고유함을 지키기 위해서는 확실한 스토리를 가지고, 특수한 지역이 아닌 이상은 본점이 유일한 모스가든이 되어야 한다는 것에 모두 동의했다.

그렇다고 잘 지키는 것만이 능사는 아니다. 시대와 흐름에 맞춰 지속적으로 변화하지 않으면 언젠가는 도태될 수 있다. 브랜드는 아이와 같다. 그 나이에 맞게 성장시켜야 하고 끊임없이 돌보며 발전시켜야 한다. 이제는 메이저 브랜드와 협업을 하며 소비자를 공유하는 시대라는 사실을 알기에 '협업 형태'의 매장 오픈을 시작하게 되었다. 사실 처음부터 거대한 목표를 세웠던 것은 아니다. 그러나 브랜드의 정체성이 확실해지고, 인지도가 생기면서 모스가든을 오픈하고 싶어 하는 상대가 생겼다.

무리하게 사업을 확장할 수도 없는 일이지만 결국 유통 채널을 확장 시키기 위해서는 좋은 파트너가 필요했다. 대부분의 기업은 '모스가든'이라는 일차적으로 검증된 브랜드 네임과 컨셉을 원했다. 우리는 대기업에게 우리의 가치관과 철학을 설득하고 관철시킬 필요가 있었다. 그러면서 '모스가든'만이 모두 정답이 아닌 그들만의 '가든Garden'의 필요성을 제시했다. 변화를 필요로 하는 시대에 새로운 것에 목말라 있는 대기업은 우리의 제안을 받아들이며 현실화하기 시작했다.

각각의 지역적 특성과 문화에 맞는 철학적 사고방식을 갖고 컨셉을 제시하지 않으면 다른 브랜드와 경쟁할 수밖에 없다. 우리는 경쟁을 하기 위해 지금의 일을 하는 것이 아니다. 같이 잘 살기 위해 만든 브랜드를 가지고 새로운 비전을 제시해야 한다. 그렇지 않으면 수많은 브랜드 사이에 묻혀질

인디고 가든
HOTEL INDIGO GARDEN
IDG

PREMIUM LOS ANGELES DINER

'인디고'는 아이작 뉴턴이 무지개의 일곱 가지 색에 마지막으로 추가한 색으로 섬유 산업에서 많이 사용한 남색을 뜻한다. 데님을 상징하는 쪽빛 남색 인디고와 페이즐리 패턴으로 L.A.부터 남미까지 여행하는 기분으로 지은 이름.

color	데님을 상징하는 인디고 블루와 정열적인 태양의 레드
slogan	Tastes from L.A to Mexico
food	남미와 아메리칸 음식
vision	PB / MPB / 소싱 및 굿즈
mission	크리에이티브한 감각을 지닌 젊은 작가들

수 밖에 없다. 사실 '모스가든'이 논현동 본점 이외의 장소로 나가지 않은 이유는 경제적인 어려움과 운영 여건이 안 되었기 때문이다. 그럼에도 불구하고 '모스가든'과의 협업을 진심으로 원하는 곳은 언제나 감사한 마음으로 이야기를 들었다. 대기업 자본과 우리의 콘텐츠 및 운영이 합쳐져 또 다른 '가든'이 탄생하게 된 것이다.

   2021년도에는 한화와 갤러리아 웨스트에 브런치 카페를 오픈했다. 그러나 8평 남짓한 공간에서 '굿사마리안레시피'의 다양하고 까다로운 메뉴를 개발하기엔 턱없이 부족했다. 그러다 보니 자연스럽게 객석 수가 부족하여 아무리 계산기를 두드려 봐도 수익 구조가 좋게 나오질 않았다. 회전율을 높이면서도 작은 공간에서 조리할 수 있는 보다 심플한 메뉴가 필요했다. '굿사마리안레시피'의 철학을 지키면서 갤러리아 백화점 고객의 기호와 취향 또한 맞춰야만 했다. L.A.의 럭셔리 편집숍인 프레드시갈 Fred Segal을 갤러리아 웨스트에 론칭하며 한켠에 식당을 열고 싶어 하는 기업의 목적도 생각해야 했다. 그렇게 해서 탄생하게 된 것이 '인디고가든 Indigo Garden'이다.

    다양한 건강식과 남미 음식이 공존하는 로스앤젤레스를 컨셉으로 미국식 분식점과 같은 '프리미엄 로스앤젤레스 다이너 Premium Los Angeles Diner'를 기획하여 음료와 함께 멕시코, 브라질, 페루를 아우르는 남아메리카 레시피를 개발하기 시작했다. 물론 처음부터 쉬울 수는 없는 일이었다. '굿사마리안레시피'의 컨셉인 '전 세계 엄마들의 레시피' 다음으로 아메리카 대륙의 레시피가 개발된다는 사실에 걱정 반 즐거움 반으로 영업을 시작했다. 서부 개척시대에 등장하는 '반다나 Vandana' 패턴에서 영감 받아 페이즐리를 시그니처 패턴으로 하고 사막과 선인장을 모티프로 한 B.I.도 디자인했다. 아픈 김혜진 대표의 아들을 위해 작은 식탁에서도 전 세계 여행을 할 수 있게 만들자는 우리의 계획이 일보 발걸음을 내딛는 순간이었다. '인디고가든'은 옥수수 가루로 만든 토르티야와 아보카도, 레몬을 잔뜩 넣은 남미 스타일의 샌드위치와 건강함을 추구하는 로스앤젤레스 음식 문화가 믹스되어 자리를 잡아 가고 있다.

물론 말처럼 줄줄 쉽게 흘러가면 인생이 얼마나 편하겠는가. 8평 남짓한 크기의 매장이라도 운영 방법이나 들어가는 노동력은 큰 매장과 다를 게 없이 좌충우돌인 날들을 보내야 했다. 그러던 어느 날 한 통의 전화를 받았다. 롯데에서도 '모스가든'을 오픈하고 싶다는 내용이었다. 역시 똑같은 말로 '모스가든'은 외부에 나갈 수 없다고 말했다. 물론 이때도 우리는 경제적으로나 운명적인 측면에서 아직 안정을 찾지 못했다는 말도 빼놓지 않고서. 그러자 롯데 측에서는 방법을 찾아 보자며 오픈하고 싶은 곳은 바로 시그니엘 지하에 있는 롯데 월드몰이라고 했다. 롯데 잠실의 지역적 특성과 론칭하는 장소, 그리고 롯데라는 기업 이미지를 생각하며 공간에 대한 목적을 정리했다. 그리고 롯데 백화점 이미지와 잠실에 맞는 이름으로 '로얄테라스가든'을 제안했다. 백화점, 온라인, 쇼핑몰, 마트와 같은 다양한 유통 채널을 가지고 있는 대기업에 단순한 레스토랑이 아닌 F&B 브랜드로서 향후 발전할 수 있는 새로운 비전까지 제시하며 이례적으로 롯데 물산으로부터 투자를 받아 '로얄테라스가든 Royal Terrace Garden'의 문을 열게 되었다.

음식의 종류 또한 지역적 특성을 고민했다. 강북과 비슷한 보수적 성향을 지닌 중상류층 가족 구성원과 벤처

기업부터 해외 기업 지사 등 다양한 국적과 사람들이 공존하는 독특한 지역이 바로 잠실이다. 우리는 젊고 세련된 직장인들과 커뮤니티가 확실한 엄마들의 마음을 잡기로 결정을 내렸다. 그렇게 해서 정한 컨셉은 '브리티시 콜로니얼 스타일 British Colonial Style'이었다. '해가 지지 않는 나라'라는 별명을 가진 영국은 다양한 식민지를 통해 영국 전통 음식과 호주, 인도, 싱가포르, 말레이시아 등의 다국적 메뉴가 한데 섞인 독보적인 음식 문화를 가지고 있다. 그것은 비단 음식만이 아니라 인테리어, 건축까지 아우르는데 튜더, 에드워디안, 빅토리안 등의 전형적인 영국 양식 식민지 스타일이 존재한다. 우리는 김혜진 대표의 아들을 위한 세 번째 '세계 여행 프로젝트'로 영국의 '브리티시 콜로니얼 스타일'로 인테리어와 메뉴를 개발하기로 했다.

> '새로운 직물이나 공정을 발견하는데 더 큰 노력을 기울여야 한다. 다시 말하지만, 핵심은 '발명'이 아닌 '발견'이다. 발명을 할 만한 시간은 없다'
>
> 이본 쉬나드

파타고니아 CEO인 이본 쉬나드의 저서인 <파타고니아>를 꽤나 감명 깊게 읽은 적이 있다. 이제 세상은 수많은 정보와 제품, 기획이 공존하고 있기 때문에 무엇인가 새롭게 한다는 것은 어려워졌다. 그건 F&B 비즈니스도 마찬가지 상황이다. 레시피와 컨셉을 고민하는데 있어 무조건 유행을 따르기보다 수많은 문화를 연구하고 찾아내어 조합한 컨셉이 소비자에게 안정감을 줄 수 있을 거라 생각했다. 잠실은 보수적이면서도 프리미엄하고 조직적으로 움직이며 주거지와

로얄 테라스 가든
ROYAL TERRACE GARDEN
RTG

BRITISH COLONIAL CUISINE

영국 로티서리, 피시 앤 칩스 등과 인도, 쓰리랑카 등 식민지였던 국가의 레시피가 믹스된 영국 퀴진(영국 전통 음식과 함께 영국의 통치 아래 있었던 인도, 싱가포르, 호주, 북아메리카 등의 음식이 함께 믹스된 것을 가리킨다.) 레스토랑으로 전국의 좋은 식자재를 활용한 식탁.

color	아이리쉬 색인 그린과 영국의 블루 조합
slogan	Tastes from the Earth
food	피시 앤 칩스, 로티서리 치킨
vision	타 브랜드 협업
mission	해외 노동자

사무실이 거대하게 밀집된 우주 정거장 같은 지역이다. 그런 곳에서 '굿사마리안레시피'와 같은 독특한 레시피와 '모스가든'의 이국적인 인테리어 컨셉은 다소 난해할 것이라고 판단했다.

일반적으로 영국 음식이 맛이 없다고 하지만 사실 영국 요리에는 다양한 문화가 믹스된 '브리티시 콜로니얼 스타일 British Colonial Style'이라는 장르가 있다. 우리는 이것에 착안을 해서 영국의 대표적인 음식인 '피시 앤 칩스'를 비롯해서 '로티서리 치킨'을 개발했다. 특히 로티서리는 런던 해롯 Harrods 백화점 지하 식품관에 위치한 오래된 '오리지널 로티서리 치킨 Original Rotisserie Chicken'에서 영감을 받아 로티서리 기계를 직접 제작해서 전기구이 통닭을 만들었다. 처음에는 해롯 백화점에서 기계를 수입하고 싶었지만 오픈 시간에 맞출 수가 없어 우리가 직접 디자인해서 기계를 만들었다. 그런데 생각보다도 훨씬 담백하고 고소하게 구워져서 깜짝 놀랐다. 여기에 보수적인 고객의 입맛에도 맞으면서도 '브리티시 콜로니얼 퀴진'에 부합하는 아시안 누들을 개발하기로 했다.

'굿사마리안레시피'를 오픈하고서도 몇 년 동안 그랬지만 처음부터 직원들의 냉담한 반응은 감수해야 했다. 셰프들은 스테이크나 이탈리안 파스타로부터 자유로워질 수는 없는 듯, 면접 볼 때부터 우리의 컨셉을 말했음에도 불구하고 매번 일반적인 이탈리안 레스토랑 메뉴를 만들고 싶어 했다. 심지어 조금이라도 매출이 적으면 그것은 이탈리아 메뉴가 아니기 때문이라는 이유를 내세웠다. 언제나처럼 우리는 직원들을 설득해야 했고, 비전을 제시하며 지금의 멤버를 구성하게 되었다.

전 세계에서 지중해를 비롯한 중동 지역을 시작해서 아메리카 대륙을 거쳐 그리고 영국으로 온 셈이다. 우리는 그렇게 전 세계를 아우르는 컨셉과 철학으로, 여행을 못 가는 수 많은 사람들에게 즐거움을 주는 '정원'을 만들게 된 것이다.

아직도 우리에게 해결해야 할 과제도 많다. 솔직히 고백하건대 제안서를 가지고 프레젠테이션을 했을 때는 MD들까지도 성공을 예측하는 기획이었다. 그러나 1년이 넘도록 두 군데 모두 성공적인 매출로 성장하고 있지는 않다. 그 이유를 꼽는다면 가장 큰 이유는 우리가 대기업이 제안하는 것을 제대로 분석하지 않고 오픈했다는 점이다. 다시 말해 환경적인 결함, 예를 들어 '인디고가든'과 '로얄테라스가든' 모두 푸드코트로부터 동떨어진 곳에 위치하고 있다는 것이다. 그 이유는 우리가 위치를 정한 것이 아니라 대기업의 공간 목적에 맞춰 정해진 자리에 레스토랑을 오픈해야 했기 때문이다. '인디고가든'은 갤러리아 5층에 오픈하는 프레드시갈의 구색을 맞추기 위함이었다.

또한 '로얄테라스가든'은 롯데 물산 소유의 시그니엘과 롯데월드몰 테넌트와의 팝업 행사, 전시 등의 콘텐츠 강화를 위해 비어 있는 공간을 막아 레스토랑을 만든 것이다. 물론 합법적인 방식으로 건축물에 벽을 만들어 레스토랑을 만들었지만 일단 주방이 협소하고 좌석 수를 늘릴 수 없었다. 가장 큰 문제는 외부 테라스를 막은 것이기 때문에 겨울이면 칼바람이 들어왔다. 맛있다는 평으로 고객들이 매장을 들어섰다 시베리아 벌판과 같은 추위에 다시 발길을 돌려 우리의 애를 태웠다.

연이어 대기업과 협업으로 오픈한 두 '가든'은 공통적인 문제점을 안고 시작하게 된 것이다.

- 푸드코트로부터 동떨어진 위치라 고객이 많아도 모객이 어렵다.
- 원래 식당 자리가 아니기에 주방이 협소하고 배관에 문제가 있다.
- 좌석 수의 빈곤함으로 회전율이 낮다.
- 지역에 대한 지식은 있으나 좀 더 철저한 분석과 파이낸스에 대한 계획을 세워야 했다.

그러나 우리는 단순한 레스토랑 비즈니스가 아닌 새로운 형태의 F & B 브랜드로 발전시키기 위해 견뎌야 했고, 끊임없이 기획하며 인내해야 했다. 일을 하면서 수많은 업종들, 연예계, 출판계, 패션, 뷰티, 유통 속에서 지금까지 깨달은 것은 '성공'이 중요한 것이 아니라 '견디며 가장 좋은 때'를 기다려야 한다는 사실이다. 제아무리 요란하게 데뷔하고 드라마틱한 매출을 일으켰던 브랜드나 사람들이 어느 새인가 사라져 버린 모습을 얼마나 많이 지켜보았는가. 그렇기 때문에 우리는 견뎌야 했다. 쉬운 일은 아니다. 인테리어 비용과 일부 주방 기구에 대한 경제적 투자를 받았다고는 해도 실제로 일어나는 운영비는 우리의 몫이었다. 또한 수수료도 생각해야만 한다. 당연히 '모스가든'과 함께 '굿사마리안레시피'까지 운영해야 했기 때문에 끊임없이 투자를 해야 했다.

여기서 항상 잊지 말아야 할 것은 우리가 이 사업을 왜 하고 있는지를 깨달아야 한다는 것이다. 그저 돈을 벌기 위함이라면 빨리 수익 구조를 찾아내어 손익분기점에 도달해야만 한다. 그러나 그렇게 성공했다 하더라도 반짝 스타로 사라질 수 있다. 우리는 한 생명의 기적을 보았고, 곁에 있는 슬픔도 같이 경험해야 했다. 다시 한번 말하지만 말

그대로 그래픽 디자인만 잘 하면 넷플릭스 미국 본사나 디즈니 등에서도 러브콜을 받는 김혜진 대표는 이 일을 할 필요가 없다. 우리는 소명을 가지고 단순한 레스토랑 비즈니스가 아닌 새로운 형태의 콘텐츠를 베이스로 한 F&B 브랜드로 발전시켜야 할 의무가 있었다. 그러기 위해서는 시즌에 맞는 이벤트 사업과 제품 개발로 온라인과 오프라인 유통으로 확장시켜 수익을 창출해야 했다.

사실 우리가 오픈한 곳 모두 일반적인 식당 자리가 아니라는 고백을 나중에야 기업으로부터 듣게 되었다. "그런데 왜 불평을 안 하세요?"라고 테넌트 담당자가 말을 했지만 우리는 화를 내기보다 브랜드가 가지고 있는 능력을 더 보여줄 기회를 달라고 요구했다. 문제가 생기면 서로 끊임없이 대화하고 요청하며 맞춰 나가야만 한다. 롯데 물산의 류제돈 대표님과 최영 상무님, 그리고 테넌트 담당자들의 도움으로 롯데 월드몰 지하 1층에서 팝업을 시작했다. 유동 인구가 많은 공간이다 보니 샤넬 뷰티, 디올 등 유명 브랜드가 줄을 이어서 팝업을 여는 공간임에도 불구하고 같이 잘해보자며 좋은 위치에 그것도 좋은 날짜에 맞춰주었다. 우리는 이 기회를 놓치고 싶지 않아 마치 이탈리아 어느 장터처럼 바닥에 시트지를 깔고 화분까지 가져다 벼룩시장처럼 연출하며 '모스가든 1919' 마켓을 오픈했다. 보통은 집기를 가지고 집중된 품목으로 팝업하는 데 비해 만물상처럼 여러 아이템을 늘어놓자, MD 팀장이 달려와 품목을 정리하라고 지시했다.

그러나 오픈한 지 1시간도 채 안 되어 사람들이 웅성웅성 모여들고 매출이 일어나기 시작하자 우리가 주도적으로 팝업을 이끌게 되었다. 매일같이 매출은 올랐고, 임원들까지 구경하러 왔다. 심지어는 타 백화점과 쇼핑몰,

아울렛 바이어와 MD까지 보고 갔다. 팝업을 시작하고 얼마 안 있어 갤러리아 백화점에서도 팝업을 제안했다. 5층 갤러리아 웨스트의 팝업 공간은 매우 럭셔리한 브랜드나 갤러리를 두었는데 객 단가가 높은 것인지 언제나 조용하기만 했다.

우리는 다시 이국적이고 독특한 형태로 팝업을 제안했다. "이렇게 돈을 들이시면 저희야 좋지만…." 갤러리아 백화점에서 우리가 제안한 팝업 시안을 보고 좋아하면서도 놀란 눈치였다. 바닥을 타일처럼 시트지로 깔고 앤티크 장을 벽처럼 세워 프랑스 어느 도시의 골동품 가게처럼 연출하여 테이블 매트와 식기를 팔았다. 항상 갤러리처럼 조용하던 공간은 팝업을 오픈한 첫날부터 화제가 되어 고객이 끊이지 않고 모여 들었다. "혹시 아는 분들인가 싶어 봤는데 그냥 일반 고객이네요." 이곳도 롯데월드몰과 마찬가지로 갤러리아 5층 MD는 물론 임원들까지 구경하며 신기해했다. 물론 이곳 또한 타 백화점 바이어와 MD, 테넌트 담당자, 갤러리 큐레이터들까지 견학을 오며 다음 비즈니스를 성사시키는 쇼룸 형태가 되었다. 그렇게 해서 6개월 동안 더 현대 여의도, 현대 판교를 비롯해 갤러리아 지하 식품관, 신세계 강남점을 잇는 팝업을 줄줄이 열게 되었다. 그리고 2022년 겨울 결국 롯데 의왕과 경상남도 기장에 위치한 프리미엄 아울렛의 크리스마스 마켓 연출까지 맡게 되며 한해를 장식했다. 비록 레스토랑으로 극적인 매출을 일으키며 시작은 못했지만 인프라가 구축되기 시작했다. 언제나 콘텐츠에 목말라하는 대기업과 소통이 시작되었고, 관계를 형성하게 된 것이다. 물론 모든 팝업이 성공적인 매출을 얻었다고 해도 운영에 따른 손실에 대한 부담도 없지는 않았다. 그러나 각각 '가든'의 확장을 통해 유통과 또 다른 콘텐츠 개발을 통한 수익을 창출할 수 있게 되었다.

각 '가든'을 오픈하며 정말로 힘이 들었던 것은 사실이다. 다시 말하건대 잘나가는 대기업 임원이던 신유진 대표는 크리스마스와 설날에도 오픈하는 매장에 나가 고객을 맞이해야 했다. 김혜진 대표는 디자이너가 아닌 레시피스트로 셰프들과 이야기하고 설비까지 관리해야 했다. 그럼에도 불구하고 '가든'을 지켜야 하는 이유는 바로 '기적'을 위해서였다. 우리는 모든 업장에 기본적 인력 외에 경제적으로 도움을 필요로 하는 인원을 찾아 내어 투입하기 시작했다. 매번 새롭게 일을 시작하는 사람은 자신의 서투름에 힘들어하고, 그 서투름을 이해해야 하는 기존의 직원들을 설득하며 맞춰나가며 서로 잘 살자고 다독였다.

또한 각각의 브랜드에 부합하는 기부할 곳을 정해서 발전시켰다. 예를 들어 모든 것의 DNA가 되는 '굿사마리안레시피'는 김혜진 대표의 아들처럼 아픈 소아암 아이들을 돕기로 정했다. '인디고가든'은 갤러리아 백화점 특성에 맞게 '감각과 재능이 있지만 형편이 안 되는 아티스트'를 돕기로 했다. 또한 '로얄테라스가든'은 잠실이라는 국제도시에 걸맞게 해외 노동자를 위한 프로그램을 개발하고 있다. 모스가든 내부에 위치한 카페 '세인트루크마리'는 동물과 자연을 위해 기부하고 있다. 처음부터 쉽지는 않다. 지금은 투자되어야 할 돈이 매장마다 물먹는 하마처럼 많이 들어가기 때문에 기부금도 적지만 '나중에 하지.'라는 말은 절대로 하지 않기로 했다. 가난한 과부의 두 렙돈과도 같이 적더라도 기부를 시작했고, 향후 교육 프로그램을 발전시켜 인재를 개발하고 직업을 제공하는 일을 목표로 삼고 있다.

신과 자연은 같고, 자연을 미니어처로 만든 것이 '가든'이라는 사실을 잊지 않고 우리는 사업을 발전시켜야 한다. 그렇지 않으면 너무 힘들고 포기하고 싶을 때가 많다. 그런데 포기하기엔 사회 곳곳에서 일어나는 안타까운 기사와 한편으로는 가슴을 훈훈하게 만드는 기적을 체험하기에 이렇게 오늘도 정원을 꾸민다. '가든스'를 탄생시킨 '가드너'가 되어서.

레인보우 프로젝트

노아는 힘들었을 것이다. 누구보다 주님의 목소리에 귀를 기울이며 살았던 노아 아니었는가. 그럼에도 불구하고 노아는 수많은 사람들에게 이해받지 못했고 가족조차 그를 이해하지 못했다. 노아는 외로웠을 것이고, 힘겨웠을 것이고, 지켜내려고 안간힘을 썼을 것이다. 사실 예수님 또한 고향에서는 환영받지 못했다.

<구약성서>의 창세기 6~8장을 보면 인류의 타락으로 내려진 대홍수의 난에, 신은 노아에게 방주를 만들도록 명령한다. 노아는 120년에 걸쳐 300큐빗, 너비 50큐빗, 높이 30큐빗(고대의 1큐빗은 팔꿈치에서 가운데 손가락 끝까지의 길이로 약 45~46cm를 가리킨다)이 상, 중, 하로 된 방주를 만들어 8명의 가족과 동물 한 쌍씩을 방주에 태웠다. 호우는 150일간 계속되었고 육지에 다다를 기미조차 보이지 않았다.

방주의 창문이 높아 밖이 보이지 않아 비둘기를 날려 보냈더니 어느 날 올리브 나뭇가지를 물고 돌아왔다. 산 정상에 도착한 방주에서 나온 노아는 감사의 제를 올렸고, 주님은 "내가 다시는 물로 세상을 심판하지 않겠다"고 선언하며 약속의 징표로 '무지개'를 만들어 주었다.

우리에게 무지개는 수없이 많은 어려움과 고통 속에서 주님에게 받은 약속의 증거였다. 노아처럼 그렇게 신실하게 주님을 섬기며 살았는지 묻는다면 모르겠다. 그러나 우리는 언제나 인간적인 생각으로 일하려고 하지 않았다. 매번 이 일을 통해 우리가 얻게 되는 것은 무엇이고, 주님께서 좋아하실 일인지. 결과가 어떤 '다음'을 이어줄 것인지를 고민하며 일했다.

　　김혜진 대표의 수많은 이야기를 듣고 있으면 내가 지금 어떻게 살아왔고, 앞으로는 어떻게 살 것인지 생각하지 않을 수가 없다. 처음에는 그랬다. 환우를 돕고, 마음이 아픈 사람들과 장애인, 재능이 있지만 일거리가 없는 사람들과 학대받는 여자들과 아이들, 동물들을 위해 살겠다고 마음먹었다.

　　이러한 모든 일은 쉽지 않았다. 예전처럼 기업에서 일을 한다면 두세 배가 넘는 금액을 받았겠지만, 이곳에서는 가진 돈도 다시 회사에 넣어야 할 지경이었다. 그건 대기업에서 온 신유진 대표도 마찬가지였다. 그리고 무엇보다도 아들의 병이 나아진 후 이제는 편하게 살법한 김혜진 대표에게 주변 사람들은 '왜?'라는 질문을 많이 했다. 손익분기점을 넘기기도 전에 계속해서 다른 일들을 펼치는 것 같고, 벌린 일조차도 마무리하지 않은 채로 또 다른 일을 시작하는 듯 하니 사람들은 걱정하기도 했지만, 심지어 어이 없는 말도 들어야 했다.

　　그러나 고기를 낚는 어부처럼 그렇게 우리에게로 사람들이 오기 시작했다. 젊은 청년들부터 경력 단절자와 아이가 아픈 엄마, 장애가 있는 청년, 자신의 재능이 무엇인지도 모르는 젊은이 심지어 아픈 동물들까지 노아의 방주에 모여드는 것처럼 그렇게 우리에게로 왔다. 아니 '보내졌다'라는 표현이 정확할 것이다. 모스가든은 노아의 방주처럼 그렇게 희망과 사랑으로 똘똘 뭉쳐 움직이며 하나씩 기적을 이루어 냈다.

　　어느 날 모스가든 위에 쌍무지개가 떴던 일이 있다. 석양이 저물어 가는 붉은 하늘 위로 무지개가 선명하게 두 줄로 나타났을 때 우리는 모두 무지개를 향해 소리를 질렀다.

"아버지. 꼭 약속 지킬게요. 저희에게 주신 기적을 잊지 않고 사람들과 함께 사랑을 나누는 무지개를 만들게요. 그러니 저희의 손을 꼭 잡고 놓지 말아 주세요."

우리는 그렇게 무지개 프로젝트를 시작하게 되었다.

레인보우 프로젝트

레드	굿사마리안레시피 굿사마리안클럽 1919
주황	케이아트컴퍼니
노랑	리틀가든스마켓
초록	모스가든 복합 문화공간 세인트루크마리 모스가든 1919 모스가든 가이드 가든스 마켓 플레이스
파랑	인디고가든 로얄테라스가든
남청	블루카우몰(로컬 식자재와 업소와 함께 만든 제품들을 판매하는 콘텐츠) CACAMARU(반려동물을 위한 콘텐츠)
보라	빠삐용빵(자연을 갈아 넣은 빵)

카페 세인트루크마리의 탄생

Local Farm Afternoon Tea Room

모든 성분 표시를 보며 항암에 필요한 음식을 만들던 김혜진 대표는 아들이 마실 수 있는 음료가 거의 없다는 사실을 깨닫게 되었다. 이번에는 음료와 디저트를 직접 만들어 주기로 결심했다. 아들의 병과 항암 치료에 좋은 주스와 차, 그리고 디저트를 만들기 위해서는 식재료부터 점검해야 했다. 그런데 공부를 하다 보니 땅속과 대지에서 나는 수많은 식물이 엄청난 위력을 가진 유익한 성분에 놀라움을 금할 수 없었다. 이렇게 작고 여린 식물들이 도대체 어떻게 하나같이 인간에게 이로울 수 있는지. 물론 독성을 지닌 채소들도 있지만 그 모든 것은 봄, 여름, 가을, 겨울을 지나 땅을 뚫고 나와 다시 봄을 맞이한 친구들이다.

자연을 잘 들여다보자. 얼마나 사랑스럽고 아름다운지 놀라울 지경이다. 어떻게 방울방울 물방울처럼 과실이 모여 있어 그 이름을 포도라고 부르게 되었는지! 어떻게 빨간 몸통에 초록색 모자를 쓰고 항암에 엄청난 위력을 발휘하는 토마토와 딸기가 되었는지! 도대체 파프리카는 왜 그렇게 볼록볼록, 알록달록 귀엽게 생겨서 항염과 항암에 좋은지! 땅 속에서 자라 빛도 못 봤을 당근은 어떻게 주황빛 귀여운 모습으로 생명에게 이로운 존재가 되었는지 놀라울 뿐이다. 사과는 말해 뭐하다.

'나는 사과 하나로 파리를 놀라게 했다.' 세잔이 에밀 졸라에게 보낸 편지 중에 담긴 내용이 아니더라도 사과는 이미 아담과 이브부터 아이작 뉴턴과 스티브 잡스의 모든 이야기

속 주인공이 되었으니 얼마나 귀하고 귀한 존재인가. 거기에 아침에 먹으면 다이아몬드라고 모든 사람들이 칭송할 정도의 성분이니 정말로 말해 뭐해이다. 메리골드 꽃이나 재스민과 로즈메리까지 모든 식물은 각자 병원을 차려도 좋을 정도이다.

그렇게 좋은 과일과 식물을 가지고 음료와 디저트, 샌드위치를 만들려고 하는데 카페 이름이 필요했다.

그런데 문제가 생겼다. 카페의 이름을 짓자고 하니 그냥 '굿사마리안레시피 카페'나 '모스가든 카페'라고 한 공간 안의 모든 것을 통일해서 이름을 부르면 되지 왜 분리해야 하는지 물어본다. 다시 직원들을 납득시켜야 했다. 우리는 브랜드를 원했다. 이제 시대는 모든 것을 통합해서 덩치를 키운 브랜드를 원하는 것이 아닌, 콘텐츠로 재미있고 다양한 경험을 소소하게 체험할 수 있는 것들에 열광한다. '일을 벌리는 것'보다 '덩치를 키우는 것'이 더 위험한 세상이 되었다. 지금까지 모든 브랜드는 한 이름 안에서 카테고리를 넓혀갔다. 그러다 보니 브랜드 이미지가 위태로워지면 전체가 무너지는 형상이 되었다. 국내에선 '홀리스터'와 '아베크롬비'가 그랬고, '아메리칸 어패럴'은 아예 회사가 자체가 날아갔다. 그들은 매일 새롭게 신화를 썼음에도 불구하고 사라져 버렸다. 우리는 확실한 컨셉과 스토리를 가지고 개체를 늘려나가야만 했다. 그렇게 해서 만들어진 음료와 샌드위치 브랜드가 바로 '카페 세인트루크마리'이다.

'굿사마리안레시피'는 매우 이국적이다. 모든 사람에게 아랍권이나 남미, 모로코 등의 컨셉을 요구할 수는 없다. 음료는 건강하지만 우아하고 여유롭게 즐겨야 한다. 더군다나 건강한 음료를 세련되게 만들기 위해서는 우리는 영국으로 가야할 필요가 있었다.

카페를 왜 분리시켜야 하는지 직원들을 또다시 납득시켜야 했다. 한 브랜드 안에 카테고리를 늘리는 것보다 같은 스토리 안에서 개체를 늘리는 것이 다양한 경험을 소비자에게 전달할 수 있을 것 같았다. 무엇보다 콘텐츠로 세상을 여행하게 하고 싶었다. 그렇게 해서 만들어진 것이 영국 '애프터눈 티 룸(Afternoon Tea Room)'을 컨셉으로 한 '카페 세인트루크마리'이다.

전국의 농장을 찾아 다니며 로컬 식재료를 찾았다. 담양에서 올린 팥으로 만들다 지금은 무안 팥을 사용하는 팥치즈 케이크는 시그니처 메뉴가 되어 이제 HMR 제품으로 판매되고 있다. 음료는 또 어떠한가. 문경에서 제철에 수확한 오미자로 직접 만든 '문경 오미자 티'와 '에이드'부터 비타민 C가 레몬보다 10배가 많은 제주 청귤 주스, 함안에서 발견한 백자 멜론으로 만든 팥빙수와 제주 구좌 당근으로 만든 주스까지 모든 음료와 디저트는 김혜진 대표가 아들을 위해 만든 레시피를 기반으로 만들어졌다.

좋은 로컬 식재를 바탕으로 설탕 대신 '사탕수수 원당과 꿀'을 기본으로 만들었다. 전국 산지의 재료와 각지를 돌며 찾아낸 질 좋은 로컬 재료는 카페 세인트루크마리에서도 어김없이 그 약속을 지금까지 지키고 있다.

Amazing Local Project

 7일 동안 모든 생명은 탄생했다. 그렇게 탄생한 생명은 찬란하게 아름답고 경이로울 정도로 신비한 생명체이다. 신이 창조한 자연은 인간의 소유물이 아닌 선물이다. 물과 곡식과 열매는 그렇게 우리에게 먹는 즐거움이 얼마나 큰지 알려 준다.

 '굿사마리안레시피'는 어떤 재료를 사용해야 할지 처음부터 고민이었다. 원가를 생각하면 남들이 사용하는 유통망을 거친 식재료를 사용하는 것이 마땅하나 이름부터 거창하게 '선한 사마리안'이니 무조건 이익만을 따질 수는 없었다. 스토리텔링이 얼마나 중요한지 알고 있고, 브랜드를 지키기 위해서는 힘들더라도 방법을 찾아야만 했다.

 셰프들과 함께 김혜진 대표의 레시피를 기본 바탕으로 한 메인 메뉴가 정해지자 식재료들이 정해졌다. 우선 항암 치료를 할 때 안전하게 먹었던 닭요리를 메인 메뉴로 정하자 어떤 닭을 사용해야 할지 고민할 때 우연하게 제천에서 방목해서 닭을 키우는 농장을 알게 되었다. 방목해서 키우다 보니 시중에서 시판되고 있는 닭과 비교했을 때 육질이 좋고 훨씬 맛있었다. 그러나 일반 닭에 비해 매우 비싸서 (소고기 스테이크만큼) 금액을 책정하는 데 난항을 겪었다. 여러 차례 일반 닭으로 조리를 시도해 보았지만 결국 우리는 제천에서 방목해서 키운 유기농 무항생제 닭을 사용하기로 했다. 그렇게 닭을 결정하다 보니 전국에 있는 다른 식재료 농장들이 궁금해져 길을 떠나게 되었다.

 '굿사마리안레시피' 레스토랑에 부합하는 좋은 식재료를 사용하기 위해 지도를 보고 지역을 정하면 길을 나섰다. 처음에는 경기도와 충청도 일대를 돌며 농협이나 하나로 마트, 혹은 길가에 보이는 간판을 좇아 농장을 찾았다. 그렇게 차를 몰고 여기저기 달리다 보면 축제를 만나기도 하고, 밥을 먹으러 마을 식당에 들어가 숨어 있는 농가를 발견하기도 했다. 그러다 보니 의성에서 마늘을, 횡성에서 한우를, 보길도에서 김과 멸치를, 완도에서 전복을, 주문진에서 오징어를, 남해에서 새우를, 봉화에서 신선한 채소와 허브를 발견하며 서울 논현동까지 올리게 되었다.

    어디 그뿐인가. 세인트루크마리에서 사용하는 모든 과일과 열매도 발견하게 되었다. 문경새재에서 오미자를, 고창에서 청포도를, 함안에서 백자 멜론을, 청송에서 아기 머리통만큼 커다란 사과와 하동에서는 하얗고 고운 황금배를 만나기도 했다. 그렇게 공수한 모든 재료로 맛있고 건강한 주스와 팥빙수를 만들어 선보이자 사람들 사이에서 입소문이 나기 시작했다. 그러다 보니 배를 타고 바다 건너 제주도까지 가게 되었다. 배에 차를 싣고 섬에 도착하여 돌아다니다 애월에서는 애플 수박을 발견했고, 성 이시돌 목장에서는 아일랜드 출신의 성직자인 임피제 신부님이 돌아가시기 전에 만나 인사하는 행운을 얻게 되었다.

    우리는 절대로 화학 비료를 사용하지 않는 제주도 이시돌 목장에서 생산한 원유로 만든 유기농 우유로 만든 음료를 개발하게 되었고, 철원과 일산에서 아버지를 이어 꿀을 채취하는 꿀건달 사장님도 만나 좋은 꿀을 받게 되었다.

    충주의 청년들이 만든 사과 소시지부터 성주의 호박 식혜와 참외즙으로 만든 한과, 강릉의 대게 간장과 발효 한과, 지리산의 흑곶감 등이 굿사마리안레시피의 좋은 먹거리로 인기까지 얻게 되었다. 가깝게는 양평부터 멀리

장흥과 제주까지 다니며 느낀 것은 그저 열매와 과일, 채소가 아니었다. 그 모든 것들을 재배하고 키우면서 농부들은 수많은 사연과 이야기를 가지고 자신의 역사를 써온 것이다. 그렇게 우리는 전국 곳곳에 숨은 선한 사마리아인들을 찾아 좋은 식재를 발견하는 기적을 경험했다. 그리고 그들의 어메이징한 로컬 재료들을 끊임없이 발굴하고 메뉴를 개발하고 이야기를 만들어 사람들에게 알리자고 결심했다. 그것이 바로 굿사마리안레시피가 진행하게 된 '어메이징 로컬 프로젝트'이다.

굿사마리안클럽
1919

굿사마리안레시피 레스토랑이 점차 인지도가 생기자 여러 업체에서 HMR 제품을 만들자고 제안했다. 우리가 모르는 사이 푸드 제품 개발 업계 분들이 각 매장에 가서 10번 이상씩 시식을 해보고 같이 상품을 개발하고 싶다는 이야기도 들었다. 무엇인가 조짐이 보였다. 그렇다면 과연 '굿사마리안레시피'는 어떤 비즈니스 전개를 해야 맞을지 고민하기 시작했다. 케이터링도 해보고, 제품 개발도 하면서도 뭔가 1퍼센트 부족함을 느꼈다. 왜냐하면 그렇게 해서 HMR 제품을 만든다고 한들 판매할 수 있는 유통을 찾아 나서야 하는 입장이기 때문이다. 일을 주도적으로 리드하기 위해서는 강력한 콘텐츠가 필요한 세상이 되었다. 그렇게 해서 만든 것이 바로 굿사마리안클럽(GOOD SAMARIAN CLUB)이다. 이름에서 알 수 있듯이 우리는 모두 '선한 사마리안'으로 음식을 만들고, 사람들과 사랑을 나누자 계획하지 않았는가.

> 세상은 그저 보고 노력하는 것보다
> 어떻게 보고, 어떻게 노력했는가'를 고민하고
> 생각하지 않으면 안된다.

우리는 그저 선한 이방인이 되겠다는 의지만 가지고 음식을 만드는 팀이 아닌, '어떻게 어떤 선한 일'로 세상을 함께 살아가야 하는지 고민하는 브랜드이다. 레스토랑에는 다양한 사람들이 찾아 온다. 기업의 대표나 임원, 스포츠 선수, 연예인,

주부부터 인플루언서까지 오는데 그들 모두에게는 저마다의 인생 이야기가 있고, 재능이 있다. 그 점에 착안하여 우리와 맞는 '굿사마리안'을 찾기 시작했다. 단, '굿사마리안클럽'은 음식과 관련된 브랜드 혹은 사람을 기반으로 한 콘텐츠 프로젝트이다. 그렇게 해서 정한 첫번째 '굿사마리안'은 김혜진 대표였다. 말해 뭐하겠는가. 이 책이 나오게 된 계기도 그녀의 이야기인데. 우리는 그렇게 김혜진 대표의 이야기와 영상을 만들고, 굿사마리안레시피의 메뉴 중에 선정한 제품을 만들기 시작했다. 또한 그녀의 이야기 속에 등장하는 소금과 수프, 치킨, 머그와 접시, 그리고 종이 테이블 매트까지 만들게 되었다.

그 다음은 세상을 돌며 집밥을 만들다 진짜 요리사가 된 유투버, 꽁블을 두 번째 '굿사마리안'으로 결정했다. 그녀는 셰프 출신이 아니지만 자신의 철학과 꿈과 열정을 컨셉으로 잡고 도전하며 자신의 이름을 갖게 된, 말그대로 요즘 세상에 어울리는 셰프이다. 그녀의 시그니처이기도 한 커리파우더를 개발하고 그녀의 스토리를 영상으로 만들었다. 그리고 꽁블의 얼굴이 들어간 티셔츠와 굿즈를 제작해서 롯데백화점 본점에서 팝업을 처음 시작하는 날 우리는 그저 감동의 눈물을 멈출 수가 없었다.

> 새로운 형태의 '브랜디드 콘텐츠 커머스'의
> 비즈니스가 시작된 것이다.

그저 레스토랑이 아닌 혁신적이고 아름다운 패러다임을 이룰 수 있게 된 것이다.

'너의 이웃을 내 몸과 같이 사랑하라.' 마태복음

19장 19절에 있는 성경 말씀을 기본으로 우리는 전국, 전세계 사람들의 이야기를 가지고 그들의 식품과 그에 맞는 테이블웨어와 굿즈를 개발하여 온라인과 오프라인 팝업에서 판매하는 유통 채널을 '굿사마리안클럽 1919'로 만들게 된 것이다. '모스가든'이 라이프 스타일을 기반으로 했다면 '굿사마리안'은 음식을 기본으로 한 상품이 중심이다. 전 세계 집밥을 연구하는 유튜버 꽁블부터 아버지의 꿈을 이어 꿀을 만드는 꿀건달, 자연과 식물을 사랑하는 마이알레, 가족을 위해 평생 헌신하며 아름다운 디저트 가게를 만든 마마롱 등에 이르기까지, 우리는 계속해서 '선한 사마리안'들을 찾아 클럽을 만들 것이다. 그게 바로 '굿사마리안클럽 1919'이다. 그리고 전 세계 엄마들의 레시피를 찾아 콘텐츠와 제품을 만들어 테이블 위에서 많은 이들이 여행을 즐길 수 있길 소망한다.

  Journey to Mom's Table

가든스마켓플레이스
1919

일본 오이타현의 지사인 히라마쓰 모리히코에 의해 1979년 처음으로 만들어진 '일촌일품' 운동은 지방의 정보화를 기반으로 현대적인 시스템을 수단으로 지역 소득을 높이자는 차원에서 만들어 졌다. '일촌일품' 운동은 지방 자치시대에 지방 스스로가 지역 소득을 높이는 엄청난 결과를 초래했다. 각 지역마다 자신있는 특산품을 개발해 세계 각국에서 농촌과 지역 부흥의 모델로 주목을 받기도 했다.

우리는 '일촌일품'에 착안하여 '일가일품'을 기반으로 한 플랫폼을 만들게 되었다. '너의 이웃을 네 몸과 같이 사랑하라'는 성경 구절로 모든 브랜드에 '1919'를 붙인 것처럼 우리는 레스토랑에 필요한 모든 식재료와 제품을 전국 지역에서 난 특산품으로 만들기를 원했다. 그러다 보니 제품을 만들게 된 가족의 이야기를 듣게 되었다. 그 모든 이야기는 <아침마당> 프로그램에서도 들을 수 없는 감동과 눈물과 사랑이 모두 섞여 있었다. 그렇게 해서 만들어진 제품은 눈물과 사랑의 농도에 따라 역시 훌륭하고 아름다웠다. 우리는 그들의 이야기를 담은 플랫폼을 만들고 싶었다. 그리고 서로 상생하고 싶었다.

사람들 모두에게는 저마다의 이야기가 있다. 우주 여행을 눈 앞에 둔 현대 사회나 그리스 로마 시대, 서부 개척 시대, 조선 시대 모두 사람들 각자의 이야기가 있다. 북쪽에 살던 사람이나 서쪽에 살던 사람도, 바닷가나 강가에 사는 사람과 산 기슭에 사는 사람이나, 대도시의 사람이나 시골에 사는 사람이나 모두 그렇게 수많은 사연을 가지고 살아왔다.

김혜진 대표는 1인실도 아닌 작은 병상에 붙어 있는 간이 테이블 조차도 아름답게 꾸며 아들을 위로하고 싶어했다. 차갑고 무채색인 병원이라는 공간에서 오랜 시간을 보내야 하는 아들을 위해 그녀는 요리를 하고 식기를 살균하여 아름답게 플레이팅해주었다. 그녀는 아들이 행복한 마음으로 먹고, 최선을 다할 수 있도록 노력한 것이다.

사실 음식을 기반으로 한 브랜드 '굿사마리안클럽 1919'와 문화와 라이프 스타일을 기반으로 한 브랜드 '모스가든 1919'를 담아낼 온라인 상의 공간이 필요했다. 각기 자사몰이 있었지만 모든 것을 포용하고 담아낼 플랫폼인 '장터'가 필요했던 것이다.

인류가 탄생하고 조직을 이루고 살면서 물물 교환을 하게 된다. 아버지가 생선을 잡고, 나무를 깎고, 가죽을 손질하여 만든 물건을. 대지에서 얻은 열매와 곡식을 광주리에 들고 어머니는 장터에 나간다. 멀찍하게 살던 사람들도 장터에서 만나 오랜만에 회포도 풀고 대화도 나눈다. 그 동안 있었던 일들도 이야기하고 서로 정을 나누며 '장터'는 북적인다.

1022년에 처음으로 옥스퍼드 영어 사전에 등장한 플리마켓(Flea Market)이라고 하는 벼룩 시장은 벼룩이 있을 정도로 허름한 중고품을 파는 시장으로 프랑스에서 유래했다. 자기가 가지고 있던 물건이나 재배하고 생산한 물건을 교환하고 판매하는 장터(Market Place)에 정원을 붙여 '가든스 마켓플레이스'라는 이름의 오픈 마켓 서비스를 만들게 되었다.

역사와 전통을 이어 만든 무쇠 냄비 브랜드부터, 자신의 꿈을 걸고 아름다운 도마를 만드는 군산 도마,

오랫동안 가정주부로 살다 뒤늦게 자신의 꿈을 찾아 인도로 떠나 아름다운 라운지웨어와 이불 등 라이프 스타일 제품을 만드는 인도로간빠리지엔부터, 고창의 바다와 특수 공법으로 해외 천일염보다 10배 넘는 마그네슘을 함유한 천일염을 만드는 해리 농협 생산자들, 자신의 고향인 성주 참외로 맛을 낸 한과와 대를 이어 발효 한과를 만드는 갈골 한과, 그리고 꿀박사 아버지를 이어 양봉하는 아들이 만든 꿀건달, 지리산 명인이 만든 흑곶감에 이르기까지 살아온 사람들의 이야기는 정말로 다양하다. 어디 그뿐인가.

　　강아지들에게 좋은 간식을 만들어 주겠다며 민화로 아름다운 패키지까지 만든 '한약방 강아지'나, 다운 증후군 아이가 넓은 들판을 자유롭게 여행하는 꿈을 꾸며 만든 아름다운 가방 브랜드 '뱅디(Vendi, 제주 방언으로 들판)', 아이들의 먹거리를 고민하다 간장과 카라멜까지 만든 '부엉이 곳간' 등 다양한 이야기에 대문을 달아 준 장터 플랫폼 '가든스 마켓플레이스'가 그들과 함께 한다. 사실 가족을 지키려 만든 브랜드와 제품을 만들어 온 수많은 사람들은 전 세계 곳곳에 숨어 있다.

　　얼마 전 우연히 도쿄에서 만난 '1+scene'의 디자이너 아베 치아키의 이야기를 듣고 눈물을 흘린 적이 있다. 리투아니아나 러시아의 린넨을 가지고 라운지웨어 등의 라이프 스타일 브랜드를 만드는 아베 치아키의 아들은 다운증후군이다. "나 치열하게 살았어요. 지금 우리 아들은 라면도 끓이고 간단한 일도 할 줄 아는 청년으로 자랐지만 정말 치열하게 살았어요. 정말 감사한 일이죠. 그래서 이제 나누려고 해요."라고 열정적으로 말하는 그녀는 지적 장애를 가진 아이들이 방과 후 쉴 수 있는 공간을 만들어 그곳에서 원단을

찢게 만든다. 자잘하게 조각낸 천쪼가리로 쇼핑백의 리본을 만들거나 위빙백을 만들며 아이들에게 사회에 적응할 수 있는 학습 능력을 길러 준다. 듣는 내내 눈물을 흘릴 수 밖에 없었다.

GMPL 1919의 심볼은 코끼리이다. 코끼리는 부모를 잃은 아기 코끼리를 암컷 코끼리들이 조직적으로 돌보는 '보육원 시스템'을 가진 포유류이다. 코끼리는 커다란 몸집에도 불구하고 작은 짐승이 앞에 있으면 길을 비켜 지나간다고 한다. 우리는 코끼리처럼 서로를 이끌어 주고 기다려 주며 상생하길 바라는 마음에 코끼리를 심볼로 정했다. 일촌일품이 아닌 각 마을에 있는 '일가'의 이야기를 기반으로 그들이 온라인 상의 장터에 나올 수 있도록 만든 플랫폼이 바로 '가든스마켓플레이스 1919'이다. 우리는 그렇게 세상을 디자인하고, 삶을 디자인하고, 공간을 디자인하고, 음식을 디자인하고, 집을 디자인하며 같이 잘 살고 싶다.

모스가든
1919

굿사마리안레시피라는 레스토랑을 기반으로 한 콘텐츠 브랜드, 굿사마리안클럽을 만들었다면 라이프 스타일을 기반으로 한 콘텐츠 브랜드가 필요했다. 음식과 관련된 사람과 브랜드를 베이스로 해서 콘텐츠와 제품을 만들었으니 당연히 '라이프 스타일'로 눈길을 돌려야 했다.

그렇게 해서 만들어진 것이 모스가든MOSS GARDEN 1919이다. 김혜진 대표와 아들의 경험을 토대로 제품을 만들어 '아름다운 삶'에 대해 말하고 싶었다. 사치스럽게 살라는 말이 아니다. 작은 공간이던 큰 공간이던, 주방이던 병원이던 그곳이 어디든 간에 자신이 있는 곳을 정리하고 자신의 취향으로 메꾸며 산다는 일은 참으로 근사한 일이기 때문이다. 그리고 그렇게 해야만 자신의 미래를 만들어 나갈 수 있다. 마음의 병이 걸린 사람들은 주변을 정리하지 않는다. 삶의 열정도, 의욕도, 자기를 사랑하는 마음도 잃었기 때문이다. 모든 것은 결국 마음의 문제이다.

김혜진 대표는 아들이 행복한 마음으로 식사를 하며 삶의 희망을 채워주고 꿈을 포기하지 않게 하고 싶었다.

천연 면과 린넨으로 만든 테이블 매트와 이국적인 식기는 작은 테이블은 아들을 이탈리아 해변으로 데리고 갔고, 스위스 산맥에 위치한 레스토랑으로도 데리고 갔다. 음식을 기반으로 만든 '굿사마리안 클럽'에 이어 라이프 스타일 브랜드인 '모스가든 1919'를 만든 이유가 바로 그 때문이다.

작은 간이 테이블을 아름답게 만들었던 것들을 위주로

테이블 클로스와 테이블 매트, 화려하지만 일회용으로 사용 가능한 종이 테이블 매트, 이국적인 색상과 패턴의 접시들, 다양하게 즐길 수 있는 리버서블 양면 행주나 테이블 매트, 가볍지만 아름답고 튼튼한 틴플레이트, 테이블보도 되고 물건을 포장할 수도 있는 보자기 등 우리는 멀티 기능을 가진 실용적이고 아름다운 제품을 기획하게 되었다.

제품을 디자인하거나 소생할 때까지 우리가 던지는 다음과 같은 질문을 스스로 던지며 기획했다.

1. 관리가 쉬운 것인가?

산속이나 해변가나 피크닉이나 병상에서나 실용적이고 관리하기 쉽고 견고한지를 생각해야 한다. 어떠한 상황에서도 사람들이 아름다운 식탁을 준비할 수 있는지 우리는 간절하게 바라며 기획했다.

2. 아름다운 디자인인가?

병상을 아름답게 만들었어야 하는 이유는 아픈 아들을 행복하게 만들기 위해서였다. 우리는 언제나 행복하게 생활할 수 있는 아름다운 디자인에 중점을 두며 제품을 기획하고 소싱했다.

3. 제품 라인은 단순한가?

너무 많은 스타일보다 심플하지만 패턴과 소재에 집중하여 기획과 재고 관리, 원가 절감에 주의를 기울였다. 궁극적으로는 좋은 삶을 제안하고 싶은 것이지 사치를 부리게 하고 싶은 마음은 없기 때문이다. 불필요한 스타일보다 어렵지 않은 디자인에 색상과 패턴을 포인트로 주어 다이내믹하고

유쾌한 분위기를 연출했다. 가장 중요한 것은 제품 라인의 단순화로 효율적인 시스템을 만들었다.

4. 창의적이면서도 기능적인가?

이 부분에 있어서 많은 고민을 하다 발견한 합리적인 방법은 '리버서블'이었다. 어느 때나 바로 다양한 분위기를 연출할 수 있도록 모든 제품을 양면 사용이 가능한 리버서블 스타일로 만들기 시작했다. 예를 들어 테이블 매트를 한쪽은 체크 패턴, 다른 한쪽은 페이즐리나 꽃 무늬 패턴과 같은 상반되는 패턴으로 다양성을 표현한다. 앞으로 생산될 테이블 클로스나 앞치마, 의류에 이르기까지 우리가 제안할 것들은 '리버서블'이다.

5. 글로벌한 디자인인가?

우리의 가치관과 메시지를 국내로 제한하지 않고 해외로 나아가게 하고 싶다. 정성과 사랑으로 생산한 로컬 제품을 서로 다른 나라에 알리기 위해서는 글로벌한 감성으로 접근해야 한다. 다양한 민족이 함께 공감하고 즐길 수 있는 디자인인지 항상 체크하며 기획한다.

6. 자연에 해를 끼치고 있지는 않은가?

<파타고니아>의 이본 쉬나드 말처럼 성공적인 발명이든 발견이던 간에 모든 것에는 엄청난 에너지, 시간, 돈이 필요하다. 특히 신소재 개발에 대해 우리는 많은 고민을 하게 된다. 특히 플라스틱과 비닐 소재나 독성이 강한 재료와 화학 염색에 대해 언제나 체크를 하고 지양하도록 한다. 우리가 만든 제품이 토양을 해치는 원료로 만들었는지 아닌지도

언제나 생각하며 점차 자연에 해를 끼치지 않는 소재에 대해 지속성으로 가지고 대처해 나가야 할 것이다.

7. 같이 잘 살 수 있는 브랜드를 만들고 있는가?

옆의 병상에 있는 친구들에게도 간식을 나눠 주며 기적을 체험한 것처럼 재능있지만 유통할 곳이 없는 작은 로컬 브랜드를 끊임없이 개발하여 유통과 마케팅을 이어주고 상생하는 것을 지향한다.

8. 누구에게나 필요한 물건인가?

<파타고니아> 책을 읽으면서 가장 공감했던 말 중의 하나가 바로 누구에게나 필요한 물건인가에 대한 질문이었다. 지구는 수만 가지의 제품과 재고와 버려진 물건들로 몸살을 앓고 있다. 여기에 우리가 고민해야 하는 것은 바로 오랫동안 사용할 수 있고, 효율적으로 사용할 수 있도록 제품을 잘 만들어야 한다는 것이다.

9. 자신만의 '이야기'가 있는가?

우리가 가장 중요하게 생각하는 부분이다. 아름답기만 해도 소용이 없다. 어느 날 우리의 일을 정말로 많이 도와 주는 홍보, 마케팅 회사 대표가 부탁을 해왔다. "지인 중에 디자이너 분이 드립 커피를 만드셨는데 본인이 유통까지 어렵다고 저에게 일임하셨어요. 혹시 커피 필요하시면 이 커피를 사용해 주실 수 있을까요. 물론 커피는 맛있어요." 그녀의 말대로 커피는 맛있었다. 패키지도 그럭저럭 나쁘지 않았다. 물론 자신의 꿈을 위해 커피를 만들었겠지만 왜 제품을 만들어야 했는지 마음은 느껴지지 않았다. 어떠한 이유에서든 제품은 만들었지만 그 다음에 대한 아무런 계획이 없다는 것은 결국 취미로 제품을 만들었다고 밖에 생각할 수 없었다.

보통 다양한 생활 방식, 행동 방식, 사고 양식 등 생활에 관련된 문화적, 심리적 상태를 나타낸 말이 요즘 가장 많이 듣는 '라이프 스타일'이다. 유행에 민감한 트렌드보다는 한평 짜리 방이라도 쉴 수 있는 공간 안에서도 자신만의 라이프 스타일을 만들어 낼 수 있도록 돕고 싶다.

우리는 많은 선택과 유혹 속에 결정해야 할 때가 많다. 물건과 브랜드만 보면 팔고 싶은 제품들이 너무나도 많다. 그러나 그 제품을 만드는 이들의 마음과 스토리가 중요하다. 왜냐하면 우리가 상생하고 싶은 상대방은 서로의 꿈과 열정과 삶을 포용하며 잘 살아가고 싶은 사람들이기 때문이다. '너의 이웃을 네 몸과 같이 사랑하라'는 19장 19절을 붙인 브랜드 네임과 같이 그저 예쁜 라이프 스타일 브랜드가 아닌 사람에 기쁨을 주는 브랜드로 발전하고 싶었다. 모스가든1919는 우리의 생각대로 살기 보다 더 나은 삶을 위해 꿈을 꾸는 간절한 사람들의 이야기로 만든 콘텐츠를 기반으로 한 라이프 스타일 브랜드이다.

사람에게도 자연에게도 좋은 경영 철학

삶의 가치를 주는 브랜드 철학

지금 되돌아보면 우리는 레스토랑과 같은 식품 관련 비즈니스를 해본 경험이 없다. 있다 해도 김혜진 대표가 운영하는 회사 구내식당과 카페가 전부이다. 평소 깔끔하고 섬세한 김 대표 성격으로 운영하는 구내식당은 동네 사람들에게도 인기가 많았다. 또한 회사 카페도 업계 사람들 사이에서 편안하게 미팅하고 쉴 수 있는 공간으로 입소문이 났다. 그러나 레스토랑과 HMR 등 F&B 관련 유통 비즈니스와는 차원이 다른 얘기다. 옷 좀 잘 입는다고 패션 에디터나 스타일리스트가 될 수 없고, 정치에 대해 관심이 많다고 정치가가 될 수는 없다. 더군다나 소위 말하는 '먹는 장사'는 가장 민감한 사업 중 하나이다.

> 사람 입에 들어가는 원초적인 사업으로
> 수학자보다 정확해야 하고
> 철학자만큼 깊이가 있어야 하며
> 성직자만큼 정직해야 한다.

경영에 있어서 우리가 먼저 알아야 하는 것은 비즈니스를 통해 얻고 싶은 것이 무엇인지 명확하게 알아야 한다는 점이다. 그 목표가 서로 정확히 이해가 되고 승인된 상태로 목적지를 향해 달려 나가야 한다. 그렇지 않아도 서로의 의견 대립이 충분히 생길 수 있고, 상대방의 생각과

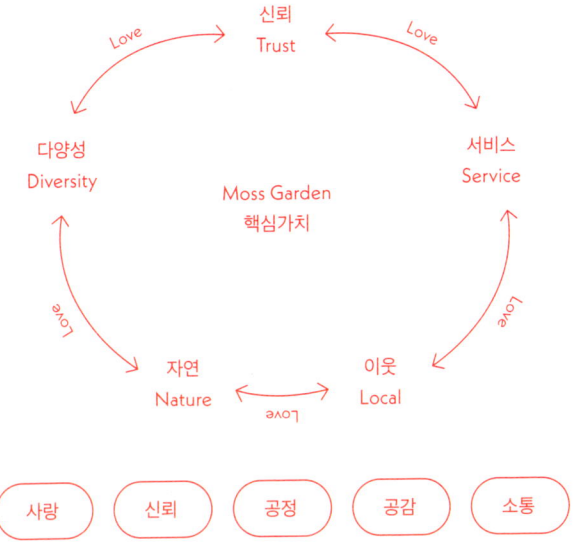

행동을 이해할 수 없어 불만의 씨앗이 언제라도 자라날 수 있다. 그렇기 때문에 끝까지 서로 이야기하고 맞추며 생각을 끊임없이 나눠야 한다.

    그 일은 생각보다 쉽지 않지만 그렇다고 어렵지도 않다. 이 비즈니스를 위한 서로의 목표가 같고, 윤리적 사고와 철학적 견해를 충분히 공유한 관계에서는 언제나 상대방을 기다릴 수 있기 때문이다. 대표자의 마인드는 굉장히 중요하다. 그렇게 해서 투명성을 갖도록 노력하며 일을 해야 나비 효과처럼 직원에게 번져 나가고, 나아가 소비자에게 전달된다.

    때때로 시사 뉴스에서 듣게 되는 안타까운 기사들이 있다. 대표자의 그릇된 판단과 행동으로 회사가 어려움을 맞게 된다는 내용이다. 그럴 때 대중은 대표자와 함께 그 회사에 대해 분노를 표출한다. 그러한 기사를 볼 때마다 수십, 수백, 수천 명의 직원들을 생각하지 않을 수가 없다. 기업은 한 사람이 움직이는 것이 아니라 여러 조직에 의해 발전되어 간다. 그 안에는 자기 가족과 사랑하는 이들을 위해, 혹은 자신의 꿈을 위해 열심히 일을 하는 사람들이 있다. 그렇게 해서 개발된 좋은 제품들은 사실은 개발자에게 있어서는 자식과도 같은 존재이다. 그런데 대표자의 사리사욕을 위한 그릇된 판단과 올바르지 않은 행동은 그저 단순하게 회사를 욕먹게 하는 것만이 아니라 고군분투하고 성실하게 일하는 누군가의 가정과 꿈을 파괴하는 일이 된다.

대표자의 철학적인 사고는 직원들 인성 교육에도 적잖은 영향을 끼치게 된다. 영화 <더 리더; 책 읽어 주는 남자>에서 여주인공 한나는 이 세상에서 아주 작지만 한 부분을 성실하게 메꾸는 철도원이다. 그러나 훗날 재판관 앞에 서는 일이 생겼을 때 자신이 한 일에 대해 반성이나 뉘우침은 전혀 없이 영문 몰라 당황해했다. 전쟁이 일어나자 그녀는 나치당 친위대에 가입하고 수용소 감시원으로 일했다. 유대인 학살 혐의로 재판을 받게 되자 그녀는 도리어 울부짖는다. 시킨 일을 열심히 한 것뿐인데 무슨 죄가 있는지를. '알쓸신잡'이라는 예능 프로그램에서 바로 이 부분을 토론한 적이 있어 흥미롭게 봤다. 바로 '악의 평범성 이론'에 대해서이다. 책 속의 한 글자가 이루어져 문장이 되고, 페이지가 되어 책을 이루게 되는 것처럼 우리는 각자의 자리에서 하나의 글자처럼 성실한 사람들이 되어 삶을 이어간다. 이때 우리가 가장 중요하게 생각해야 할 부분이 있다.

'어떻게 했는지가 중요한 것이 아니라
어떤 마음으로 했는지'

각각의 위치에서 '모두가 어떻게 일할 것인지'를 중요하게 생각하기에 앞서 '어떤 마음으로 했는지'를 생각하며 원칙을 세워야 할 것이다. 어떤 마음가짐으로 일을 하는지에 따라 모든 일은 '선'과 '악'으로 나뉘게 된다. 처음의 시작은 그렇지 않다고 해도 결국에는 전혀 다른 길을 걷게 되는 것이다. '이 일을 해치워야 하는 일'이 아니라 우리는 '사랑'이라는 것을 기억하며 일을 창출하고, 나누고, 지시하고, 받아들이고, 이해하며, 성과를 내야 한다. 그렇게 하지 않으면 언젠가는 파국으로 치닫는 순으로 갈 수 밖에 없는 것이고 그러므로 사업은 '철학적 사고'를 바탕으로 이루어지지 않으면 안 된다는 것을 수년간 기업 컨설팅을 하며 배운 것이다.

한동안 썩은 배추와 무 파문으로 충격이 가시지 않은 유명 김치 회사도 그렇고, 좋은 유산균을 개발하고도 대표자의 비윤리적인 행동으로 빛을 발하지 못하는 곳도 마찬가지이다. 우리는 수익을 내고 기업을 성장시켜야 한다. 기업은 산타클로스가 될 수 없다. 그것은 명백한 일이다. 좋은 일을 하더라도 돈이 있어야 하고, 일 자리를 창출하고 싶어도 돈이 없으면 긴축하거나 문을 닫아야 한다는 사실을 절대로 잊으면 안 된다. 자신이 정의롭다 생각하는 사람이 위험한 것 같다는 어느 작가의 말처럼 우리가 하는 일에 자기 만족하며 일을 하면 너무도 위험하고 아슬아슬한 이상가로 전락할 것이다. 생각을 멈추게 되면 '악'이 된다는 말처럼 우리는 끊임없이 돌아보고, 반성하고, 정의하며 일할 것이다. 그 모든 것에 '어떻게 했는지가 중요한 것이 아니라 어떤 마음으로 했는지'를 생각하며. 그 어떤 마음이란 '사랑'과 바탕이 된 '믿음'으로 회사 경영을 해야 할 것이다.

병실에 있는 아들에게 포기가 아닌 희망을 주기 위해 엄마는 새벽 시장에서 제철 로컬 식자재를 사서 항암 치료에 좋은 음식을 만들었다.	Foods	GOOD SAMARIAN RECIPES
병실에 있는 아들이 목을 축일 수 있도록 대지에서 난 열매와 채소로 음료를 만들어 마시게 했다.	Beverages	SAINT LUKEMARI
병실에 있는 아들이 빵을 먹고 싶을 때 엄마는 항암 치료때도 먹을 수 있는 빵을 만들었다.	Pain	PAPILLON PAIN
병실에서 희망을 보여주기 위해 엄마는 레스토랑같이 아름다운 플레이팅으로 아들을 위로했다.	Plating	MOSS GARDEN 1919
병실에서 경험한 기적을 사람들과 나누기 위해 엄마는 웹사이트를 만들기로 결심했다.	Contents	MOSS GARDEN GUIDE
전 세계 엄마들의 레시피와 이야기를 영상으로 만들기로 했다.	Contents	GOOD SAMARIAN CLUB 1919

BRAND VISION

전 세계 엄마들의 레시피를 각각의 계절에 맞는 한국의 로컬 식재료로 메뉴 및 제품 개발	한국의 좋은 식재료를 알린다.	F & B 기획
전 세계에 여행을 가지 않고도 식탁에서 발견할 수 있는 분위기와 플레이팅 제안	각 나라 별로 전해진 오랜 사랑을 경험하게 한다.	공간 기획
세계 사람들이 공감하고 즐길 수 있는 푸드 및 라이프 스타일 콘텐츠 개발 →	어머니의 정성에 담겨있는 큰 사랑을 알린다. →	콘텐츠 기획
전 세계 사람들도 즐길 수 있는 다국적 레시피로 K 브랜드 파워를 가진 HMR 제품 개발	좋은 분위기에서 건강하고 아름답게 음식을 대할 수 있는 문화 창출	시대를 기획
전 세계 레시피로 모든 대지와 자연에서 얻은 식자재와 생명의 소중함을 함께 느끼며 음식을 개발	자연의 위대함과 인간의 생존을 위해 어쩔 수 없이 헤치게 되는 생명의 존엄성에 대해 알린다.	환경 기획

8가지 경영 철학

1. 다른 분야에서 끊임없이 배워라

　세상이 변하고 있다. 세상이 돌아가는 속도는 점차 더욱 빨라진다. 지금 좋았던 방식이 장래에도 적합하다고 할 수는 없다. 그렇다고 매번 트렌드에 맞춰 컨셉을 바꿀 수는 없다. 그렇기 때문에 브랜드를 지킨다는 것은 스페인 나사렛에서 서핑하는 것만큼 어렵고 힘들다. 6층짜리 건물만큼 거대하고

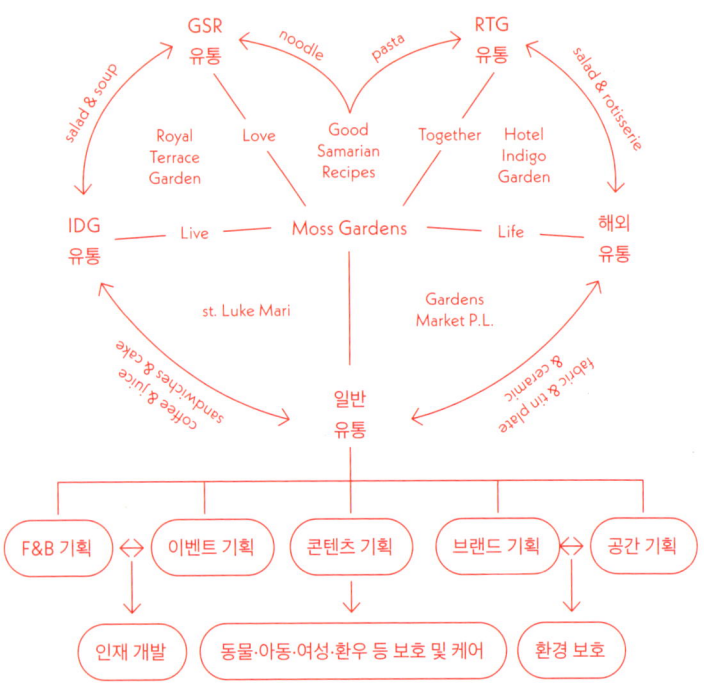

거친 파도 속에서 자신을 잃지 않고 신속하게 대응하는 자세로 시스템을 만들어야 한다. 그렇게 변해가는 시대 속에서 소비자와 유통사 사이에서 우리들의 철학을 납득 시키는 것이 중요하다.

2. 절대로 브랜드의 철학을 잊지 말자!

좋은 때와 시간을 기다리자. 결국 성공의 문제가 아니다. 나를 잃지 않고서 오랫동안 버티는 것이 브랜드를 지키는 일이다. 조금이라도 긴장이 해이해진 순간을 항상 조심해야 한다. "왜 우리가 이 일을 시작했지?"라고 언제나 뒤돌아 봐야 한다. 예를 들어 아름다운 식기라고 해도 우리의 메시지와 철학에 어긋나는 상품이면 판매하지 않는다. 원가를 낮추기 위해 값싼 식자재를 사용하면 어떤지 직원들이 물을 때가 있다. 그럴 때마다 우리는 "우리가 이 일을 왜 시작했지?"라는 질문을 하면서 초심으로 돌아간다. 이타적인 마음이나 사회적인 기업을 만든다는 생각도 있지만 가장 중요한 것은 브랜드의 철학을 망각하는 순간 브랜드도 사라진다는 사실을 잊으면 안되기 때문이다.

3. 유기적인 생각을 가지고 변화에 대비하자.

"가장 강한 종이나 가장 지능이 높은 종이 살아 남는 것이 아니다. 살아남는 것은 변화에 가장 잘 적응하는 종이다."
찰스다윈

참으로 고개가 절로 끄덕이는 말이 아닐 수 없다. 무조건적으로 '우리가 잘났어요'로 고집하다 사라지는 사람이나 브랜드를 수없이 많이 목격했다. 때로는 이 방법이 시간이 걸릴 수도 있다. 또한 무조건적으로 시대의 흐름에 타야 한다는 말은 아니다. 우리는 유행을 따르는 곳이 아닌 스토리와 스타일을 가지고 콘텐츠를 만드는 조직이다. 단 스토리와 스타일을 지역의 특성, 소비 성향에 따라 유기적으로 바꿀 때도 필요하다. 그런 이유로 우리는 '모스가든'을 논현동에 한정지어 지역과 특성에 맞는 인테리어와 레시피를 개발하고 인디고가든, 로얄테라스가든과 같은 가든들을 만들어 낸 것이다.

4. 한 사람이 모두 정답은 아니다.

오랫동안 치열하게 일을 하다 보면 타협하면 절대로 안될 때가 있다. 끝까지 밀고 나가야 말하고 싶은 정체성이나 컨셉을 지킬 수 있기 때문이다. 그러나 나의 이야기만을 고집한다면 같이 일할 사람이 사라지는 것은 시간 문제이다. 그렇기 때문에 상황과 신념 사이에서 잘 판단해야 한다. 철저하게 자기 중심을 지키며 여러 부서와 전문가, 혹은 직원의 말을 들어야 한다. 그들의 아이디어가 참신하면 조화롭게 만들어 좋은 결과물을 만들어 내면 된다. 음식도, 이미지도, 물건도 모두 그렇게 같이 생각하고 만들어 나갈 때 'Something New'와 'Something Different'가 탄생하게 되는 것이다.

5. 이 정도면 괜찮겠지 라는 사고 방식은 버리자.

'남들도 그러는데'라는 사고 방식으로 문제를 해결하려고 하지 말자. 남의 성공에는 그 나름대로 이유와 과정이 있다. 결과만 보지 말고 과정을 생각해야 한다. 그러기 위해서는 자신이 누구인지 먼저 꼭 알아야 한다.

기업에 들어가서 많이 듣는 이야기 중에 하나가 "우리도 그거 해봤는데 안되더라고요." 남들이 인스타그램으로 성공적인 마케팅을 했다고 해서 우리도 잘 되라는 보장은 없다. 언제나 그 안에는 그들만의 리그가 있는 것이다. 똑같이 따라 한다고 그들의 이야기까지 따라 할 수는 없다. 그렇기 때문에 알맹이 없이 겉모양만 보고 따라하면 안된다. 레스토랑 매출을 일으키기 위해서 스테이크 메뉴를 만들어야 한다는 고정관념을 없애는 과정은 정말로 어렵고 힘들었다. 그렇다고 무조건적으로 스테이크를 반대하는 것이 아니라 순차적으로 우리에게 가장 좋은 때를 기다려야 하는데 언제나 조급한 마음에 매출이 조금이라도 낮으면 이렇게 말한다. "스테이크가 없어서 그래요."

6. 쉽게 포기하지 말자!

'왜 한 공간 안에 모스가든과 굿사마리안레시피와 세인트루크마리라고 분리하나요. 그냥 모스가든 레스토랑, 모스가든 카페라고 하지?'

'이름이 너무 종교적이고 어려워요.'

'스테이크가 잘 팔리는데 왜 닭만 해야 하나요?'

'요즘 SNS에는 글을 길게 쓰면 읽지 않아요.'

남들과 다른 기획과 방식에 의심 가득한 눈초리로 바라볼 때도 있다. 그럴 때마다 처음에는 설명을 하려고 애썼지만 점차 묵묵히 하던 일을 하며 우리의 철학을 지켜왔다. 그러다 보니 최근들어 우리의 방식과 철학이 좋다며 제품 생산에 대한 제안까지 듣게 되었다. 또한 출판사에서는 아무도 읽지 않는다는 <모스가든가이드>를 책으로 내고 싶다고 했다. 지금까지 70여편이 넘는 콘텐츠를 만들며 때때로 직원들에게 조차도 구독자 수가 늘어나지 않는데 꼭 해야하는지에 대한 의문을 받을 때마다 그저 묵묵히 같이 길을 걸어왔기에 가능한 일이다.

7. 돈을 소중하게 여긴다.

아름다운 공간을 만들어 소비자를 기쁘게 하기 위해서도 돈이 필요하고, 좋은 식재료를 사용하기 위해서도 돈이 필요하다. 그렇게 여기저기에 필요한 돈을 벌기 위해서는 먼저 돈을 소중하게 생각해야 한다. 허황된 꿈을 가지고 추상적인 돈을 좇으면 그 돈은 절대로 가치 있게 사용되지 않는다. 그건 진리이다.

    우선 가치있게 활용할 목표를 세부적으로 세우고, 그 목표를 달성하기 위해 분기별 스케줄과 계획이 필요하다. 그래야 구체적인 노력을 할 수 있다. 좋은 일을 하기 위해서 돈을 버는 것을 부끄러워해서도 안된다. 또한 지금 돈을 벌지 못한다고 해서 좌절할 것도 없고, 소심하게 대처해서는 더욱 안된다. 인생은 허영과 투자, 허풍과 의연함 사이에서 끊임없이 줄다리기를 해야 하고 '자신의 정체성'을 지켜야 한다.

    회사 돈이라고 함부로 해서도 안되고, 직원이나 업체에게 줄 돈이라고 소홀이 여겨서도 안 된다. 무엇보다도 인내심을 가지고 힘들어도 즐거운 척, 힘들어도 힘들지 않은 척 일해야 하고, 때로는 자신을 돌보기도 하며 그렇게 성실히 묵묵하게 세상을 마주할 때 어느 순간 돈은 우리에게 바짝 다가와 있다. 그런데 돈은 해리포터의 마법의 망토를 입고 있어 보이지 않기에 바로 눈 앞에 두고서도 포기하고 좌절한다. 언제나 마법의 망토를 입은 돈이 우리 주변에 와있다는 사실을 잊지 말고, 그 망토는 내가 진실된 마음으로 정직하게 돈을 활용할 수 있을 때가 되면 스스로 벗고 나타난다.

8. 자연과 동물을 생각한다.

    지브리 영화 <폼포코 너구리 대작전>을 보면 인간은 멋대로 자연을 침범해 들어가 원주인인 동물을 밀어낸다. 그러고서도 당당하다. 몇해 전 명작 SF 애니메이션 <은하철도 999>의 원작자인 마츠모토 레이지가 타계했다. 아주 오래된 애니메이션임에도 불구하고 지금까지도 엄청나게 아름답고 강렬하다. 인간의 욕심으로 인해 인간은 기계 인간으로부터 쫓기는 신세가 되고 다른 행성으로 떠나야 하는 상황이 곧

닥치게 될지도 모른다. 사실 배달 음식조차도 플라스틱을 사용해야 하는 상황에서 우리는 매번 난감해 한다. 그러나 나름대로 우리의 철칙을 세우고 있다.

- 자신의 스토리가 명확한 생산자를 찾는다.
- 어떠한 상황에서도 자신의 꿈을 잃지 않는 사람들이 생산하거나 재배한 원료를 찾는다. 해오름이 그렇다. 척박한 환경에서 땅을 일구고 자신만의 재배 방식을 개발하여 다양한 특수 작물과 좋은 식자재를 생산하는 해오름은 금액은 비싸지만 우리가 찾는 바로 그런 브랜드이다. 처음 굿사마리안레시피를 오픈하고부터 지금까지 쭉 사용하고 있다.
- 스토리만 좋아도 전문적으로 기획하거나 개발하지 않으면 일회성으로 이슈 몰이만 했다 사라지는 브랜드나 생산자는 피해야 한다. 최근 SNS의 발달로 단타성 이슈를 제공하고 사라지는 브랜드가 많기에 항상 조심해야 한다.
- 해외 브랜드나 생산자라고 해도 각각의 로컬 브랜드가 가지고 있는 스토리와 철학을 찾아 협업하려고 노력한다.
- 자연을 가장 생각하고, 미래의 지구를 생각하는 브랜드와 사람들의 마음을 우선 생각하게 된다.

이렇게 기본적인 철칙을 만들어도 언제나 난관에 부딪히게 된다. 그럼에도 불구하고 우리는 자연을, 동물을, 사람과 사랑을 생각하지 않으면 절대로 브랜드 철학을 지키며 좋은 브랜드로 성장할 수 없기에, 끊임없이 거친 파도를 타는 서퍼들처럼 나아가야 한다.

사람의 마음을 움직이는 브랜드 네이밍

브랜드를 만들 때는 인문학적 접근이 굉장히 중요하다. 그저 제품을 만들고, 남들이 하는 마케팅을 따라 하면 바로 매출이 좋다고 해도 금세 벽에 부딪히게 된다. 어떤 마음으로 어떤 상품을 만들 것이고, 어떤 비전과 미션으로 브랜드를 키울 것인지 스토리텔링이 담겨 있어야 한다. 그 모든 것을 담아낸 것이 바로 '브랜드 네이밍'이기 때문이다. 공감이 되는 이름을 지어야 지속적인 브랜딩 전략을 세울 수 있게 된다.

목표가 정해지고 나서 레스토랑이 완성될 무렵 로스앤젤레스에 출장갈 일이 생겼다. 길을 걷고 있는데 커다랗게 'Good Samaritan Hospital'이 있는데 어떤 병원인지는 중요하지 않았다. 그저 이름만 보면 훈훈하고 따뜻하고 믿음이 가는 병원 같았다. 그런 생각을 하며 바라보는데 병원 건너편에 작은 가게 하나가 눈에 띈다. 'Mexico Recipe'라는 간판이 붙어 있다. 바로 한국에 전화를 걸어 병원에 있는 김혜진 대표에게 물었다. "대표님! '굿사마리안레시피'라는 이름 어때요?" 그렇게 해서 지어진 레스토랑의 이름이 바로 'GOOD SAMRIAN REICPE'이다.

"사마리탄(Samaritan)이라는 발음이 너무 세면 한국식 발음으로 할까요?" 한국에서 발음이 너무 셀 것 같아 염려되어 물었더니 김혜진 대표 언제나 그렇듯이 확고하게 대답한다.

"우리만의 스토리가 있으면 좋지 않을까요."

역시 직원과 지인들은 너무 종교적이고 어렵지 않냐 우려했다. 우리는 영어권 국적의 외국인들에게 의견을 물었는데 그들의 대답은 한결같았다.

"너희 컨셉이 그렇다면 그게 너희의 이름인 거야.
뭘 두려워하니!"

그들의 대답에 용기를 얻어 그렇다면 억양이 세게 느껴지는 'T' 발음을 묵음 처리하고 한국어 표기법으로 '사마리안'이라고 만들게 되었다. 오픈하고 나서 이번에는 스펠링에 'T'가 빠졌다는 고객들의 얘기가 있어 모든 메뉴판에 표기법에 대한 설명을 넣어야 했다. 시간이 흐르면서 사람들에게 익숙해지기 시작하자 우리의 염려와는 달리 유니크하고 스토리텔링이 있는 '브랜드네이밍'의 좋은 사례로 기업 트렌드 설명회에 '굿사마리안레시피' 레스토랑의 이름이 화두가 되었다는 말을 유통 업계 분들을 통해 듣게 되었다. 모든 도전에는 확실한 기획과 스토리가 있다면 성공할 수 있다는 사실을 깨닫게 되는 순간이었다.

카페 세인트루크마리도 마찬가지이다. 앞서 말했듯이 우선 한 공간에서 모든 것을 분리하는 것에 대해 직원들을 또다시 납득시켜야 했다. 다시 말하지만 시대는 덩치 큰 브랜드로 움직이기에 이제 너무 많은 정보와 제품이 공존한다. 우리는 크지만 작게, 작지만 넓게 움직여야 했다. 카페를 만들기 위해서 우아하고 여유로운 영국으로 눈길을 돌려야 했다. 그러나 이전에 우리는 '건강한 음료'라는 컨셉이 필요했기에 그에 걸맞은 스토리를 준비해야 했다. 여기에 누가복음의 루카는 더없이 완벽한 인물이었다. '빛을 준다'라는 뜻의 누가(LUKE)는 이방인(그리스 사람)으로 개종자이자 의사였다. 사도 바울의 로마 여행 기록에 생생하게 묘사되는 인물인데, 그를 가리켜 '사랑받는 시골 의사'(골 4:14)란 표현을 즐겨 쓸 정도로 친절하고 온유한 성품의 소유자였다고 한다. 가난하고, 소외되고, 병든 사람들을 돌보는 것으로 유명했던 루카를 이름에 넣는 것은 어찌 보면 당연한 일이었다. 뭔가 뒤에 붙을 부드러운 발음이 필요했다. 로즈메리의 '마리'도 좋지만 영국의 애프터눈티를 유행시킨 애나 마리아는 우리 컨셉에 더 없이 맞는 여성이었다. 1840년대 산업 혁명이 일어나며 남자들의 귀가가 더욱 늦어지자 여자들의 우울함은 극에 달했다. 이 와중에도 베드포드의 공작부인인 애나 마리아(1783~1857)는 차와 함께 빵과 버터, 비스킷을 점심과 저녁 사이에 허기를 달래기 위해 먹었다. 처음에는 혼자 티타임을 즐겼는데 빵과 테이블웨어를 굉장히 아름답게 만들었더니, 이후 애나의 응접실에 점차 사람들이 방문하며 빅토리아 여왕까지 비롯해서 1만 2천여 명의 손님이 초대되었다고 한다. 점차 귀족 여성들 사이에서 '파티 전, 저녁 식사 전'에 우아한 사교로 정착하게 되었다고 한다. 자신의 처지를 비관하지 않고 '애프터눈티 문화'를 개척한 애나 마리아의 이름과 합성하여 '세인트루크마리'라는 이름으로 '건강한 우아한 애프터눈티' 문화를 경험하게 만들었다.

     이렇듯이 각각의 이름은 잘 만들어진 스토리를 갖게 되면 콘텐츠가 생긴다. 그리고 다양한 콘텐츠 비즈니스를 할 수 있게 된다. '카페 세인트루크마리'를 너무도 사랑하는 고객의 요청으로 우리는 유한회사를 만들어 커피 생산까지 할 수 있게 되었으니 이름이 가지고 있는 위력을 기억하면 좋겠다. 브랜드를 왜 만들어야 하는지 생각한다.

브랜드 네이밍을 할 때
- 브랜드를 왜 만들어야 하는지 생각한다.
- 브랜드 제품 혹은 메시지와 어울리는 단어를 생각한다.
- 브랜드를 통해 내가 하고 싶은 일이나 목표, 생각, 미션을 정리한다.
- 직관적인 이름도 좋지만 책, 영화, 성경, 추억 등 인문학적 접근으로 단어를 유추한다.
- 길고 읽기에도 어려운 이름을 지을 때는 발음은 읽기 편하고 쉬어야 한다.
- 길어도 쉬운 단어들의 조합으로 만들어지면 기억에 남는다.

아름다운 패키지의 위대한 역할

산업 혁명이 일어나고 시간이 흘러 수천, 수만 가지의 제품이 쏟아지며 이제 제품력을 미덕으로 외치는 시대는 지나갔다. 그럼에도 불구하고 많은 사람들은 아직도 제품의 품질이나 브랜드 이름에만 집착한다. 고객은 변하고 있는데 구태의연한 사고방식에서 아직도 벗어나지 못하는 경영진들 또한 대다수이다. 오랜 시간이 지나도 변치 않은 명품으로 자리매김한 역사 깊은 브랜드나 새롭게 론칭해서 인기를 끄는 제품들을 보면 모두 자신들의 메시지를 가진 아름다운 패키지가 큰 몫을 차지한다. 내부 혁신을 감행할 때는 자신의 잘못이 드러날까 싶어 방어하기 급급하지만 절대적으로 언제나 끊임없이 혁신하고 개혁하며 발전해야 한다. 그것이 브랜드가 오랜 시간 버틸 수 있는 원동력이 될 수 있다.

존경하는 김구 선생의 <내가 원하는 우리나라> 낭독문에서 이런 구절이 나온다.

"내가 원하는 나라는 부강한 나라가 아니다. …(생략) 오직 한없이 가지고 싶은 것은 높은 문화의 힘이다. 문화의 힘은 우리 자신을 행복하게 하고, 나아가서 남에게도 행복을 주기 때문이다."

도대체 그 시대에, 그 상황에서 어떻게 그런 생각과 말씀을 하셨는지 매번 감탄하고 눈물 나도록 공감한다. 문화는 그저 공연이나 예술을 말하는 것만은 아니다. 우리 나라의 유통 역사가 길지 않으니 오랜 역사를 가진 브랜드가 없는 것은 어찌 보면 당연한 일이다. 그러나 아직까지도 일본의 제품이 해외 시장 속에 깊이 파고 들어 있는 것을 보면 답은 하나다.

제품력을 말하는 것도 뛰어나지만 그것을 포장하고 있는 패키지와 브랜드 스토리가 남다르기 때문이다.

영화 속에서 여주인공들은 남자가 주는 하늘색 상자만 봐도 눈물을 흘리며 감격의 손짓을 한다. 여자가 손부채질을 하며 감격에 겨워 말을 못 해도 우리는 대충 짐작한다. 아직 상자를 열지 않아도 평생 사랑을 약속하는 남자가 들고 온 하늘색 상자 안에는 영롱이는 티파니 반지가 들어 있다는 사실을 여자와 관객은 짐작할 수 있다. 하늘색 상자가 갖는 위엄은 그 어떤 마케팅과 광고보다도 강력한 힘을 갖는다. 그것이 바로 패키지의 힘이다.

싱가포르의 차 브랜드 TWG가 어느 순간 오랜 역사와 전통을 가진 티브랜드를 제치고 유명 부티크 호텔 스위트 룸 한켠에 놓이기 시작했다. 처음에는 영국 브랜드라 생각했지만 싱가포르인의 이야기를 듣고 놀랐던 기억이 있다. "이건 싱가포르 브랜드로 오랜 역사도 없어." TWG는 라이프 스타일 회사인 더 웰니스 그룹 The Wellness Group에서 2007년에 론칭한 브랜드였다는 사실을 듣고 꽤나 혼란스러웠다. 왜냐하면 품격있는 패키지도 그렇지만 B.I.(브랜드 아이덴티티)에 있는 숫자 때문에도 역사가 아주 깊은 브랜드로 알고 있었기 때문이다. "아니야. TWG는 회사명인 'The Wellness Group'에서 따온 약자이고 숫자는 싱가포르가 차, 향신료 등을 거래하는 무역항 역할을 하는 상공회의소 설립 연도를 기념하기 위해 '1837'을 넣은 거야. 이건 엄연히 싱가포르 브랜드라고!"

CEO인 타하 보쿠딥(Taha Bouqdib)은 모로코계 프랑스인으로 처음에는 프랑스에서 티 브랜드를 론칭하려 했다. 어느 날 비즈니스 파트너가 거주하고 있는 싱가포르에 우연히 방문했다 글로벌한 도시이자 영국 문화가 잔류하고 있음에도 불구하고 마땅한 티 브랜드가 없는 것에 착안해 싱가포르에서 브랜드를 론칭하게 되었다. TWG는 강력한 노란색 틴케이스를 만들어 벽장에 전시하고 샹들리에와 서비스를 하는 직원들에게 콜로니얼 스타일의 유니폼과 하얀색 장갑을 끼워 매장 분위기를 마치 유서깊은 티 브랜드로 연출했다. 여기에 다양한 나라별, 도시에 맞는 티를 개발하고 각각에 맞는 디자인을 한 틴케이스를 선보이며 여자들의 마음을 훔쳐 버렸다.

어디 그뿐인가. TWG의 성공으로 그는 커피에 도전하여 '바샤 BASHA'라는 브랜드를 론칭했다. 이번에는 모로코의 오래된 '바샤성'을 모티프로 한 패키지 디자인으로 돌풍을 일으키고 있다. 싱가포르 매장을 비롯하여 공항에는 다양한 나라에서 온 관광객의 여행 선물로 인기가 높아 매대까지 텅텅 비는 상황이 되었다. 물론 맛도 중요하지만 이 모든 것은 당연히 패키지에게 공을 돌려야만 한다. 역사가 깊지 않고, 인지도가 높지 않아도 아름답게 디자인된 패키지는 제품의 스토리를 전달하는데 있어 큰 역할을 담당하게 된다.

프랑스의 샤넬은 물론 딥티크 향수, 카르티에에 이르기까지 제품만이 아니라 패키지의 역할은 놀라울 정도이다. 사실 하겐다츠 아이스크림 또한 지금까지도 판매가를 높게 유지할 수 있는 것은 패키지의 힘 때문이다.

어느 댓글에서 이런 불평을 본적이 있다. 한국 온라인 사이트에서 '바샤 커피'를 구매할 수 있기에 들어갔더니 눈에 띠는 댓글이 있었다. 내용은 마치 유럽의 유서깊은 패키지인 것 마냥 디자인했지만 정작 '바샤성'은 그렇게 유명하지도 않은 곳으로 껍데기만 가지고 사람들을 현혹해서 비싸게 파는 악덕 브랜드라는 것이다. 그러니 싸구려 감성에 현혹되어 구매하지 말라는 말과 함께 비판의 댓글을 남겼다. 나는 주소를 알아내어 그에게 가서 묻고 싶었다. "마케팅이 뭔지 아세요?" 광고만이 마케팅 효과를 낼 수 있는 것은 아니다. 마치 시나리오 작가처럼 브랜드 스토리를 만드는 일은 아무나 할 수 있는 것이 아니다. '우리 제품은 최고예요!'라고 엄지 손가락을 치켜 세워도 수많은 광고와 제품 속에 사라지는 브랜드도 허다하다. 좋은 제품을 만들어도 유서 깊은 브랜드에 치이기 일쑤이고 대기업의 자본 앞에서 기도 못피는 경우도 많다. 역사가 없고 자본이 적더라도 브랜드 스토리를 만들어 제품에 대한 메시지를 전달할 수 있는 강력한 매개체가 바로 '패키지'이다. 왜 그 수고와 노력과 열정에 대해서는 생각하지도 않고 단지 비싸다는 이유로 함부로 브랜드를 매도할 수 있는가. 너무나도 강력한 불평 댓글 밑에 달린 수많은 '좋아요' 표시와 '맞아요' 답글이 그저 안타깝고 속상했던 기억이 있다.

'빅데이터 시대'에 가장 중요한 요소이자 핵심이 되는 영역이 바로 '시각화(Visualization)'이다. 시각화란 쉽게 얘기해 데이터 분석 결과를 이해하기 쉽도록 일목요연하게 보여주는 기술, 비법 등을 의미한다.

'사람 겉 모습 보고 평가하지 말아라'라는 속담이 있다. 그것은 남의 단점을 함부로 평가해서 결론 짓지 말라는 뜻이다. 더군다나 세대가 변했으면 속담을 풀이하는 범위와 방식도 달라져야 한다. 우리는 겉모습이 포트폴리오가 된 시대에 살고 있다. 겉 모습으로 평가하지 말아야 하는 것은 장애나, 부족함에 대해 비하하거나 편견을 갖지 말자로 해석해야 한다.

모스가든 또한 역사가 깊지 않다. 우리는 인지도도 없다. 어떻게 지켜낸 아들의 목숨인가. 김혜진 대표의 아픔을 가지고 경박하게 마케팅하고 싶지는 않다. 그렇다면 우리가 할 수 있는 것은 무엇일까. 우리는 모두 디자이너 출신으로 그래픽과 영화와 잡지와 스타일에서 디자인의 힘을 경험하며 살아왔다. 디자인이 얼마나 중요한지 알기에 우리는 패키지에 힘을 쏟을 수밖에 없었다. 경제적인 어려움도 있지만 패키지를 보관할 물류도 생각하지 않을 수 없기에 단계별로 한 개씩 패키지를 만들어 갔다. 쇼핑백, 테이크아웃 컵, 배달용 테이크 아웃 박스 등을 차례로 기획한 패키지는 사람들의 이목을 끌기에 충분했다.

'굿사마리안 호박수프'를 처음 HMR로 출시하고 얼마 지나지 않아 온라인 플랫폼에서 완판하였다. 업체도 놀라고 우리도 놀랐다. 이유를 찾아 보니 맛과 품질 때문에 재구매율이 높지만 독특한 패키지 디자인으로 인한 것이라는 이야기를 들었다. 또한 천일염 소금은 천만금 갯벌에서 만들어져 맛도 좋지만 패키지로 인해 명절 선물은 물론 기업 B2B까지 기프트 세트로 연결되어 매출로 이어졌다.

우리가 다음으로 패키지에 신경을 쓰게 된 것은 바로 환경 오염이다. 비닐에서 점차 신소재를 찾아 새로운 패키지를 개발하는 것도 중요하지만 최대한 재활용할 수 있는 패키지 개발에 힘을 썼다. <파타고니아>에서 이본 쉬나드는 더 이상 쉽게 버리지 않고 오래 입을 수 있는 제품을 만드는 것이 목표라고 했다. 패키지 또한 마찬가지이다. '카틀라이트 앤 버틀러 Cartwright and Butler'는 영국의 프리미엄 티타임 스페셜티 전문 브랜드로 맛 좋은 티와 그것에 어울리는 쿠키가 유명하다. '카틀라이트 앤 버틀러' 브랜드가 매우 자랑스럽게 생각하는 것은 영국의 고급 슈퍼마켓 유통 채널인 막스 앤 스펜서나 생즈버리에도 판매하지 않고 오직 해롯 백화점와

같은 유명 백화점, 고급 그로서리 등에서 판매한다 점을 강조한다. 그 사실을 홈페이지에서도 자랑스럽게 말하는데 제품과 함께 그들의 시그니처는 바로 패키지다. 그린, 옐로, 핑크와 같은 여심을 저격하는 컬러를 종류별로 디자인한 종이 상자와 틴케이스는 이제 전 세계 여성들의 구매욕을 자극한다. 또한 유통 채널을 선택하고 확장할 수 있는 역할도 패키지의 몫이다. 나 또한 이 브랜드를 처음 알게 된 것도 해롯 백화점 지하 식품관으로 아름다운 티와 과일, 식물이 그려진 일러스트 상자와 틴케이스는 볼 때마다 설레게 한다. '카틀라이트 앤 버틀러'는 실제로 자신들의 홈페이지에도 이러한 점에 대해 언급하고 있다. 환경 오염을 고려하여 비닐과 같은 플라스틱 성분은 3퍼센트 정도만 남기고 틴케이스와 종이 패키지를 사용하고 있다는 것이다. 그렇게 해서 만든 틴케이스는 할머니의 설탕 상자처럼 재활용하기에 아름다운 것이다.

앞서 말했듯이 그저 재활용을 하고, 자연을 지키고, 상생한다는 말은 너무 흔하고 대책 없게 되었다. 일상 속에서 모래알만큼 너무 흔하게 사용되는 말이 되었기 때문이다. 우리는 이제 어떻게 재활용을 하고, 어떻게 자연을 지키며, 상생해야 할지 고민해야 한다.

지구가 몸살을 앓고 있다. 여전히 우리는 많은 플라스틱과 비닐을 사용한다. 그저 할 수 있는 일이라면 하나씩 해결해 나갈 수밖에 없다. 그러다 깨닫게 된 것은 대중과 기업이 우리에게 원하는 것은 콘텐츠와 스토리가 기반이 된 패턴과 그래픽 디자인이라는 사실을 알게 된 것이다.

무조건 사용하지 말고, 무조건 버리지 말라고 하는 것은 불가능한 일이다. 가능하면 버리지 말고 오래오래 사용할 수 있는 소재를 개발해야 하지만 그 또한 어려운 일이다. 그러나 우리는 콘텐츠와 그래픽 디자인을 기반으로 한 회사이자 전문가들이 모여있는 곳이 아닌가.

그렇게 해서 생각한 것이 바로 '재활용의 사치'이다.

아름답게 디자인한 틴 케이스와 종이 상자, 그리고 패브릭 소재로 된 포장 방식으로 소비자에게 '버리지 않고 오랫동안 사용할 수 있는 방식'을 알려 주고 싶었다. 아름다운 디자인의 포장은 인테리어 효과나 라이프 스타일 아이템으로 대체 활용할 수 있다. 해결하기 어렵다고 손을 놓고 방치하기보다 해결할 수 있는 방식으로 끝내지 못한 친환경 과제에 한 걸음을 내딛는 것이다.

'내 나라가 남의 침략에 가슴이 아팠으니 내 나라가 남을 침략한 것은 원치 않는다. 세계에서 가장 아름다운 나라가 되기를 원한다. 가장 부강한 나라를 원하는 것은 아니다.'

감히 김구 선생님의 말씀에 빗대어 비교할 수는 없으나 공감하는 부분이다. 브랜드를 만들고 지키는 일은 너무나도 힘들다. 그저 돈을 벌기 위해 이 일을 했다면 벌써 포기했을 것이다. 그저 우리는 사람들과 같이 잘 사는 사회로 만드는 작은 기적을 만들며 브랜드를 지키고 싶을 뿐이다. 그 안에 패키지 디자인은 매우 중요한 영역이다. 모든 브랜드는 그 사실을 잊지 말아야 할 것이다.

용기있는 마케팅 전략

**하늘 아래 모든 것에는 시기가 있고
모든 일에는 때가 있다.**
코헬렛 3:1

처음 굿사마리안레시피를 오픈하고 나서 주변에서 사람들이 물었다. 유명 연예인이나 셀리브리티에게 연락하면 더 많은 사람들이 올 텐데 왜 안 부르는지를. 패션지 에디터로 스타일리스트로 오랜 시간 일해 온 나도 그렇지만, 영화 포스터 작업으로 알고 지내는 유명인이 많은 김혜진 대표도 주변에 연락하지 않았다. 정말로 바쁜 탓인 이유도 있지만 우리는 연락하지 말자고 다짐했다. 그 이유는 우리가 무엇을 한다 해도 가야 할 길이 아니면 무엇이든 이루어지지 않고, 바늘구멍과 같은 난관도 가야 할 길이면 모세가 바다를 연 것처럼 길이 열릴 것이라고 믿었기 때문이다.

6년 정도 시간이 흘러 사람들은 또 물어 보았다. 여기서 조금만 알려지면 더 좋을 텐데 왜 인스타그램과 같은 SNS를 통한 마케팅을 하지 않냐는 것이다. 심지어 우리 파트너사 대표는 이렇게 묻기도 했다. "혹시 비밀로 하고 일하시는 거예요?"

절대로 비밀로 한 적도 없고, 안 하고 싶어서 안 하는 것도 아니었다. 다만 너무 바쁜 나날들을 보내야 했다. 처음부터 계획하고 세운 회사가 아니었기에 우리는 절대적으로 인력이 모자란 상태에서 일을 했다. 그리고 무엇보다도 일반적인 SNS 마케팅은 위험도 도사리고 있다.

우리는 사람의 입에 들어가는 F&B 비즈니스를 하고 있기에 시간을 들여 확신에 찰 때까지 조심할 필요가 있다.

  SNS를 통해 드라마틱하거나 일시적인 효과를 얻을 수 있을지는 모르지만, 아직 정체성을 제대로 갖추지 않은 상태에서는 독이 될 수도 있었다. 예를 들어 처음에는 밀가루와 설탕을 절대로 사용하지 않겠다고 했다. 맛을 내기 위해 밀가루를 사용하겠다는 것이 아니라 종류에 따라 좋은 밀가루도 있다는 사실을 알게 된 것이다. 단맛을 내는 것에도 여러 가지 종류가 있다. 또한 논현동 매장 외에도 갤러리아 백화점과 롯데 잠실 월드몰에도 매장이 생기자 무조건적인 'No 밀가루, No 슈가'만 고집할 수 없었다. 그리고 무엇보다도 과연 우리가 기준으로 삼아야 하는 것이 'No 밀가루'와 'No 슈가'인지도 다시 생각해야 했다. 그렇게 생각하자 무조건적이 아닌 수위를 조절하고, 가능한 양심을 지키자고 결심했다. 또한 밀가루가 무조건 나쁜 것이 아닌 우리 밀의 놀라운 효능이나, 통밀, 퀴노아 밀을 찾을 수 있게 되었다.

  그런데 처음부터 무턱대고 이미지 관리만 하기 위해 흔적을 지울 수 없는 SNS상에 제대로 운영을 하지 않고 이상만 가득한 말들을 채웠다면 어떻게 되었을지 상상만 해도 무섭다. 또한 로컬 식재료를 강조하고 상생하는 파트너를 찾아냈지만 서로 뜻이 맞지 않아 포기해야 하는 경우도 생겼다. 무엇보다 점차 운영 노하우가 생기면서 보다 좋은 품질이나 새로운 형태로 식자재를 구할 수 있게 되었다. 일을 확장하는 것은 불도저처럼 할 수 있지만 자신을 알리는 일에 있어서 만큼은 매우 조심스럽게 행동했다. 그러다 보니 하나둘씩 우리 만의 스토리와 경영 철학이 생겨나기 시작했다. 내부 조직도 시스템을 갖춰 나가게 되며 단순한 음식 장사가 아닌 부가가치를 가진 브랜드로 거듭나게 되었다. 일반적인 B2C(Business-to-Consumer)도 중요하지만 B2B(Business-to-Business), 즉 기업과 기업 간의 업무가 이루어지기 시작했다. 우선 공간 컨설팅과 함께 이벤트 기획, 이벤트 공간 대여, 케이터링, 브랜딩 작업 등의 일이 늘어나기 시작했다. 레스토랑의 고객부터 먼저 시작한 B2C에서 우리의 공간과 음식, 그리고 패키지 등의 애플리케이션을 본 업계로부터 일을 의뢰받게 된 것이다. 매일 어디로 튈지 모르는 농구공처럼 다양한 업계와 각계각층으로부터 연락을 받기 시작했다. 특히 대기업의 경우는 이미지를 실추시키는 것에 굉장히 예민하다. 그렇기 때문에 개인적인 성향의 마케팅 방법보다는 더 조심스럽고 조용히 때를 기다리며 브랜드의 이미지를 구축하는 편을 선택했다.

그렇게 해서 지난 수년간 만들어진 여러 스토리텔링과 견고하게 다져진 파트너사, 그리고 레시피, 운영 노하우를 바탕으로 이제 제대로 마케팅을 시작하려 한다. 일차원적 SNS 형식을 고집하기 보다 다각적인 측면으로 다양하게 메시지를 전하는 형태로 영상, 이미지, 캐릭터 개발을 만들어 나아갈 것이다.

대단하게 포장하는 것은 아니다. 사실 생각보다 간단하다. 이제 <굿사마리안레시피> 책을 출간하는 것부터 시작되는 것이다. 이 모든 사실은 김혜진 대표와 그의 아들이 만들어 낸 기적에서 비롯되었다. 없는 얘기를 짜내어 만든 것이 아닌 기적을 체험하고 그것을 감사하며 만든 브랜드를 이야기할 것이다. 두 번째는 <굿사마리안 치킨 북>을 출간할 것이다. 항암 치료하는 동안 섭취할 수 있었던 완전식품인 '치킨'과 병상에서 내내 먹이기 위해 개발된 세계의 레시피를 담은 책이다. 닭의 기원과 효능, 전 세계의 닭 이야기와 레시피를 아름답게 엮은 책을 뿌리 삼아 보다 입체적인 마케팅 전략을 짤 수 있게 된다.

단! 기적을 마치 신파처럼 꾸미며 그것에 매달리는 마케팅이 아닌, 상생과 배려, 이타적인 마음과 희생, 용기, 그리고 사랑을 실천하는 브랜드로서 사람들에게 희망을 주고 싶다. 흔히들 인스타그램이나 유튜브를 해야 홍보할 수 있다며 브랜드의 성격은 생각하지 않은 채 무조건 따라 하는 경우가 있지만 그것처럼 위험한 마케팅은 없다. 대기업 컨설팅을 할 때 이런 말을 자주 듣는다. "우리도 해봤는데요. 그거 별로 효과가 없던데요." 왜 효과가 없겠는가. 브랜드가 가지고 있는 성향과 성격, 스토리, 위치와 미래, 메시지를 생각하지 않고 해야 하니까 해야 한다는 식으로 따라 했기 때문에 아무런 결과가 없는 것이다.

그렇다고 우리가 너무 잘해서 아무 걱정이 없다는 것은 아니다. 그저 가장 좋은 때를 기다려야 한다. 그래야만 효과적인 마케팅 결과를 얻을 수도 있다. 그렇지 않으면 직원들 모두 힘들기만 하고 좋은 성과들을 낼 수 없게 될 것이다. 아무리 좋은 인재와 좋은 재료가 있어도 말이다.

'바로 이때다'라고 할 때까지 기다려라.
그때 틈이 생긴다. 순종의 틈.
이때 우리는 이 틈을 비집고 주님께 순종해야 한다.
(생략)
이것은 하나님의 주권을 인정하는
가장 중요한 훈련이나
승리를 위한 가장 결정적인 전략이기도 하다.
원유경의 <여섯걸음> 중에서

욕심쟁이 대표님

레스토랑 하나 잘 만드는 것도 어려운 일인데, 그 레스토랑이 안정적으로 자리를 잡기도 전에 카페를 만들고, 라이프 스타일 브랜드를 만들고, 거듭나 빵 가게를 만드는 우리를 보고 사람들은 말한다. "너무 욕심이 많은 거 아니에요?"

그런 이야기를 직접적으로 혹은 다른 이들의 입을 통해 들을 때마다 묻고 싶다. 이렇게 일을 벌여서 우리에게 남는 게 무엇인지를.

사업이 확장되고 성공하게 되면 수익도 생기게 되겠지만, 굳이 그런 것으로 돈을 벌고 성공을 꿈꾸기에는 우리 모두 각자의 자리에서 그래픽 디자이너로, 콘텐츠 기획자로, 컨설턴트로 이미 한 획을 그은 사람들이었다. 오히려 하던 일을 할 때가 더 편했고, 수입도 보장되었다. 그런데 그걸 모두 벗어버리고 메뉴를 짜고, 홀 서비스를 하고, 직원들 눈치를 보며 알바를 구해야 하고, 소금을 사러 장맛비가 오는 날 고속도로를 달리는 고생을 해야 이유가 무엇인지 '욕심쟁이'를 운운하는 사람들에게 진심으로 묻고 싶다.

단순하게 경력과 노하우를 내세우며 그저 내가 잘났다고 우기며 내세우고 싶다. 그러나 지금의 우리는 그렇지 않다. 이 책을 읽다 보면 알 수 있듯이 '더 이상 지금까지처럼 살고 싶지 않다'라는 이유 하나로 우리의 삶은 모두는 바뀌었고 여기에 모여있는 것이다.

성공하며 돈을 벌고, 여행을 다니며 문화적이고 지적인 삶 만으로는 더 이상 삶의 의미를 찾을 수 없게 된 것이다. 사실 사회적 성공과 위치가 올라가면 올라갈수록 꿈도 사라졌고 열심히 일해야 하는 의미도 잃어버렸던 차다.

그렇기 때문에 무리해서 시작했다. 우리들의 나이가 20대, 아니 30대만 되었어도 하나씩 이뤄가는 맛도 보고 수다도 떨고 고생도 감수하며 일했을 것이다. 그런데 지금까지 남들의 열 배가 되는 일을 해왔고, 그만큼의 노하우가 있고, 세상을 경험한 사람들이 모였다면 무언가 다른 발상과 스텝으로 스케일이 다르게 일을 벌여야 하지 않을까. 돈이 있어 기부는 할 수 있어도 일자리를 모두 줄 수 있지는 않다. 예전에 성폭행당한 아이들에게 도움을 주는 사람의 이야기를 들어도 그렇고, 북한에서 내려온 여성들의 이야기나 사창가에서 새 삶을 찾게 된 여성들이 모두 같은 말을 한 것이 기억에 남는다. 그들은 모두 "돈을 주시는 것도 좋지만 저희는 일할 수 있게 교육을 해 주셨으면 좋겠어요."라는 그들의 간절한 바람을 나는 기억한다. 전쟁만이 아니더라도 병상에서 죽어가는 아이들을 보면서 우리에겐 시간이 그렇게 많지 않다는 것을 알았다. 나이는 숫자에 불과하지만, 일할 수 있는 체력 또한 한계가 있다. 무엇보다 더 이상 아무것도 하지 않은 채로 아픔을 지켜만 볼 수는 없었다.

학대당한 아이나 동물들은 그렇게 죽어가고, 자연은 점차 훼손되어만 간다. 그렇기에 시간을 거꾸로 보내는 벤자민처럼 세상을 돌아다니고, 알을 낳기 위해 흐르는 강물을 거슬러 올라가는 연어들처럼 필떡이며 브랜드를 오픈하고 끝없이 일을 진행하는 것이다.

"참 좋은 일을 하시는 것 같아요. 아무리 그래도 남의 일인데 그렇게 모두 올인해서 이런 일을 하시다니 믿을 수가 없네요." 생각지도 못한 반응이었다. 종종 매장에 계신 고객들에게 레스토랑의 배경과 음식의 중요성에 대해 일장 연설하는 경우가 있다. 외국인마저도 보통은 흥미롭게 듣다 김혜진 대표의 이야기를 알게 되면 진지하게 경청한다.

우리는 김혜진 대표의 간증을 통해 기적을 체험했고, 기도의 힘으로 살게 되었다. 그리고 무엇보다 천국을 믿게 되었다. 그렇다면 이제부터 천국에 가기 위한 보험 같은 삶을 살아야 한다. 나 자신이 아니라 천국에 가기 위해 지금부터 죽는 날까지 다르게 살아야 한다. 예수님의 변모처럼 하얗고 빛나게 변할 수는 없지만 적어도 지금까지와 달라져야 한다는 것을 절실히 깨닫게 된 것이다.

오래전에 뜻하지 않게 기독교 신자의 소개로 '故 이태석 신부'의 영화 <달려라 톤즈>를 본 적이 있다. 우리는 눈물 콧물을 흘리며 아무 말도 못 하고 극장을 나와 길을 걸었다. 그러다 같이 관람한 지인이 말했다. "가끔 주님의 생각을 이해하지 못하겠어. 이태석 신부님이 살아 계셨다면 더 좋은 일을 많이 하셨을 거야."라고. 나의 생각은 달랐다. 예수님은 33년을 살다 돌아가셨고, 우리가 모두 아는 기적을 행하고 제자들과 함께한 공생활(公生活) 기간은 단지 3년뿐이다. 사제이자 교사이자 의사이자 연주자였던 이태석 신부가 살아 있었다면 아프리카의 가난한 사람들을 위해 수많은 일을 했을 것이다. 그러나 그의 죽음으로 인해 10여 년이 지났지만 끊임없이 전 세계 사람들에게 감동을 주고, 누군가에게 희망과 용기를 주고 있다.

얼마 전 예능 프로그램인 '유퀴즈'에서 '신묘한 씨앗'이라는 특집으로 방송을 보는데 놀라지 않을 수 없었다. 신부님께서 선종하시고도, 내가 <달려라 톤즈> 영화를 본 지도 10년이 넘었는데 이태석 신부의 이야기가 예능 프로그램에 나오다니. 그것도 가장 영향력이 있는 유느님의 프로그램에서. 방송의 내용은 이러하다. 故 이태석 신부님이 뿌린 씨앗인 아프리카 톤즈의 아이들이 어느덧 성장해서 신부님의 뜻에 따라 한국에서 의사의 길을 걷고 있는데, 그중 한 아이였던 토마스의 이야기였다. 한국에 와서 고생하며 포기하고 싶을 때마다 고 이태석 신부가 자신을 선택한다는 이유가 있을 거라 굳게 믿고 3~4년 동안 3시간만 자고 공부했다. 토마스의 감동적인 내용에 나도 많이 울었지만 댓글을 보면 신을 믿지 않는 이들 또한 감동했다. 그렇기에 잊을 만하면 숙성된 이야기로 고 이태석 신부의 사랑은 그렇게 부활하여 사람들에게 영향을 준다.

　디즈니의 모든 공주 중에 내가 가장 사랑하면서도 안쓰럽게 생각하는 인어 공주는 끝까지 사랑을 위해서 자신을 희생하는 캐릭터이다. 그렇기 때문에 우리는 재능이 있는 사람들을 찾아내 교육하고, 힘든 이들을 이끌어 주고, 상처받은 아이들을 돌보고, 버림받은 동물들을 구하고, 직업을 잃은 이들에게 일자리를 주며 살아야 한다. 그건 도움이 아니라 우리 자신을 위한 구원의 길이다. 그 길은 너무 어렵고, 힘들고, 험난하고, 늘 이해받지 못한다. 언제나 독단적이고, 과하고, 황당하고, 욕심쟁이라고 비난을 받아들이기도 한다. 그건 믿음이 있는 사람들에게서 조차도 이해받지 못하는 외로움과 고통이 수반된다.

　우리는 오픈하고 지금까지 이해해 주지 못하는 직원들을 설득해야 했고 떠나보내야 했다. 때로는 손가락질 받으면서도 인내하며 기다려야 했다. 그래도 무소의 뿔처럼 나가야 했다. 가지고 있는 돈도 모두 털어 넣어 회사를 지켰고, 다시 구해온 돈으로 일자리를 제공했고, 물건을 만들어

팔면서 힘들 때나 기쁠 때나 서로를 의지하며 회사를 거듭나게 만들었다. 회사의 규모가 커질수록 개인적으로 가난해져 갔다. 그러나 믿음이 있었기에 견디며 일을 헤쳐 나갔다.

2022년 하반기 동안 롯데 백화점을 시작으로 현대 백화점, 갤러리아 백화점, 마지막으로 신세계 강남점으로 잇는 팝업을 새해가 열리는 그날까지 연속으로 성공시켜 유통계의 주목을 받게 되었다.

우리는 성공하고 싶은 것이 아니라 나누고 싶어 욕심냈다. 베풀고 싶은 것이 아니라 같이 잘 살고 싶어 욕심을 내는 것이다. 김혜진 대표는 매장과 공장을 돌며 눈코 뜰 새 없이 레시피를 만들고 운영하면서도 지난해 겨울, 잇몸이 헐어 아픈 길고양이를 입양했다. 이미 그녀에게는 집 밖에서만 소변과 대변을 가리는 시바견 모찌가 있어 피곤해도 눈 비비며 산책을 나선다. 대기업 임원으로 편하고 위엄있는 삶을 즐겼을 수도 있을 신유진 대표는 아르바이트생까지 직접 면접을 보고, 설날과 크리스마스에도 매대를 지키고 손님을 응대하고 모자란 소금을 사러 마트에 간다. 어디 그뿐인가. 남편의 눈치를 보며 길고양이를 입양하고, 18살이 되어 보호소에서 나와 방황하는 친구를 끊임없이 쫓아다니고 매번 나타나지 않는 아르바이트생과 길 잃은 아이들을 상대로 혼자 레스토랑에서 망부석처럼 기다리곤 한다.

마마무의 노래 가사처럼 '나'로 말할 것 같으면 기업 컨설팅하며 멋지게 여행하고 출장 다니며 살 수 있지만 지금은 전국에 있는 농장을 찾아 장인들을 설득하고 있다. 또한 그만두겠다는 직원들을 설득해야 하고, 아르바이트생이 그만두지 않도록 손 모아 기도하며 팝업 준비를 하러 새벽에 나간다. 손목의 인대는 너무 늘어났고, 포장을 하도 해서 지워진 지문으로 매번 동사무소나 공항에서 애를 먹곤 한다.

한번은 신유진 대표가 한숨을 쉬며 말했다. "오늘도 안 나타났어요." 우리는 놀라 물었다. "누가요?" 그녀가 다시 한숨 쉬며 답한다. "면접 보기로 한 알바생이요. 난 이렇게 면접에서 바람을 많이 받아 보기는 처음이에요." 최고의 패션 매거진 <엘르> 편집장부터 빵빵 화제를 터뜨리는 방송을 기획한 CJ ENM과 네이버까지, 그녀가 있었던 곳에서는 모두 목을 빼고 면접 보기를 기다리며 대기하는 사람들만 있었다. 그런데 근본적으로 우리는 달랐다. 유명한 브랜드나 회사에 면접 기회가 있으면 문자로 오지 못하겠다 말하는 것은 황송한 기대로 NO SHOW를 하는 것은 기본이다. 그건 직원 또한 마찬가지이다. 회사의 목표를 이해하고 불평하고 울면서도 같이 견뎌준 최규완 부장과 박상면 셰프, 신수진 팀장, 류중원 캡틴도 있지만 대부분이 이해할 수 없다며 회사를 떠났다. 누구를 탓하겠는가. 어느 누구도 원망할 수도 없다. 그런 와중에 다시 돌아오는 직원이 늘어날 때는 어찌나 기쁜지 결혼할 상대가 나타났다 해도 그보다 기쁠 수는 없을 거다.

그렇게 끝도 없이 해결해야 하는 일을 앞에 두고 우리 세 대표는 이런 말을 한 적이 있다. "언제까지 이렇게 일해야 할까요? 앞으로 10년? 아니면 70대 중반?" 죽을 날짜를 받아 놓지는 않았으나 대충 건강하게 산다면 우리가 어느 정도까지 일할 수 있을지 가끔 궁금해 헛된 추측을 하기도 한다. 그러던 어느 날 엘리자베스 2세 여왕이 서거하였다. 그녀는 하늘나라로 떠나기 3일 전까지 새로운 수상을 만났다는 기사를 읽고서 우리는 눈물을 찔끔 흘리며 마음을 접기로 결심했다. "엘리자베스 여왕 마냥 우리도 죽기 3일 전까지는 일해야겠어요."

앞으로도 우리는 욕심 많은 혹부리 영감 취급을 종종이 아니라 왕왕 받을 것이다. 그러나 그럼에도 불구하고 오늘도 우리는 가열차게 욕심부리며 일한다. 그건 우리 모두 엄청난 기적을 잊을 수 없기 때문이다. 아브라함과 같이 끈기 있게 오늘도 달린다.

우리들의 블루스:
우리에게는 꿈이 있어요

김혜진 대표와 신유진 대표가 길냥이들을 구조해서 기르게 되었다. 특히 김혜진 대표가 구조한 길냥이는 구강염이 심해져서 제대로 먹지 못해 삐쩍 말라버린 작은 몸집의 아이다. 이번 겨울을 그대로 길에서 났다면 아마도 죽었을 것이다. 지인에게 그 얘기를 하니 울분을 토한다. "우리가 한 마리를 구한다고 세상이 달라질 것 같으세요? 그렇다고 학대를 멈추거나 유기하는 짓거리를 멈출 것 같으세요? 아니요! 저는 이제 더 이상 하기 싫어요." 맞다. 유기된 고양이도 강아지도 너무 많다. 나 또한 이미 입양한 강아지가 두 마리이다. 그리고 지인은 이미 네 마리의 길냥이를 키우고 보내기를 반복하며 마음의 상처가 컸던 모양이다.

아무 말도 하지 못했고, 반박도 할 수도 없었다. 매번 올라오는 유기견 임보와 이동 봉사 영상도 그렇지만 동물 학대 유튜브 영상이 뜨면 정말로 외면하고 싶어진다.

얼마 전 예능 프로그램이라고 하기엔 정말로 감명 깊게 봤던 '캐나다 체크인'에서 이효리가 울먹거리며 말하는 것에 크게 공감하며 같이 운 적이 있다. "지금 내가 잘하고 있는 것인지. 과연 내가 이렇게 한다고 달라질 것인지 매번 모르겠어요." 만약 나에게 백상예술상 심사위원이라는 지위가 주어진다면 이 프로그램에 커다란 상이라도 주고 싶다.

그녀가 말한 것처럼 한 사람이 움직인다고 세상은 바뀌지는 않을 것이다. 그러나 작은 돌에 걸려 넘어지지 태산에 걸려 넘어지지 않는다. 모든 것은 작은 단위와 구성에서 시작되고 이루어진다. 적어도 한 사람이 세상을 지탱할 때 또 다른 사람이 옆에 와서 손을 잡아 주면 그렇게 한 사람, 한 사람이 이어져 지구를 한 바퀴 돌게 되지 않을까. '굿사마리안레시피'에서 식재료를 중요하게 생각하고 로컬 재료를 사용하고, 플레이팅을 중요하게 생각한다고 해도 앞으로도 아니 다음 세대가 자라도 인스턴트 음식은 계속 개발될 것이고, 배달 음식은 사라지지 않을 것이며 사람들은 끊임없이 플라스틱 용기를 사용할 것이다. 그래도 우리는 다음 세대를 위해 먹거리의 중요성과 정성들여 차린 음식의 위대함을 알려야 한다. 작은 일을 위대한 사랑으로 실천하는 이효리에게 마더 테레사가 한 말을 전해주며 응원하고 싶다.

'나는 위대한 일을 하는 것이 아니다.
그저 조그마한 일들을 위대한 사랑으로 하고 있을 뿐이다.
I don't do great things. I do small things with great love.'
마더 테레사

가수 선은 산 같은 사람이다. 혼자서 어떻게, 그렇게, 오랫동안, 끊임없이, 사람들을 도울 수 있는지 놀라울 뿐이다. 그것도 각계각층의 소외된 사람들을. 정부도 외면한 독립 유공자의 후손까지 장애인을 비롯해 아이들과 노인들을 위해서 매년 다양한 방식으로 도움을 주는 기사를 접하게 된다. 그 모습에 거짓이라 비난하는 사람도 있지만 대부분은 끊임없는 선행에 감탄하며 자신을 돌아보기도 한다. 모두를 이해시키고 알려야만 되는 것은 아니다. 누군가 한 사람이 영향을 받아 삶의 태도를 바꾼다면 세상은 바뀐다. 가끔 사람들은 '왼손이 하는 일을 오른손이 모르게 하라'는 말을 한다. 물론 중요하다. 그러나 지금 우리가 살고 있는 세상에는 누군가의 선행이 본보기가 되어줄 필요가 있다.

예전이나 '며느리도 모르는 비법'이 통했지만, 이제는 '며느리도 알고 세상도 알면서 나만이 다르게 만들 수 있는 비법'으로 서로 도움이 되는 시대가 되었다. 성경의 그 말씀은 좋은 일을 하고서 생색을 내며 자기 자신이 교만해지지 않기를 바라는 뜻이다. 더군다나 요즘같이 어른이 사라지고, 제대로 된 지표가 사라진 세상에서 사람들은 누군가가 보여주는 선행이나 올바른 가치관에 목말라한다. 한 사람이 또 다른 한 사람을 이끌어 주되 자기 연민이나 우월감에 빠지지 말아야 한다. 그래서 나는 오히려 당당하게 외치고 싶다. "왼손이 해야 하는 일을 오른손이 알게 하라!" 그래야 마음속에만 품고 있던 도움의 손을 용기 있게 내밀 수 있는 것이다.

영화 <머니볼>은 미국 프로 야구팀의 실화를 배경으로 만들어진 영화이다. 수입이 적은 오클랜드 애슬레틱스 구단은 대부분은 야구팀이 그러하듯이 유명한 선수를 선발하지 않아 점차 실적이 부진해져만 갔다. 그나마도 실력 좋은 선수들은 다른 구단에 빼앗기기 일쑤이다. 팀의 단장이 된 주인공, 브래드 피트는 결국 어떤 곳도 시도한 적이 없는 '머니볼'에 도전, 경제학을 전공한 스태프를 영입하여 데이터 분석만으로 선수를 선발하기에 이른다. 그러다 보니 놀라운 기록을 가졌음에도 개인적인 문제나 부상을 입은, 혹은 나이가 많은 선수들로 팀이 구성되었다. 천덕꾸러기 신세로 사람들의 조롱과 비웃음을 받던 팀은 결국 2002년 아메리칸 리그 역사상 최다 20연승을 기록하며 서부 지구 1위로 시즌을 끝냈다.

사실 우리 회사에는 자폐 아들을 돌봐야 하기 때문에

일찍 퇴근해야 하는 어머니, 약간의 장애가 있는 사람, 보육원에서 나이가 차 나온 아이들, 좋은 학벌과 높은 지능을 가졌음에도 불구하고 사회적 관계에 서투른 사람, 다운증후군 아이를 둔 파트너사, 자기 일에 실패하고 뒤늦게나마 다시 사회생활을 하고 싶은 경력 단절자들이 정말 다양한 사연을 갖고 모여 함께 일하고 있다.

좋은 일을 하자고 시작한 일이 아니라, 주님께 감사하는 마음에 좋아하실 일을 찾다 보니 시작하게 된 일이다. 시작은 물론 그러했다. 그러나 전문적 경험이나 지식이 없다 보니 팀원 간에 마찰이 잦았다.

하다못해 직원 일부는 "제가 그 사람이 해야 할 양의 일을 더 할 테니 제발 다른 부서로 보내시든지 그만두게 해주세요."라는 볼멘 목소리로 불만을 제기했다. 처음에는 상황이 좋지 않은 사람만 눈에 들어와 손을 내밀었지만 정작 직원들의 불편함은 헤아리지 못했고, 그에 맞는 매뉴얼조차 없이 일을 시작했다. 사고가 일어났을 경우를 대비해 여러 측면에서 시스템을 만들어야 했지만 그렇지 않았던 것이다. 어떤 고객은 장애가 있는 친구의 행동이 자신을 무시하는 것이라고 소리소리 지르기도 했다.

우리는 모두를 매번 설득해야 했고, 포기해야 하는지도 여러 번 고민했다. 그러나 결국 벽에 부딪혔던 부분이 절체절명의 위기가 아닌 '단순 불편함'이라는 사실을 깨달았다. 원래 있던 직원들도, 상황이 좋지 않은 직원들도, 불평하는 소수의 고객도 모두 '불편함' 때문에 문제를 제기한 것이다. 그러나 소수로 인해 전체적인 책임을 회피해서 안 되었고, 궁극적인 목적을 포기할 수 없었다.

그 와중에 어렵게 손을 내밀며 회사로 끌어들였던 사람

중 몇몇은 더 이상 마늘 먹기 힘들다며 울부짖고 떠나버린 호랑이처럼 회사를 떠났다. 반대로 남아서 웅녀처럼 끝까지 마늘 먹기를 포기하지 않은 사람들은 생각지도 않은 자신의 재능을 찾아 자리를 잡게 되었다.

쉽지만은 않은 일이었다. 회사는 양적으로 발전하고 있지만 김혜진 대표, 신유진 대표와 나는 개인적으로는 가난해져갔다. 한동안 우리는 아주 곤란할 정도로 수익이 불분명할 것이고 이전처럼 풍요롭게 지출할 수도 없을 것이다.

그럼에도 불구하고 우리는 회사와 개인으로 다양한 곳에 후원하게 되었다. 처음에는 적은 금액으로 시작했지만, 점차 액수를 늘려 나갈 것이며 회사 복지 시설도 또한 업그레이드시킬 것이다. 물론 우리가 간과하면 안 되는 것은 직원들도 이해하고 같이 이루어 나가야만 한다는 것이다.

조급한 마음에 시작한 '좋은 일'로 인해 당황하고 힘들어하는 직원들이 보이자 시스템 없이 함부로 좋은 일도 못한다는 것을 알았다.

아직도 주변에는 우리를 걱정해 주는 사람들이 많다. "이름을 그렇게 지어 놓았으니 앞으로 무슨 일이 생기면 어떻게 감당할 수 있겠어요?"부터 "좋은 일 하는 것은 알겠는데, 너무 무리하지 마세요. 그러다 큰 코 다쳐요." 다칠 큰 코도 없다. 종교적인 이름을 지은 것도 우리 발목을 우리가 붙잡기 위한 장치이다. 걱정해 주는 이들의 마음을 모르는 것도 아니다. 정의라고 생각하는 것 또한 절대 아니다.

어려운 이웃을 돕는다는 것은 생각보다 쉽지 않다. 아니 매우 어려운 일이다. 우리는 좋은 목적을 가지고 실천한다고 해도 언제나 우리 뜻대로 되지 않는다는 사실 또한 잊지 않아야 한다. 회사는 궁극적인 목적을 절대로 잊어서도 안

되고 포기해서도 안 된다. 가치관을 잃은 회사는 스토리가 있어도 오랫동안 사랑받는 회사가 될 수는 없을 것이다. 우리는 앞으로도 재능이 있지만 기회가 없던 사람들, 몸이 아픈 아이들, 마음이 아픈 사람들을 위해 직원들과 함께 도움을 주는 기쁨을 나누고 싶다. 그건 정의를 위해서가 아니다. 받은 사랑을 되돌려야 하는 믿음에서 비롯된 일이다.

사실 시바견 모찌가 회사 생활을 하면서 많은 걱정을 했다. 김혜진 대표의 아들로 인해 회사 생활을 오랫동안 해야 했다. 그건 벵갈 고양이인 뱅돌이 또한 마찬가지이다. 몸집이 커다란 시베리안 허스키 온순이는 파주에 산이 있는 애견 호텔에 맡겼지만 비용도 만만치 않아 모두를 맡길 수는 없었다. 동물들도 고생하지만 직원들 또한 여간 힘들 것 같아 조심스레 물었다. "입양을 보낼까 하는데. 홍콩에서 사진 보고 입양하고 싶다는 사람도 있어서." 그런데 의외의 대답이 왔다. 직원들은 한결같이 서로 돌아가며 돌보겠다는 강한 의지를 내보였다. 그래픽 디자인실과 기획실에서 몇 년 동안 고양이와 강아지를 키우는 일은 쉬운 일은 아니었다. 비가 와도 밖에서 배변을 해야 하는 시바견 모찌는 그래픽 디자이너 김소현 선임과 기획실 최혜원 부장이 맡았다. 성깔 있는 뱅돌이는 웹디자이너이자 SNS 담당인 김기옥 선임이 맡았다.

처음엔 회사에 덩그렇게 남아 있는 동물들이 안 되었지만 나름대로 직원들은 규칙을 세워 간식과 사료를 주고 산책을 시키고 놀아 주었다. 연휴가 길 때는 각자 돌아가며 집으로 데려갔다. 그렇게 몇 년의 세월이 지나 모찌는 그리운 집으로 돌아가서 여전히 회사에 출퇴근하며 사랑을 받고 있다.

이 일을 통해서 우리는 다양한 형태의 후원과 봉사 활동을 직원들과 함께 실천하기 위해 계획을 세웠다. 처음에는 동물을 그리고 나중에는 아동을 위한 봉사까지 고려하며 계획을 세우고 있다. 사실 아이들을 돕는 일이 매우 중요하다는 사실을 알면서도 엄두가 나지 않는 것 또한 사실이다. 그러나 부모로부터 버림받거나 학대받는 아이들 중 재능이 넘쳐 세상에 도움이 될 인재를 놓친다면 우리가 해야 할 일을 게을리한 것과 무엇이 다르겠는가.

미야자키 하야오 감독의 애니메이션 <마루 밑 아리에티>에서 인간은 마치 자연이 자기 것인 듯 거침없이 훼손하며 살아간다. 자연은 인간의 것이 아니다. 우리는 대단한 일을 하려는 것이 아니다. 그저 작은 실천을 통해 사랑을 나누고 이어가고 싶을 뿐이다.

'왼손이 하는 일을 오른손이 알게!' 예능인 박명수에게 점검 한번 받아 보고 싶은 개조한 속담들을 모토로 삼아 앞으로 오랫동안 우리들의 블루스를 연주하고 싶다.

Eat! Pray! Love!

굿사마리안레시피

1판 1쇄　2023년 11월 9일 발행

기획　모스가든디자인컴퍼니
지은이　김혜진, 서은영
발행인　강정원

편집　강정원
교정 교열　박소영

디자인　진달래&박우혁
일러스트레이션　김혜진
사진　이전호(에이전시테오)

펴낸곳　포스트페이퍼
출판등록　2011년 5월 12일 제99호
이메일　99postpaper@gmail.com

ⓒ　2023 모스가든디자인컴퍼니
이 책은 저작권법으로 보호받는 저작물이므로
무단 전재와 복제를 금지하며, 이 책의 내용 전부
또는 일부를 이용하려면 반드시 저작권자와
포스트페이퍼의 동의를 받아야 합니다.
책값은 뒤표지에 있습니다.

ISBN　978-89-98116-06-4 (13590)